# 学理论，会实践
# 掌握小学数学说课技能

建议配合二维码一起使用本书

本书配有“学理论，会实践，掌握小学数学说课技能”主题服务，辅助您高效阅读本书，掌握本书知识，并有效应用于教学实践中。

1 **配套说课视频课：**
观看本书配套说课视频课程，辅助理解与掌握说课技巧。

2 **小学数学说课专题研讨群：**
加入本书相关的专题社群，参与话题讨论，交流学习心得与实践经验。

3 **教学技巧学习资料：**
领取教学技巧资料，辅助教学实践。

**本书读者还将获取以下服务：**

★教育类好书推荐

★教育行业热点资讯

★本地热门的教育类线下活动

微信扫码

**获取本书配套服务**

# 小学数学
# 说课指导

陈加仓／著

江西教育出版社
JIANGXI EDUCATION PUBLISHING HOUSE
·南昌·

图书在版编目(CIP)数据

小学数学说课指导 / 陈加仓著 . -- 南昌 : 江西教育出版社 , 2020.9 (2021.11 重印 )

ISBN 978-7-5705-2041-1

Ⅰ . ①小… Ⅱ . ①陈… Ⅲ . ①小学数学课 - 教学研究 Ⅳ . ① G623.602

中国版本图书馆 CIP 数据核字 (2020) 第 169838 号

小学数学说课指导
XIAOXUE SHUXUE SHUOKE ZHIDAO
陈加仓 著

---

**江西教育出版社出版**
(南昌市抚河北路 291 号 邮编: 330008)
各地新华书店经销
安徽联众印刷有限公司印刷
720 毫米 ×1000 毫米 16 开本 20 印张 字数 317 千字
2020 年 9 月第 1 版 2021 年 11 月第 2 次印刷
ISBN 978-7-5705-2041-1
**定价: 68.00 元**

---

赣教版图书如有印装质量问题，请向我社调换 电话：0791-86710427
投稿邮箱：JXJYCBS@163.com 电话：0791-86705643
网址：http://www.jxeph.com

赣版权登字 -02-2020-419

# 序

我的专著《小学数学拓展课：怎么教，教什么》和我主编的“小学数学拓展课案例精选”“名师教你学数学”系列丛书出版以来，受到同行的极大认可，各大教师研训机构和全国各地的教师经常联系我，邀请我做研究成果的分享和课例课件的共享，每次我都十分爽快地答应。自己的研究成果能给一线教师提供借鉴和帮助是一件幸福的事，这也正是我想继续写一本《小学数学说课指导》的初衷。历任几届温州市名师、省教坛新秀、省特级教师推荐的评委，目睹一些教师不知如何说课，结果与成功失之交臂的遗憾，再反观自己的成长道路，说课是我快速成长的秘籍，因为想要说好课不仅要有课堂教学演绎能力，还要有教育教学理论功底，每设计一个环节都要去想想为什么。因此，我将自己对说课的体验和感触，包含自己对说课的理解整理成《小学数学说课指导》。如果能给成长中的一线教师提供一些借鉴，使其在成长的道路上少走一些弯路，那也将是一件好事。

1993 年 6 月中师毕业后，原本一直想当数学老师的我被指派专职任教体育。任教一年虽然取得了可喜的成绩，但心里还是没有改变对数学教学的初衷。于是，多次向学校申请，每次都被拒绝。一位老教师见我如此坚持，便一起帮我申请。最后，学校给我安排了教学一个班的数学以及五个班的体育。刚过了两个星期，教导主任要求我代表学校参加学区说课比赛。我疑惑不解：“才教了几天数学，让我代表学校参加说课比赛？”教导主任说：“谁让你申请教数学？必须参加！”彼时说课在我们当地才刚刚开始，很多教师（包括我在内）都不知道什么是说课以及怎么说课。因此，没有一位教师愿意参赛。为了不丢百年老校的面子，领导只好派刚任教数学两周的我参赛，于是我就成了学校里第一个吃“螃蟹”的人。

幸亏，说课比赛自选课题，又可提前准备。于是，我选择了“小数点移动引起小数大小的变化”一课，按照“说教材、说教学方法、说学法指导、说教学过程、说板书设计”的要求写好说课稿，每天背诵多遍。经过几天努力，我在20多位参赛教师中脱颖而出，名列第二。一等奖只设了一个名额，我成了二等奖获得者中的第一名。在接下来的一年时间里我又陆续被评为学区十佳青年教师、县级教坛新秀。从此，领导对我赞赏有加，让我正式任教数学。

1997年4月，我参评市级教坛新秀，评比形式也是说课，时间为20分钟。我抽到了3号，并把自己所带的资料全部借给了2号。当我进准备室拿回资料时，发现“商不变性质”这一节课的资料丢失了，我只能“盲备瞎说”。当接到评上的通知时，我心中很是疑惑。两年之后，我才终于找到答案。当时任评委的专家告诉我，由于那时大家都不知道怎么说课，因此，评价的标准很简单，凡是能脱稿或者半脱稿说课的都算评上。我那时没有参考资料，也就节省了看资料的时间，准备的全是自己的东西，自然能脱稿说课。

1998年10月，同事章锦周老师在我的指导下参加县级说课比赛，荣获第一。此后，说课经常用于公开课之后、专家评课之前，由执教教师简单地介绍课的设计意图，但谈不上是真正意义上的说课。

2000年以后，各级教育行政部门又把课堂教学作为考核评比的主要形式。如我参加的2006年浙江省教坛新秀评选、2007年浙江省中学高级教师评审、2010年浙江省特级教师评选、2013年温州市教授级中学高级教师评审等，都是采用课堂教学形式进行考核。近几年，教育事业快速发展，教师参与评比的积极性越来越高，参与人数也越来越多，课堂教学考核就越来越难组织了。如从2014年开始的浙江省特级教师评审、2016年开始的浙江省正高级教师评审又通过说课来考核。此后，全省各地也相应地将说课作为考核的重要内容之一。

2014年和2018年，我有幸担任了温州市的省特级教师参评对象的说课导师，指导的教师中共有8位顺利通过了评审。2018年12月，为了参评正高级教师，我进行了充分的说课准备，将自己20多年来积累的公开课教案及说课稿进行整理，并按15分钟的时间要求进行了训练，结果顺利地通过了评审。

此后，我开始撰写《小学数学说课指导》一书，经过半年多努力终于完成了初稿。此书主要分为上编和下编：上编是理论部分，主要介绍自己多次参加评比型说课后获得的点滴经验；下编是说课稿范例，主要呈现自己准备的评比型说课稿，且每篇说课稿都按15分钟的时间要求精心准备。为了保持原汁原味，后期整理没有做太多改动。为了让读者更快地掌握评比型说课要领，我又选取了其中8个课题，并邀请了学校4位骨干教师进行说课示范，扫书中二维码就可以获取说课视频。这些说课范例，分为两种情况，一种是在教室里借助黑板说课，另一种是在无黑板的房间内说课。希冀此书能对广大一线教师有所启发与帮助。

由于时间匆促，书中肯定有许多不足之处，敬请广大读者多提宝贵意见。

陈加仓

2019年9月10日

# 目录

## ……上编　理论部分……


第 1 章　认识小学数学说课 …… 3

一、什么是说课 …… 3

二、说课的特点 …… 4

三、说课的发展 …… 6

四、说课的类型 …… 9

第 2 章　小学数学怎样说课 …… 11

一、怎样说教材 …… 11

二、怎样说学情 …… 13

三、怎样说教学目标 …… 17

四、怎样说教学过程 …… 20

五、怎样说板书 …… 30

第 3 章　小学数学说课的技巧 …… 33

一、说课稿的撰写技巧 …… 33

二、选择合适的说课模式 …… 34

三、巧妙处理说课各个部分 …… 34

四、合理分配说课时间 …… 36

# ……下编　说课稿范例……

第4章　小学数学说课稿范例 …………………………… 39

一、数与代数领域

1.《千米的认识》说课稿 …………………………… 40
2.《吨的认识》说课稿 …………………………… 45
3.《用估算解决问题》说课稿 …………………………… 49
4.《两位数除以一位数》说课稿 …………………………… 54
5.《简单的分数加减法》说课稿 …………………………… 61
6.《两位数乘两位数》说课稿 …………………………… 65
7.《简单的小数加、减法》说课稿 …………………………… 70
8.《三位数乘两位数笔算》说课稿 …………………………… 75
9.《单价、数量、总价》说课稿 …………………………… 80
10.《乘法分配律》说课稿 …………………………… 86
11.《小数的意义》说课稿 …………………………… 90
12.《小数加减法》说课稿 …………………………… 96
13.《除数是整数的小数除法》说课稿 …………………………… 101
14.《一个数除以小数》说课稿 …………………………… 107
15.《方程的意义》说课稿 …………………………… 112
16.《质数和合数》说课稿 …………………………… 118
17.《分数的意义》说课稿 …………………………… 122
18.《真分数和假分数》说课稿 …………………………… 129
19.《最大公因数》说课稿 …………………………… 135
20.《最小公倍数》说课稿 …………………………… 142
21.《同分母分数加减法》说课稿 …………………………… 147
22.《解决问题》说课稿 …………………………… 152

23.《一个数除以分数》说课稿 …… 158

二、图形与几何领域

24.《怎样拼周长最短》说课稿 …… 163
25.《长方形、正方形的面积》说课稿 …… 169
26.《点到直线的距离》说课稿 …… 174
27.《梯形的认识》说课稿 …… 184
28.《三角形的认识》说课稿 …… 189
29.《三角形的三边关系》说课稿 …… 194
30.《三角形的分类》说课稿 …… 199
31.《三角形的内角和》说课稿 …… 205
32.《平行四边形的面积》说课稿 …… 211
33.《三角形的面积》说课稿 …… 216
34.《梯形的面积》说课稿 …… 222
35.《组合图形的面积》说课稿 …… 227
36.《长方体的认识》说课稿 …… 233
37.《长方体和正方体的体积》说课稿 …… 238

三、统计与概率领域

38.《复式统计表》说课稿 …… 244
39.《平均数》说课稿 …… 249
40.《折线统计图》说课稿 …… 254
41.《扇形统计图》说课稿 …… 263

四、实践与综合应用领域

42.《搭配问题》说课稿 …… 269
43.《可能性》说课稿 …… 274
44.《烙饼问题》说课稿 …… 278

45.《植树问题》说课稿 …………………………………… 283
46.《找次品》说课稿 ………………………………………… 288
47.《数与形》说课稿 ………………………………………… 293
48.《确定起跑线》说课稿 …………………………………… 298

后记 ……………………………………………………………… 305

# 上编

# 理论部分

# 第1章 认识小学数学说课

## 一、什么是说课

### (一)说课的概念

说课就是在备课的基础上,针对某一内容(课题),面对同行、专家,对教材、学生、教学方法及教学设计进行系统的表述。它不仅要分析教材、学情,设计教学环节及具体的实施策略,还要阐述其背后的理论依据,也就是说不仅要说怎么教,还要解释为什么这样教。说课实际上是由教师自导、自演一堂课,然后由听者评说,达到互相交流、共同提高的目的。它是一种新型的教学研究方式,也是师资培训的有效途径之一。

说课的产生可追溯到20世纪50~60年代,那时教师进修机构举办的教材分析培训和学校、教研室组织的集体备课活动,就已经蕴含了说课的雏形。1987年,河南省新乡市红旗区教研室最早正式提出了“说课”概念。

说课不仅要求教师要认真解读教材、解读学生,制订教学目标及教学重难点,科学合理地设计教学过程包括板书,还要研究“为什么这么教”的教学理论依据问题。

实践证明,说课活动有效地调动了教师投身教学改革、学习教育理论、钻研课堂教学的积极性。说课也是提高教师素质,培养造就研究型、学者型教师的途径之一。

### (二)说课与试课的区别

近几年来,除了说课以外,试课的形式在各种评比考核的活动中也越来越多地被采用。自从出现了试课,很多老师对于试课与说课就混淆不清了。

尤其是在说教学过程部分，一些教师采用了试课的形式，让说课的效果大打折扣。

试课是一种新型的教育教学研究方式，也是一种检测教师教学能力的手段和方法。它是一种虚拟的课堂教学方式，要求教师在没有学生的情况下，将预设的教学内容及过程按照实际的课堂教学进行模拟，即进行一堂假装有学生的课堂教学。

试课与说课有许多相同之处，它们都不受学生、场地、气候、对象、器材等条件限制，也不需要像实际的课堂教学一样上足 40 分钟（或 35 分钟）。试课和说课又有很多不同之处。首先，试课是对真实课堂的模拟。它是压缩版或者浓缩版的课堂教学，将学生的部分言语、动作以及操练行为省略了或者由教师代为表达。试课不需要说教材、说教学方法、说学法指导、说板书，只要求说清怎样教，不必说为什么这样教及其理论依据。而说课要求教师口头讲解教学设想的同时，还要讲清为什么这样教及其理论依据。其次，试课更接近课堂。它直接向专家、同行或其他听众呈现课堂教学过程，且呈现的不是“说”的过程，而是实实在在的“教”的过程及部分的“学”的过程。

近几年来，通过试课的形式考核教师的课堂教学能力越来越被重视。如新教师招聘，教师流动面试，县、市级教坛新秀评比等都采用试课的形式。但是一些更高层次的考核评比，还是采用说课的形式。如省特级教师评选、正高级教师评审，等等。因为它不仅要考核教师的课堂教学能力，还要考核教师的教学理论功底。

## 二、说课的特点

教师的专业水平主要体现在课堂教学上，课堂教学水平决定了课堂教学质量，也决定了学生对课堂及教师的喜欢程度。一位上不好课的教师，不太可能被称为“优秀教师”。因此，各级各类评比、职称评审等都要对教师的课堂教学进行考核，且将它作为最重要的评审依据。

随着教育事业的迅速发展，师资队伍建设也加快了步伐，各种教育优惠政策不断出台，各级各类评审逐渐增多，教师参与的积极性越来越高，且人数也越来越多，课堂教学考核的组织难度也越来越大。2005～2010 年，温州市小学教师参与中学高级教师（现在统一称“高级教师”）评审的人数在逐年增加，甚至达到了原来的3倍；2011年~2018年，参评人数又翻了一番。因此，近几年的各级各类评审，很难见到“课堂教学考核”，因为组织难度较大。这时说课考核的特点及优势也就显而易见。

### （一）简易性

说课不受时间、空间、人数的限制，又不牵涉学生，简便易行。

1. 说课时间短，便于组织。

课堂教学考核以每节课40分钟计算，一天只能安排6节课，即可以安排6位教师参评。而说课考核不受上课时间的限制，不用考虑课间休息时间。如果以每位参评教师说课时间为15分钟计算，一门学科一天最多可以安排20多位参评教师说课，同一天还可以安排几门学科同时开始说课。且说课考核日期安排也较灵活，因为说课不需要学生，可以安排在双休日或节假日期间进行。

2. 不干扰学校，不影响学生学习。

一次课堂教学考核活动以200人为例，这么多教师在一所学校参评，一般放在二至五年级的班级进行，每个班级一天要上很多节课，且大多是临时准备的课，课堂教学设计不太成熟，参评教师对学情不熟悉、不了解，其教学效果肯定会打折扣。因此，课堂教学考核会对学校工作造成一定的干扰，也会对学生的学习造成一定的影响。而对于说课考核来讲，地点的选择更灵活，可以在学校的非教学区进行，不干扰学校的正常教学，也不影响学生的学习。甚至还可以在校外场地进行，不干扰学校。

3. 确保评审公平与公正。

课堂教学考核与教学进度密切相关，尤其是小学数学学科的课堂教学考核。教学是由浅入深、由易到难安排的，不能“跳”进度随意选择课题来进行教学，否则学生接受不了。因此，参评教师很容易猜到课堂教学考核的课题，这就影响考核的公正性。而说课不受教学进度限制，任何一节新授课都有可能被选中，参评教师猜不到，也不敢猜，这促使参评教师认真准备、好好学习，通过评审提高自己的专业水平。

### （二）理论性

在备课中虽然教师对教材做了一些分析和处理，但这些分析和处理常常是浅显的、感性的。通过说课,从理性上审视教材,教师就有可能发现备课中的种种疏漏,再经过修改教案,疏漏就会得到弥补。从这个意义上说,说课能帮教师更好地“吃透”教材。

另外,说课的准备过程是教师驾驭教材、优化教学设计的过程。教师说课不仅要说明怎么教,还要说清为什么这样教,这就迫使教师去学习理论、认真思考问题。这是教师从理论上去认识教学规律的过程。说课还需要教师写说课稿并进行演说,这又是提高教师写作能力和语言表达能力的过程。

**(三)交流性**

说课是一种集思广益的活动,无论是同行还是教研人员都会在评议说课、切磋教艺、交流教学经验中获益,尤其对说课者是最贴切、最直接的指导。

当然,说课毕竟只是“说课”,并非真正的上课,具有一定的局限性。首先,它看不到教师临场发挥、随机应变的教学机智,看不到学生掌握知识、形成能力的实际效果,这自然在评议上就有局限性。其次,在具体实施过程中,也有说得好但教得不好,或者教得好而说得不好的现象。这就要求在教学研究活动中,把说课评价与课堂教学评价有机结合起来。至于评比型说课,它对评委的要求更高。教育行政部门通过说课的形式考核参评对象,并非放弃了对参评教师课堂教学的考核,也并非不关注课堂教学,而是通过说课来评价参评对象的课堂教学能力与水平。因此,评委不仅仅要具备较高的课堂教学能力与水平,而且还应具备较高能力与水平来根据参评教师的说课判断其课堂教学能力与水平。

## 三、说课的发展

说课作为一种教学、教研的手段,最早由河南省新乡市红旗区教研室于1987年提出。我于1990年9月至1993年6月就读中师期间,包括后来到小学实习,也从未听说过“说课”一词。直到1994年9月,学校要求我参加学区说课比赛时,我才知道了“说课”。之前,很多老师包括我在内,根本不知道什么是说课,怎样进行说课。由此可见,说课在被提出的最初几年里,没有快速地推广到全国各地。社会变化日新月异,教育事业发展迅速。“说课”一词从提出到现在，已经过去了30多年，也悄悄地发生了一些改变。

### （一）关于说课模式的变化

1. 最早提出的“五说”或“六说”模式。

当时提出说课，旨在引导教师重视理论指导下的课堂教学，克服经验主义，减少“土方法”的使用。要求教师在规定的时间内至少要做到“五说”，即说教材、说教法、说学法指导、说教学过程、说板书设计。其中说教材包括说清教材的地位和作用，说清教材的教学要求，说清学生的学习障碍及困惑，说清教学目标及其制订的依据，确定教学重难点及依据；说教学过程要求说清怎么教，为什么这样教及其理论依据。由以上分析可知，说课的内容多且全面，说课的要求也高，特别注重说清为什么这样教及其理论依据。因此，当时的说课一般都是“五说”或“六说”模式。

（1）“五说”模式。一说教材，包含说教材地位与作用、教材教学要求、教学目标、教学重点与难点；二说教学方法；三说学法指导；四说教学过程；五说板书设计。

（2）“六说”模式。一说教材，包含说教材地位与作用、教材教学要求；二说教学目标及教学重难点；三说教学方法；四说学法指导；五说教学过程；六说板书设计。

“五说”或“六说”模式实行了很长一段时间，到现在为止，还有部分教师采用这样的说课模式。但是，如果仔细地去分析、研究，就会发现这种说课模式存在不少问题。

“五说”或“六说”模式，要求很全面，但是容易抓不住重点。说课的时间一般只有20分钟。在短短的20分钟之内，做到“五说”或“六说”是有难度的。因此，很容易导致说课时间分配不合理。比如一些教师说教材、说教学方法与学法指导就用了15分钟，说教学过程只用了5分钟。很显然，连怎样教都没有说清楚，也就失去了说课本身的作用和意义。

此外，教学方法、学法指导与实际教学相脱节。教师在说教材之后，需先说教学方法与学法指导，然后再说教学过程。也就是说在还没有充分考虑教学过程的前提下，教师便已经初步想好了教学方法与学法指导，这难免会产生与实际教学不匹配的情况。教学方法与学法指导在说教学过程中没有得到充分体现。

2. 现行的"二说"或"三说"模式。

针对"五说"或"六说"模式存在的问题，为了突出说课的重点，便于教师把握说课的节奏、合理分配时间，根据自己的说课经验，我大胆地将说教学方法与学法指导融入说教学过程当中去，避免教学方法、学法指导与实际教学不匹配。说教学过程部分要充分地说清怎么教，因此，说教学过程需要边说边板书。由此，我们也可以将说板书设计纳入说教学过程中去，把"五说"或"六说"模式简化为"二说"或"三说"模式。

"二说"模式：一说教材，包括说教材地位与作用、教材要求、教学目标、教学重点与难点；二说教学过程，包括教法、学法指导、理论依据及板书设计。

当然，有些教师为了突出学生的主体地位，体现以学为中心的教学理念，特别增加了说学情；还有些教师为了突出自己的教学理念，特别增加了说设计理念等。由此，产生了"三说"模式。

"三说"模式：一说教材，包括说教材地位与作用、教材要求、教学目标、教学重点与难点；二说学情或设计理念；三说教学过程。

**（二）关于说课时间的变化**

"五说"或"六说"模式，涉及内容比较全面，说课时间稍长一些。刚开始，有些说课比赛安排的说课时间为 30 分钟，但是整体耗时太长，活动很难组织。后来，说课时间改为 25 分钟，时间还是长了一些。再后来，说课时间调整为 20 分钟。2010 年以前的说课考核或比赛活动大都是这样安排的。之后，教师参评积极性越来越高，且人数越来越多，所以将说课时间调整成 15 分钟。当然也有一些特殊的赛事，由于参赛人数非常多，组织者要求用更短的时间进行说课。如全国小学数学文化说课比赛，说课时间仅为 5 ~ 8 分钟，要求参赛选手在尽可能短的时间内进行说课。其实，说课的时间越短对参赛选手的要求就越高。

随着说课时间的变化，由原来最初的 30 分钟逐步减少到现在的 15 分钟，说课稿的字数也将随之减少。说课，如果按 5 分钟 800 字计算，20 分钟可以说 3200 字，15 分钟只能说 2400 字。因此，如果采用 15 分钟说课，说课稿的字数一般要控制在 2400 字以内。

## 四、说课的类型

说课的作用得到了各级教育行政部门、专家以及广大一线教师的认可。在职称评审中,经常用说课的形式来考核参评教师的课堂教学能力。

说课,按照不同的分类标准,可以有不同的类型。

### (一)按照说课表述的时间分类

1. 课前说课。

课前说课,简单地说,就是在上课之前进行的说课活动。公开课执教者在上课之前,先向听课老师介绍自己的所思所想,并对课堂教学做一些简单预设。一般只挑一些重点部分说一说,如对课的某一教学内容的深刻认识、独到见解或有别于他人的独创或首创设计等。课前说课其实是首先对课堂进行一种预设,然后通过真实的课堂教学实践进行检验、对比。课前说课能提高教师的科研意识与能力,即在一定的教育教学理论指导下,开展课堂教学研究的能力;能够迅速提高教师精准诊断学情的能力,等等。

2. 课后说课。

课后说课,简单地说,就是在上课之后进行的说课活动。它是公开课执教者根据实际的课堂教学情况进行的一些反思,如预设与实际教学之间的差距,哪些地方比较满意,哪些地方有待改进,理由是什么,等等。当预设与实际教学之间的匹配度比较高,一般只需要简要地说教材(包括教材的地位和作用、学情、教学目标及重难点等),并说一说自己为什么这样设计及其理论依据,不必再说怎样教。课后说课一般侧重于反思,侧重于对课的补充、说明、解释,让听课教师深入理解此课。

### (二)按照说课的用途分类

1. 研究型说课。

研究型说课就是说课者先向参与研究的专家、教师说自己的教学设想,然后以此进行研究讨论;或者多位说课者围绕同一个教学内容进行说课,然后再进行比较分析,类似于“同课异构”活动;还可以是多位说课者在某一研究主题下选择不同的内容先进行说课,然后再进行比较,寻找不同内容之间的联系与区别。因此,研究型说课可以安排在课堂教学之前,在还没有成熟的设计的前提下，通过说课的形式进行研讨，形成统一的认识。也可以安排在课堂教学之后，针对这节课当中存在的问题，重新调整教学思路，向专家、教师说自己的设想，并在研讨中趋于完善。

2. 示范型说课。

示范型说课就是各级教育行政部门组织优秀教师、骨干教师或名师进行的示范说课。它是为年轻教师树立榜样和典范、提供学习和借鉴而用的，相对而言这种说课形式比较成熟。比如说课培训活动，通过名师、优秀教师等的示范，为年轻教师提供了说课的样板。再如名师工作室活动，导师亲自进行说课指导，手把手地教学员说课。年轻教师要提高自己的说课能力与水平，除了自己尝试探索之外，还需要听一些名师、骨干教师的示范型说课，并深入研究说课的各个环节，甚至细节问题。总之，要快速地提高年轻教师的说课能力，示范型说课是必不可少的。

3. 评比型说课。

评比就是通过比较，评定高低。随着教育事业的迅速发展，各级教育行政部门为教师的成长搭建了各种展示平台，组织了各种评比活动。因此，由于各类教学评比或职称评审等需要，专门安排的一种说课，我们称之为评比型说课。有的教研活动进行个人说课比赛；有的教研活动则安排团队说课比赛，即分别将说教材、说学情与说教学过程等分给不同的教师进行说课。当然，团队说课比赛的说课总时间会长一些，其目的是想研究得更深入一些。评比型说课旨在综合考评说课者的教育教学研究能力、课堂教学能力及教师的综合素质。

其实，不管采用怎样的形式说课，其本质是一样的。因此，我以小学数学评比型说课为例进行深入研究，希望能以点带面，让广大读者对说课有更深入的了解。

# 第2章 小学数学怎样说课

怎样说课是大家最关心的问题,也是我们最难回答的问题。首先,说课对教师的要求很高。说课不仅要说清怎样教,而且还要说清为什么这样教,更要说清这样教的理论依据是什么。而"为什么这样教"及其"理论依据是什么",恰恰是我们在平时的教学中很少思考的问题。为了说清楚这些问题,一些教师干脆找一些理论贴"标签",会说:课程标准怎样说,某某教育家怎样说,某某数学家怎样说,某某特级教师提出怎样的观点,等等。没有真正用教育学、心理学等知识去解释分析,出现理论依据与教学实际"两张皮"的现象。其次,教师对说课存有陌生感。教师每天在课堂上"摸爬滚打",对课堂教学可以说是"驾轻就熟",而对说课却接触不多、了解不够,直接参与体验的次数更是少之又少,甚至没有,也因此导致不少教师害怕说课。但是,如果对说课进行深入的研究剖析,不难发现,其实说课也是有法可循的。接下来,我将分块进行阐述。

## 一、怎样说教材

教学有三个基本要素,即教师、学生和教材。教材又称"课本",是依据课程标准编制的、系统反映学科内容的教学用书。教师和学生是教学中"人"的因素,对教学质量具有绝对的影响。教材是教学中"物"的因素,其在教学中的地位和作用也是不能忽视的。因此,全面正确地解读教材是教师说好课的前提与基本保证,它是为更好地制订教学目标、确定教学重难点及设计教学过程等服务的。由此可见,说课时我们应该正确地分析教材、说好教材。为了防止误读教材或者边缘化教材，我认为说好教材要做到三个“弄清”。

### （一）弄清国家课程标准的要求

国家课程标准是规定某一门学科的课程性质、课程目标、内容目标、实施建议的教学指导性文件。它是教材编写、教学、评估和考试命题的依据，是国家管理和评价课程的基础。它体现了国家对不同学段的学生在知识与技能、过程与方法、情感态度与价值观等方面的基本要求。因此，我们应该弄清它的要求，正确地把握教学的“度”。如轴对称图形，在不同的学段，关于它的教学要求是不同的。我们不能随意地、盲目地拔高要求或者降低标准。关于这一教学内容，在第一学段只要求结合实例，感受轴对称现象；通过观察、操作，初步认识轴对称图形。在第二学段要求通过观察、操作等活动，进一步认识轴对称图形及其对称轴，能在方格纸上画出轴对称图形的对称轴；能在方格纸上补全一个简单的轴对称图形；能从轴对称的角度欣赏生活中的图案，并能在方格纸上设计简单的图案。只有把准了国家课程标准的要求，教学过程的设计才不会出现过难、过深或过易、过浅的现象。知识是为素养服务的，过难、过深的教学超出了学生认知能力范围，不利于学生数学素养的形成。而过易、过浅的教学无法刺激学生的思维发展，也无法让学生的思维达到一定的深度，同样不利于学生数学素养的形成。

### （二）弄清教材的前后联系

根据说课内容，我们要弄清学生之前已经学习了什么，今后还要学习什么。但是，我们不需要把之前所学以及之后要学的知识统统都列出来，只需要列出与本课内容有直接的、密切的联系的一两项知识即可，如梯形的认识，它是在平行和垂直、平行四边形的认识等基础上学习的，为今后学习多边形面积等知识打下基础，确切地说就是为今后学习梯形面积直接服务的。

### （三）弄清教材的知识点

针对一节课，教材一共有几个例题，它分别创设了哪些教学情境，分别蕴含着哪些数学知识点、数学思想方法及教学注意点，等等。我们应读懂、读正确，并用简洁的语句进行概括。如“除数是整数的小数除法”这一部分内容，教材安排的例 1 是小数除以一位整数，可以将其转化成整数除法，还可以根据小数的意义，理解用竖式计算的方法，这种方法是学习的重点，核心是帮助学生理解为什么商的小数点要和被除数的小数点对齐。例 2 是除到被除数的末尾仍有余数,需要添 0 继续除,结合小数的意义说明“为什么添 0 继续除后,商要写在十分位上”,从而解决“为什么商的个位的右下角要点上小数点”的问题。

## 二、怎样说学情

研判学情也是说好一节课的前提。学情的精准把握是确定教学重难点的主要依据之一,也是科学合理设计教学过程的前提,能反映出教师的教学经验与功底。因此,许多教师在说教学目标之前都会先说学情。那么,怎样精准地研判学情,说好学情呢?我觉得可以从以下几方面入手。

### (一)分析教材的逻辑起点与学生的现实起点

教材的逻辑起点是指本节课教学内容的前后联系,也就是说之前学生已经学习了什么。即使是起始课,也是建立在以前学习的基础上进行的。学生的现实起点是指学习本节课内容之前,学生对该内容已经知道了或者理解掌握了多少,哪里还有困难或障碍,等等。寻找教材的逻辑起点与学生的现实起点是说学情中最常涉及的。

如“除数是整数的小数除法”这部分内容的例 1、例 2(如图 2.2.1、图 2.2.2)。例 1 是小数除以整数,例 2 是整数除以整数,且有余数,根据小数的意义和性质需要在余数的末尾添上 0 继续除。在以前的学习中,我们知道整数除法有些恰好除完,没有余数;有些除不完,有余数。但是经过三年级“小数的初步认识”、四年级“小数的意义和性质”的学习,学生已经知道可以把余数的计数单位变小,让它的数量变多,然后继续除下去。因此,我将例 1 与例 2 的教学顺序进行调换。在原来有余数的整数除法的基础上,先学习例 2,再学习例 1。这样的教学安排,找准了学生认知的停靠点,更有利于学生调用已有的知识与经验解决余数问题,从而使其不知不觉地进入小数除法的学习。

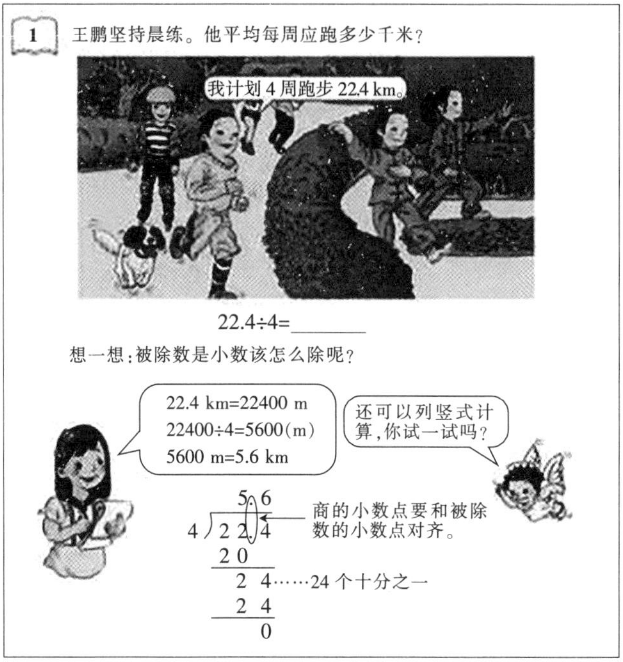

1 王鹏坚持晨练。他平均每周应跑多少千米？



22.4÷4=________

想一想：被除数是小数该怎么除呢？



```
     5.6
  4)22.4     ← 商的小数点要和被除数的小数点对齐。
    20
     2 4……24 个十分之一
     2 4
       0
```

图 2.2.1

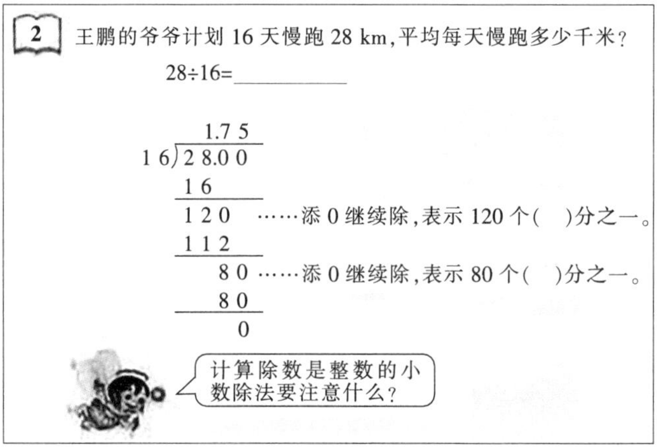

2 王鹏的爷爷计划 16 天慢跑 28 km，平均每天慢跑多少千米？

28÷16=__________

```
      1.7 5
 1 6)2 8.0 0
     1 6
     1 2 0  ……添 0 继续除，表示 120 个(  )分之一。
     1 1 2
         8 0 ……添 0 继续除，表示 80 个(  )分之一。
         8 0
           0
```



图 2.2.2

### （二）分析以往教学中学生的易错点

不同班级、不同时段，学生的学情也存在差异，要想精准地诊断学情，教师要做教学的有心人，对平时教学过程中学生存在的错例多记录、多积累、多分析，慢慢地对学情的把握会越来越精准。只有这样，撰写说课稿时，才能随时提取学生学习的难点、易错点、知识的混淆点，等等。只有精准地诊断学情，确定教学重难点、设计教学过程才更具针对性。

如学习质数和合数，学生容易理解质数与合数的意义，知道自然数按因数的个数可分为质数、合数和 1。但如果将此知识纳入学生原有的认知结构中同化，则会出现问题。一是与奇数、偶数等概念混淆；二是判断 100 以内的质数错误率较高，学生经常将 91、51、87、57 等数，判断成质数。因此，我们要设计针对性练习，如判断题、游戏题等，让学生在练中悟理，在练中发展思维。我们还可以先改编百数表，再让学生找 100 以内的质数。

表 2.2.1　1 ~48 数表

| | | | | | |
|---|---|---|---|---|---|
| 1 | 2 | 3 | 4 | 5 | 6 |
| 7 | 8 | 9 | 10 | 11 | 12 |
| 13 | 14 | 15 | 16 | 17 | 18 |
| 19 | 20 | 21 | 22 | 23 | 24 |
| 25 | 26 | 27 | 28 | 29 | 30 |
| 31 | 32 | 33 | 34 | 35 | 36 |
| 37 | 38 | 39 | 40 | 41 | 42 |
| 43 | 44 | 45 | 46 | 47 | 48 |
| …… | | | | | |

如表 2.2.1 所示，学生会发现除了 2 和 3 两个质数之外，其它质数都比 6 的倍数少 1 或者多 1，而且还能知道其中的原因。

**（三）分析学生思维的障碍点**

学生在学习过程中，理解新知识、建构概念时遇到的困难大小受自身认知水平、思维特点的影响。小学数学的知识点很多，当教师记不住学生的错例时，还可以充分调用自己以往的教学经验去判断或预测学生的思维障碍点。

如“除数是一位数的笔算除法”中例 1 的 $42 \div 2$ 与例 2 的 $52 \div 2$，这些是在表内除法和简单的有余数除法的基础上学习的，学生已经会列竖式计算商只有一位数的除法。该内容是学生第一次接触竖式中的商是两位数的除法，是学生认识的又一次突破与飞跃。根据我们以往的经验与感觉，学生已经能够正确计算“42 ÷ 2”和“52 ÷ 2”，部分学生还能说出正确的计算过程。但是多数学生不会正确地列竖式计算。如列竖式计算“42 ÷ 2”时，学生会直接写出得数 21，却不能呈现计算的过程。同理，列竖式计算“52 ÷ 2”则会更难一些，具体分析见表 2.2.2。

**表 2.2.2 计算 42 ÷2 和 52 ÷2 的思考步骤**

| 思考步骤 | 42 ÷ 2 | 52 ÷ 2 |
|---|---|---|
| 第 1 步（分整捆） | 把 4 捆小棒平均分给 2 个人，每人得到 2 捆 | 把 5 捆小棒拆成 4 捆和 1 捆 |
| | | 把 4 捆小棒平均分给 2 个人，每人得到 2 捆 |
| 第 2 步（分剩余） | 把 2 根小棒平均分给 2 个人，每人得到 1 根 | 把剩下的 1 捆小棒拆开，与原来的 2 根小棒相加，得到 12 根小棒 |
| | | 把 12 根小棒平均分给 2 个人，每人得到 6 根 |
| 第 3 步（得结果） | 把每人得到的 2 捆小棒和 1 根小棒相加，得到最后结果 21 | 将每人得到的 2 捆小棒与 6 根小棒相加，得到最后结果 26 |
| 第 4 步（写竖式） | 建立思考过程与竖式的联系 | 建立思考过程与竖式的联系 |

我们不妨再看一看图 2.2.3 和图 2.2.4，会更容易理解。

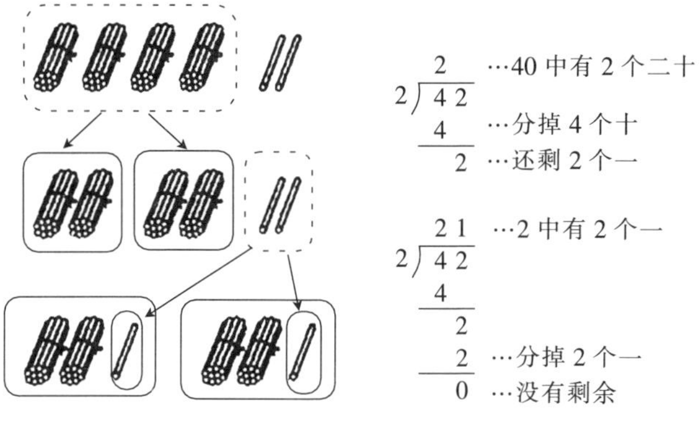


图 2.2.3

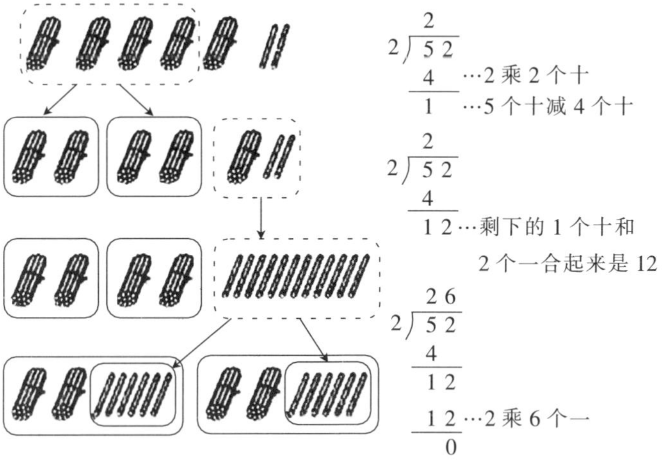


图 2.2.4

从上面的图表中可以看出,学生算出 42 ÷ 2 的得数比较容易,但是正确地书写竖式却有一点困难,也正是由于学生能够很快地算出得数,列竖式计算时才会直接写出它的商。因此,我们借助小棒图帮助学生建立思考过程与竖式之间的联系。而 52 ÷ 2 在分小棒的过程中存在“无法分”的思维障碍,我们要先将教学的着力点放在将“无法分”的情况转化为“可以分”的情况上,突破教学难点,再建立思考过程与竖式之间的联系,从而理解算理,掌握算法。

## 三、怎样说教学目标

教学目标是通过教学活动所预期要实现的学生行为变化,这种行为变化涉及认知、技能、情感、态度、品德等各方面。很多教师在说教学目标时会出现主次不清、用词模糊、目标不明确等问题。那么,怎样说教学目标呢?

### (一)用常用行为动词表述教学目标

新课程提出了三维目标,即知识与技能,过程与方法,情感、态度、价值观。这是新课程“独创”的,也是新课程推进素质教育的根本体现,它使素质教育在课堂教学中的落实有了重要抓手和坚实的操作性基础。可以说,知识与技能维度的目标立足于让学生学会,过程与方法维度的目标立足于让学生会学,情感、态度、价值观维度的目标立足于让学生乐学。三维目标是一个密切联系的有机整体,三维目标不是三个目标,它是思考教学目标的一条重要原则,任何割裂三维目标的教学都不能促进学生全面发展。另外,我们在教学目标表述时,用好课程标准提出的常用行为动词(如表2.3.1),更有利于理解。

**表2.3.1　表述教学目标的常用行为动词**

| 学习水平 | 常用行为动词 |
| --- | --- |
| 知识 | 1. 了解——读、写、会用、认识、说出、识别、了解、辨认、描述<br>2. 理解——知道、表示、会画、确定、找出、获得、读懂<br>3. 应用——分类、选择、比较、排列、理解、解释、判断、预测、推断、估计、设计、检验、运用、掌握、处理、推导、证明 |
| 技能 | 口算、计算、测量、观察、操作、实验、调查、笔算 |
| 过程与方法 | 体验、感受、交流、解决问题、经历、发现、探索、感知、交换意见 |
| 情感、态度、价值观 | 体会、欣赏、感受、养成、树立 |

如《循环小数》一课的教学目标:1. 理解循环小数的意义,认识循环节,能用简便方法记录循环小数,知道小数可以分为有限小数和无限小数。2. 在分析、比较、抽象、概括等探究活动中,发展数感,渗透符号化思想。3. 渗透相关的数学文化,激发数学学习兴趣。

**(二)用十大核心概念词表述教学目标**

数学课程标准把课程内容分为四大领域:数与代数、图形与几何、统计与概率、实践与综合应用,同时又提出了与这些内容有关的十大核心概念:数感、符号意识、空间观念、几何直观、数据分析观念、运算能力、推理能力、模型思想、应用意识和创新意识。因此,我们须弄清这些核心概念的深刻内涵,并与说课内容建立密切联系,深入思考本节课内容主要培养或建立哪些核心概念。如计算教学,主要发展数感,提高运算能力;图形面积教学,主要发展空间观念,培养推理能力;统计与概率教学,主要培养数据分析观念;实践与综合应用教学,主要发展应用意识和创新意识,等等。

**(三)明确各领域教学重难点**

1. 数与代数。

新课程标准提倡算法多样化,要求充分发挥现实情境、直观图示、动手操作等的作用,在理解算理的基础上构建算法。计算教学不仅要着眼于技能的形成,还应探讨并努力实践如何将"基本技能"变成发展学生的各种"过程能力"。相关研究表明,算法是自动化的,在不理解算理的情况下,仍可以掌握和使用。学生需要掌握算法,但更需要经历构建算法的过程,实现算理和算法的内在统一。因此,这一领域的教学重点是掌握算法并能正确地进行计算,教学难点是对算理的理解。

2. 图形与几何。

图形与几何教学由以计算为主线转变到以活动为主线,由注重结论性知识转变到关注过程性知识。如《梯形的面积》一课,教学重点是掌握梯形的面积计算方法,并能正确地计算;教学难点是在参与梯形面积公式的探究过程中,推导梯形面积公式。再如"观察物体"这一部分内容,其教学难点是:第一,根据观察到的立体图形的形状,画出看到的图形;第二,在同一位置上看,最多看到长方体的三个面;第三,观察球或圆柱分别得到一个圆形或长方形;第四,根据观察到的平面图形的形状来判断物体。

3. 统计与概率。

统计与概率主要研究现实生活中的数据和客观世界中的随机现象,通过对数据的收集、整理、描述和分析以及对事件可能性的刻画,帮助人们做出合理的推断和预测。原来的小学数学教材只在高年级设立一些章节介绍有关统计的初步知识,重点是放在怎样绘制统计图表的技能培养上,几乎没有涉及概率的内容。而在以信息和技术为基础的社会里,收集、整理、描述与分析信息的能力已经成为公民基本素养的一部分。统计与概率所要求学习的运用数据进行推断的思考方法已经成为现代社会一种普遍适用并且强有力的思维方式。因此,这一领域的教学重点在于培养数据分析观念,教学难点是培养运用数据进行预测、决策的思考方法。

4. 实践与综合应用。

实践与综合应用是数学新课程设置的新领域。第一学段以"实践活动"为主题,考虑到学生的思维层次还是以形象思维为主,储备的数学知识还比较零碎和粗浅,已有的生活经验不够丰富,教材更强调实践,强调数学与日常生活的联系,重在培养学生对数学的兴趣。第二学段以"综合应用"为主题,考虑到学生已经有了一定的数学知识和解决简单问题的经验,也有了一定的逻辑思维能力，因此，在继续强调实践与经验的基础上，增强了“综合应用”的要求，在内容的安排上，开始涉及各领域之间的联系与综合，甚至跨学科之间的沟通与融合。所以，这一领域的教学重点是运用所学知识解决简单的生活实际问题，教学难点是发展应用意识和创新意识。

## 四、怎样说教学过程

说教学过程是说课最重要的组成部分。这是因为判断教师的说课水平，主要是看说教学过程。说教学过程也是评委根据说课，判断教师课堂教学水平的主要途径。

教学过程可以分为引入环节、展开环节、巩固环节。其中展开环节是新知探究环节，是课堂教学的核心部分。因此，说教学过程时我们不能平均使用“力气”，不能追求面面俱到，环环精彩，而应在核心部分、重点环节花功夫。

### （一）说引入环节

引入环节是说教学过程的起始环节，不必过多考虑情境，如果在此花费过长时间，则会导致例题教学不能充分展开。因此，引入环节应尽量简单设计，快速引入。这样不仅能为思考怎么教新知赢得更多的准备时间，还为说清怎么教等赢得时间，使说课效果更好。说引入环节一般采用以下几种方法。

1. 复习旧知引入。

学习是学生在原有知识经验上自我构建新知的过程。我国自古就有“温故而知新”的说法。以旧知为突破口，找准新旧知识的联结点，以此引入新知，并且利用旧知讲解，分析新知，这样就能充分调动学生学习的积极性，使其高度集中注意力，同时也会不断加深、加宽学习的内容。

课前复习的内容很多，怎样合理地设计复习题呢？我们可以根据教材的逻辑起点，快速地找到已有的知识基础。直接设计相关练习，在练习中引入新知教学。

如“除数是整十数的笔算除法”是建立在除数是整十数的口算除法的基础上学习的，因此，通过复习相关口算有利于学生试商、确定商的书写位置，也有利于教师找到学生的认知停靠点。于是，我设计了一些口算题，让学生练习后选择其中一两道说一说口算方法：60 ÷ 30，540 ÷ 90，150 ÷ 50，240 ÷ 40，210 ÷ 70。

2. 开门见山引入。

说课的准备时间是非常短的，一般只有1小时，有时只给40分钟。在短时间内，我们不可能花太多的时间去思考引入环节。因此，不妨开门见山地引入新知的教学。

如"认识周长"，我们就可以开门见山地引入，直接揭示课题，"这节课我们一起来学习、研究周长"，将学生的注意力快速集中在接下来要学习的课题上。直接揭题后还可以先了解学生的认知起点，"你知道周长吗？你觉得什么是周长？"，这样既能充分尊重学生已有的生活与知识经验，又能将学生不知道的和想知道的定位为接下来上课研究的内容，进一步激发学生探究的热情，让学生带着问题展开学习。

开门见山揭示课题，为理解周长的含义及探究周长的测量策略等提供充分的时间。

3. 方法迁移引入。

教学实践中只有适时引领学生实施数学思维方法的有效迁移，才能促进学生对数学问题的思考逐步走向深入，继而使其形成问题解决的思维方式，并逐步内化为解题的技能与技巧，不断增强在数学应用过程中的数学悟性。因此，我们可以在引入环节让学生回顾相似的问题解决方法、数学思想方法，为接下来的学习探究奠定方法基础。

如"三角形的面积"，由于它与平行四边形面积计算公式的推导过程类似，因此，也要将它转化成已知图形来推导面积计算公式。说课过程如下：

(1)回顾平行四边形的面积计算公式。呈现一个平行四边形（如图2.4.1），计算它的面积。

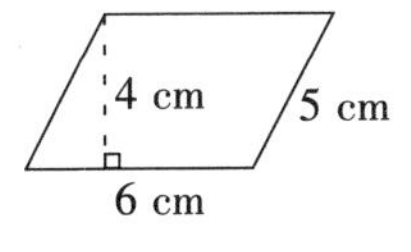


图2.4.1

根据"平行四边形面积 = 底 × 高"，列式计算：$6 \times 4 = 24(cm^2)$。

(2)回顾平行四边形面积计算公式的推导过程：通过割补法，把平行四边形转化成长方形，面积的大小不变，平行四边形的底等于长方形的长，平行四边形的高等于长方形的宽，长方形的面积 = 长 × 宽，因此平行四边形的面积 = 底 × 高(如图2.4.2)。

平行四边形的面积=底 × 高

长方形的面积=长 × 宽

图2.4.2

(3)揭示课题：这节课我们继续用转化的方法来学习三角形的面积。

**【教学思考】**以平行四边形的面积计算公式推导方法引入，再一次感悟转化的方法。为接下来三角形面积的多种推导方法的探究奠定基础，倍拼法和割补法也就自然产生。

**(二)说展开环节**

展开环节是新课教学中最重要的环节，教学时要引导学生充分地展开思维，建构知识，并且了解结论的来龙去脉。因此，展开环节是说教学过程中最核心的部分，展开环节说清楚了，课也就说清楚了。

1. 抓住重点。

说课要突出重点，层次分明，过渡自然，整体流畅。说课不是宣讲教案，也不是浓缩课堂教学过程，不需要面面俱到。只有抓住重点、突出重点，说课才会精彩，才会让人印象深刻。因此，重点部分是最需要花时间和精力去思考的，包括如何展开、分层、达成目标等。

如“分数的再认识”的教学重点是理解分数的意义。分数的意义这一阶段的学习与分数的初步认识这一阶段的学习有所不同，主要体现在两方面。一是进一步丰富对单位“1”的认识。在分数的初步认识阶段，一般只认识一个物体的几分之一或几分之几，而进入本阶段的学习，就要认识由一些物体组成的一个整体的几分之一或几分之几。二是进一步认识“平均分”。在分数的初步认识阶段，认识分数都是在对一个连续量平均分的基础上学习的，而进入本阶段的分数学习，会涉及对一个整体的平均分问题。从一个连续

量的平均分过渡到离散量的平均分是有所不同的。因此,我重点在这两方面进行突破,说课过程如下:

(1)先认识"几个圆的$\frac{1}{4}$"的说课过程。

先让学生表示出4个圆的$\frac{1}{4}$,学生一般先画4个圆,然后把它们平均分成4份,涂色的这个圆,就是它的$\frac{1}{4}$(如图2.4.3)。

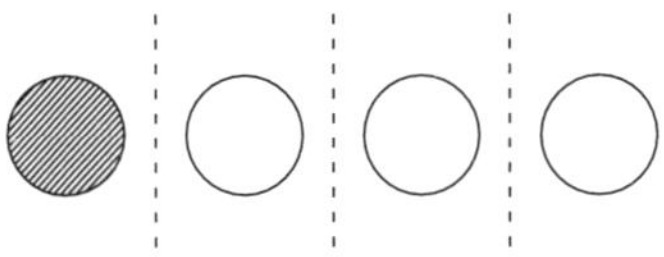

图2.4.3

设疑:但是,我看到的就是1个圆啊!请再想一想办法,怎么让我看到$\frac{1}{4}$?

学生可能会在图的下面写上"$\frac{1}{4}$"(如图2.4.4)。

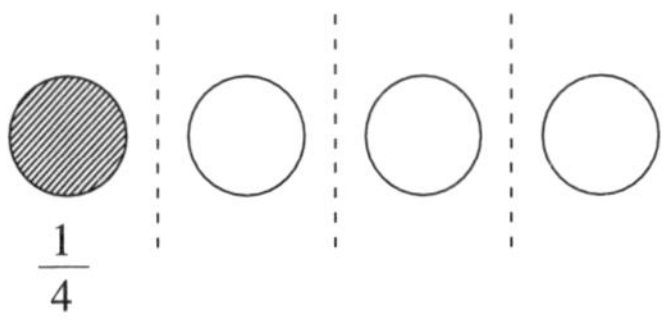


图2.4.4

继续设疑:$\frac{1}{4}$这个分数我算是看到了,但是从图上怎么没看到$\frac{1}{4}$呢?

学生会把这4个圆用集合图圈起来,这样就可以把4个圆看成一个整体,用单位"1"来表示,涂色的这个圆就是这个整体的$\frac{1}{4}$(如图2.4.5)。

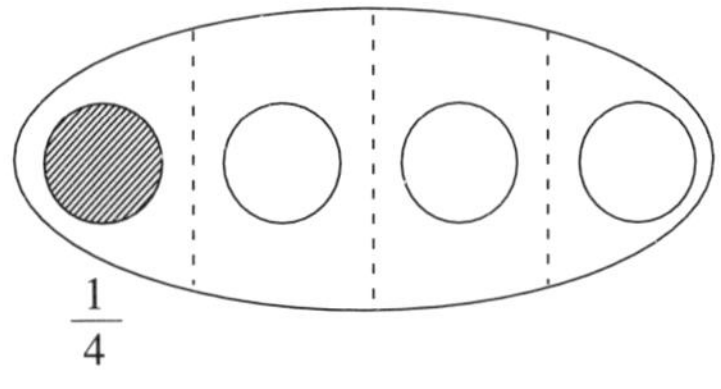


图2.4.5

然后引导学生认识多个圆片的$\frac{1}{4}$(如图2.4.6)。

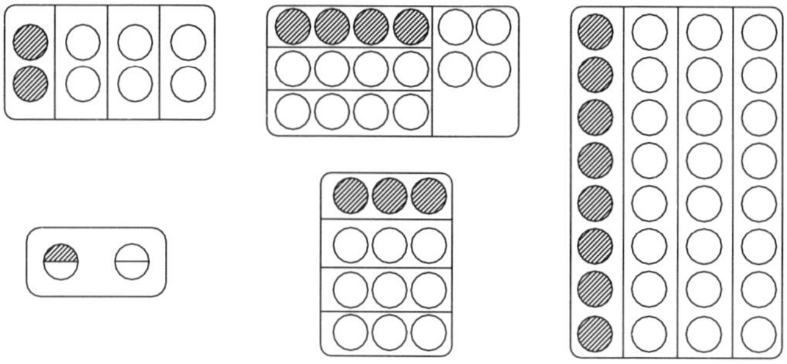

图2.4.6

**【教学思考】**从把“一个物体”平均分过渡到把“一个整体”平均分,也就是说单位“1”的构成从一个到多个是再认识的重点之一。这对学生来讲,是一次认识上的飞跃。因此,我们要放慢教学节奏,不断地提出疑问,设置“障碍”,通过简单的画圆操作不断激发学生思考并解决问题,让学生既对“一个整体”有深刻的认识,又能体验到成功的乐趣。

(2)再认识“平均分”的说课过程。

师:这里一共有8支笔,谁能拿出它的$\frac{1}{4}$?

学生一般会拿出2支笔,因为这2支笔就是它的$\frac{1}{4}$(如图2.4.7)。

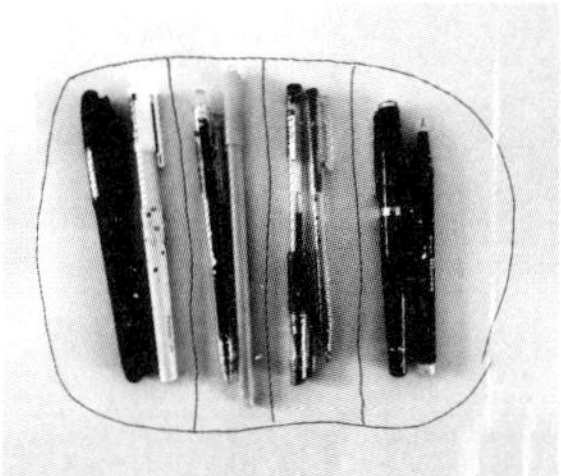

图2.4.7

设疑:你们觉得这是平均分吗?学生会产生两种不同的意见。第一种认为:每支笔的大小不一样,颜色不一样,长短也不一样,不是平均分,不能用$\frac{1}{4}$表示。第二种认为:可以不考虑笔的颜色、长短、大小、形状等因素,只要每2支算一份,就是平均分(如图2.4.8)。

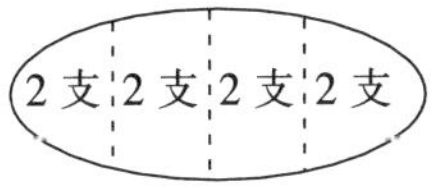


图 2.4.8

这时,教师再强调:当我们需要把一些物体组成的一个整体进行平均分时,只要对数量进行平均分就可以了。

**【教学思考】**在分数的初步认识阶段,我们一般特别强调“平均分”。学生在此阶段的学习,就是以分得结果是否一样去判断是否属于“平均分”,即所分得的大小一样,才是平均分,这样才可以用分数来表示。而当平均分对象从连续量过渡到离散量时,只要求抽象出来以后的数量一样,至于它们的颜色、形状等非本质因素则不用考虑。教学中通过简要的“拿笔”练习引导学生再次认识“平均分”,可不断完善学生对分数的认识。

2. 突破难点。

教学难点是指学生在学习上阻力较大或难度较高的某些节点,也就是学生接受起来比较困难的知识点或不容易解决的地方。学习难点的判断必须在学情分析的基础上进行,从而做出精准判断,然后再进行针对性突破的教学方案设计。

如“真分数和假分数”,学生已经理解了分子小于或等于分母的分数的意义,学生用阴影表示这些分数也较为容易。而分子比分母大的假分数,是学生认识上的又一次突破。因此,学习难点在于理解它的意义并用阴影表示。教学时,先让学生用涂色分别表示$\frac{1}{3}$、$\frac{2}{3}$、$\frac{3}{3}$、$\frac{3}{4}$、$\frac{4}{4}$。接着,再引导学生思考:怎样用涂色表示出$\frac{5}{4}$呢?学生可能认为只要把两个圆平均分成 8 份,表示这样的 5 份,就得到$\frac{5}{4}$;有的学生会反驳,这样得到的数是$\frac{5}{8}$。在学生陷入困境时,教师点拨:如果把一个圆作为单位“1”,最大能表示出哪个分数?如何表示呢?学生终于明白:用一个单位“1”,最大只能表示出$\frac{4}{4}$,我们还要再拿一个单位“1”,平均分成 4 份,表示这样的 1 份,合起来就是$\frac{5}{4}$(如图 2.4.9)。

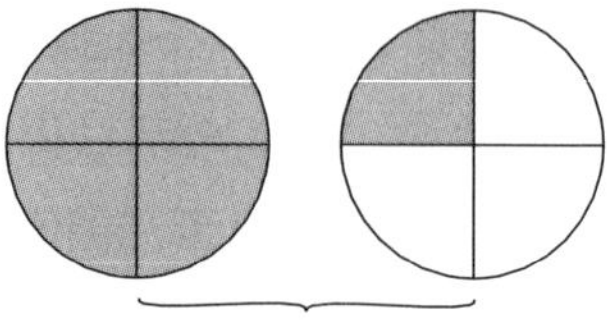

$\frac{5}{4}$

图2.4.9

教师对教材钻研得越深，悟出来的道理就越透彻，也就越能讲到点子上。能深入浅出，达到“一语道破、一语启智、一语激情”的效果。

再如“除数是小数的除法”，可以利用商不变性质将它转化成除数是整数的除法进行计算。但是，学生不容易理解“要根据除数的小数位数进行转化”。因此，弄清其中的算理，就成了本节课的教学难点。教学时，当学生归纳出除数是小数的除法的计算方法后，教师提出：利用商不变性质把除数是小数的除法转化成除数是整数的除法进行计算，而为什么不把被除数转化成整数进行计算呢？如计算 $2.25 \div 1.5$，为什么课本上不把它转化成 $225 \div 150 = 1.5$ 呢？讨论后再计算 $22.5 \div 0.15$，发现如果被除数扩大10倍变成整数，除数跟着扩大10倍后还是小数。这一教学过程充分暴露学生学习过程中的困难、障碍、错误和疑问，并给予时间对其加以解决，切不可图方便、省时，以讲解乃至直接灌输代替引导和启迪。

3. 创设亮点。

课堂教学永远是一门遗憾的艺术。课堂教学是需要亮点的。课堂教学的亮点，是课堂中最出彩、最引人深思或最吸引学生目光之处。亮点之处，学生的精神高度集中，全身心沉浸于课堂之中，这样的课堂才有灵性。为教学过程创设亮点，这也是说好一节课的重要因素。这个亮点可以是学习素材的创新，也可以是教学手段的改变，还可以是练习设计的新颖，等等。

如“梯形的面积”，用什么材料和方法引导学生进行探索呢？不同的教师处理的方法也不同，但大多会利用梯形学具在拼摆中推导梯形面积公式。而我是基于学习材料的准备应简单有效的考虑，采用让学生先在方格图里“画一画”，然后再推导梯形面积公式的教学策略。

【片断一】先呈现一个梯形（以方格图为背景），让学生再画一个梯形，让这两个梯形拼成一个平行四边形，从而推导出梯形的面积公式（如图2.4.10）；接着再引导学生只用一个梯形推导它的面积公式（如图2.4.11、图2.4.12、图2.4.13）。

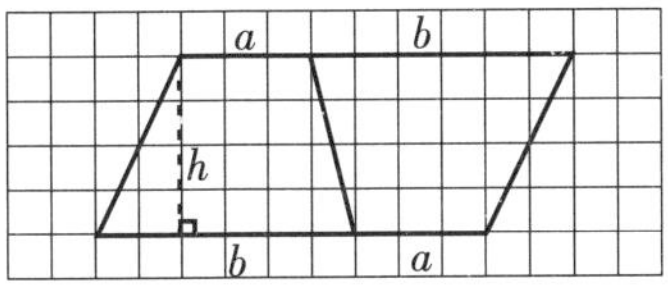


图2.4.10

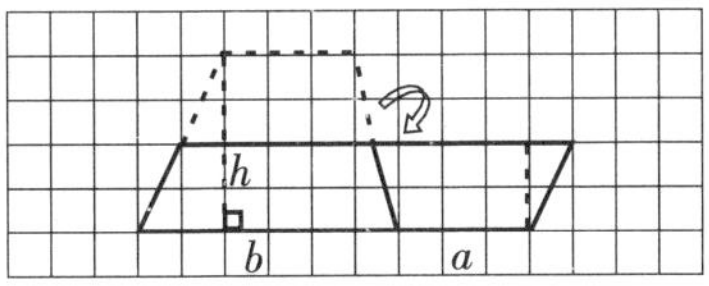


图2.4.11

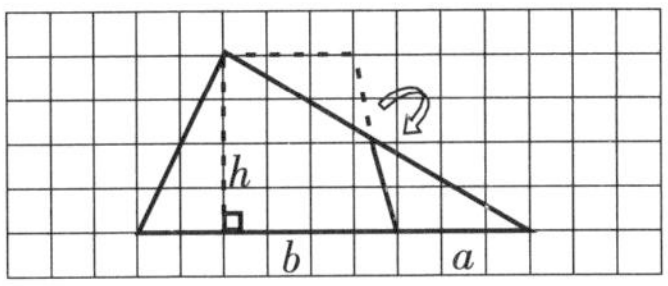


图2.4.12

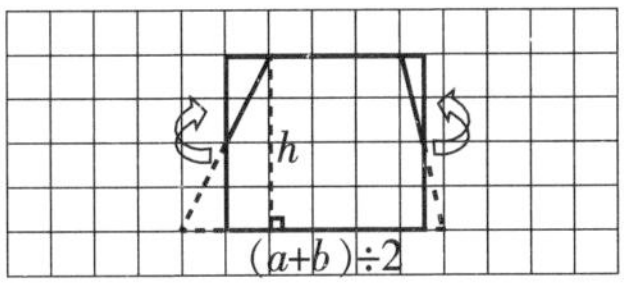


图2.4.13

【片断二】观察梯形的变化，发现规律。

(1)在几何画板上，水平拉动梯形的上底或下底，得到形状不同的梯形。引导学生观察并思考：什么变了？什么不变？为什么？（如图2.4.14）

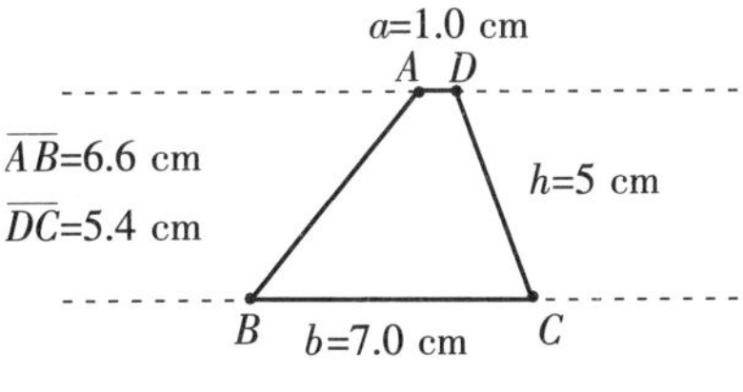


图2.4.14

(2)点$A,B$同时以相同的速度朝不同的方向水平运动，随时点击课件暂停，可以得到不同的梯形。（如图2.4.15）

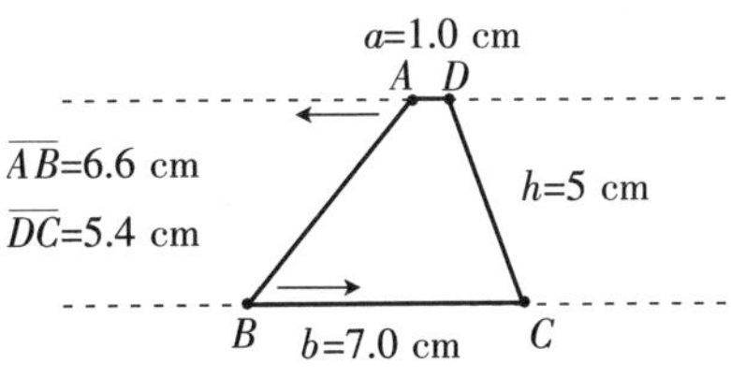


图2.4.15

如果不断变化将得到一个怎样的图形？面积是多少呢？学生发现，可能会得到一个平行四边形，它的面积是$4\times5=20(cm^2)$，这个平行四边形的面积还可以用梯形的面积计算公式进行计算：$(1+7)\times5\div2=20(cm^2)$；还可能会得到一个三角形，它的面积是 $8\times5\div2=20(cm^2)$，这个三角形的面积也可以用梯形的面积计算公式进行计算：$(8+0)\times5\div2=20(cm^2)$。

本节课，我没有制作梯形纸片让学生通过纸片拼摆学习研究，而是把纸片拼摆改成让学生自己画梯形，同时考虑到学生在画图时要用尺子测量、误差太大、且速度慢等问题，采用方格图帮助学生理解，并排除一些不必要的干扰因素。这样的学具一方面准备起来很方便，另一方面可以让学生把研究的想法画出来。引导学生先进行想象，比直接拼摆更具有挑战性，也更有利于发展学生的空间观念。这样的设计独到、有创造性、有亮点。

### （三）说巩固练习

巩固练习也是教学过程的重要组成部分，草率的练习设计会给专家“虎头蛇尾”的感觉，而好的练习设计则会为说课锦上添花。我们需要考虑练习设计如何体现针对性以及层次性。由于说课的准备时间是非常有限的，我们应该学会快速地设计巩固练习。

1. 直接用教材的练习题。

可以直接用教材上的“做一做”或者紧跟教学内容的练习题。不管哪一种版本的教材，每一节课的编排都是先安排例题，然后紧跟在例题之后安排“做一做”。一个单元的系统教学后，又安排有配套的练习题。“做一做”一般定位在“模仿练习”，配套的练习题有基本练习、发展练习、变式练习或综合练习等。因此，教材上已有的练习题我们可以直接利用，不必“另起炉灶”，重新设计。

如“小数乘整数”一课，例题之后共有 3 道练习题。第 1 题，整数乘法与小数乘法的比较，帮助学生进一步理解小数乘整数与整数乘整数的异同点；第 2 题，关于积的小数点位置的专项练习，帮助学生进一步理解算理；第 3 题，竖式计算。（如图 2.4.16）这 3 道练习题能帮助学生进一步理解、掌握小数乘整数的计算方法及算理。因此，说课时，我们完全可以直接拿来用。

做一做

1.

| | | | |
|---|---|---|---|
| 7 | 0.7 | 25 | 2.5 |
| × 4 | × 4 | × 5 | × 5 |

想一想:小数乘整数与整数乘整数有什么不同?

2. 给下面各题的积点上小数点。

| | | | |
|---|---|---|---|
| 4.6 | 4.6 | 0.46 | 0.46 |
| × 3 | × 30 | × 30 | × 300 |
| 138 | 1380 | 1380 | 13800 |

3.

| | | | |
|---|---|---|---|
| 12.4 | 2.3 | 2.05 | 3.13 |
| × 7 | × 12 | × 6 | × 53 |

图 2.4.16

2. 改编教材的练习题。

改编教材的练习题,使其能与教学内容相吻合。教材的发行是面向全国的,不管是发达地区还是欠发达地区,不管是城市还是乡镇都使用一样的教材。教材具有普适性,但不具有个性。因此,教材无非就是个例子。它要求我们在教学实践中结合学情进行调整、补充或者完善。因此,结合实际情况,我们有时还需要对教材上的练习题进行改编。

如“3 的倍数的特征”,教材安排了“做一做”(如图 2.4.17)。这样的练习过于简单,也不具有开放性。如果将此题稍作改编,则效果会更好。第一个问题“下面用数字卡片摆出的数中哪些是 3 的倍数?”不变,将第二个问题“在每个数后面增加一张卡片,使这个三位数成为 3 的倍数。”改编成“在每个数后面增加一张卡片,使这个三位数成为 3 的倍数,增加的这张卡片上的数可以是几? 为什么?”。这样的改编更具开放性、发散性,更能激发学生思考。如有必要还可以再增加一点难度,如增加两张卡片,使这个四位数成为 3 的倍数,等等。

做一做

下面用数字卡片摆出的数中哪些是 3 的倍数? 在每个数后面增加一张卡片,使这个三位数成为 3 的倍数。

2 4　　5 8　　4 7　　9 6

图 2.4.17

3. 编写拓展题或综合题。

教材上的练习题难以满足学生个性化的学习需求，尤其是缺乏拓展题、综合题。因此，我们还需要进行编写补充。那么，如何快速地进行编写呢？我觉得也是有规律可循的。如在计算教学中，我们可以编写“数字谜”，既进一步理解掌握计算方法与算理，又培养学生良好的推理能力。这样的练习对于小学数学计算课都是通用的，我们可以先列竖式算好答案，然后将竖式中的几个数字擦掉即可（如图 2.4.18）。

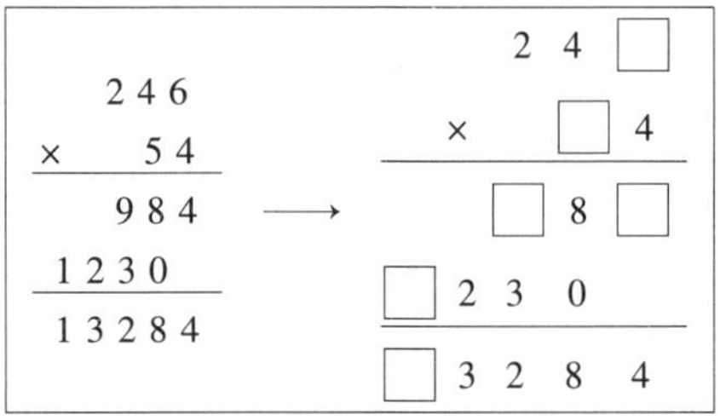


图 2.4.18

# 五、怎样说板书

多媒体的大量使用不仅没有使板书退出课堂教学的舞台，反而更加彰显出其不可替代的特点与优势。板书的过程，也是教学的过程。板书是一节课中数学知识、数学思想方法等的高度概括与集中体现。板书的重要性不仅体现在课堂教学中，还体现在说课上。

### （一）为什么要说板书

1. 从评委（听众）的角度考虑。

如果说课的过程中没有板书，15 分钟说下来，评委（听众）很难听清楚并理解怎么教、为什么这么教及其理论依据等。评委（听众）如果一直处于努力听、费力听的状态就容易产生疲劳感。因此，听起来很累的课，自然也得不到好评。

2. 从说课者的角度考虑。

没有板书说清怎么教，就等于讲话没有提纲，说得思路不清、语无伦次。因此，常常会出现两种情况：第一种情况，说课者要把说课稿记住并背下来，把说课变成了背课，则效果肯定一般；第二种情况，说课者不能背下说课稿，把说课变成了拿着稿子读课，则效果肯定会很差。

3. 从课堂教学的角度考虑。

说课没有板书或者先说怎么教再说板书，都与我们平时常态的课堂教学不相符。平时的课堂教学都是边教边板书，而不是教完之后再板书。因此，说完怎么教之后再说板书，就会造成怎么教与板书形成“两张皮”的现象。

**（二）怎样说板书**

说课不受场地的限制，也不受时间、人数、学生等的限制。可以在办公室，也可以在大会堂；可以是几个人，也可以是几百人；可以是一两个小时，也可以是半天、一天或更长时间。它能最大限度地减少各种因素的干扰。然而，说课场地的不同，也会导致说课形式的变化。

1. 有黑板书写的评比型说课。

（1）边说边板书。

有黑板书写的评比型说课务必要用好黑板。说教学过程，与平时上课的区别不大，要求边说边板书，怎么教就怎么板书，教学过程结束，也就意味着板书的完成。不能等说完了怎么教之后将事先设计好的板书抄到黑板上。这样的评比型说课，只需要准备好说课稿，边看边说，边说边板书。将说教学过程中的怎么教，变成了上课。而上课则是每一位教师的强项，信手拈来。可想而知，这样说课的效果肯定非常好。

（2）用A4纸代替PPT或者小黑板。

以前，上课一般采用小黑板或幻灯机等辅助教学。近几年来，随着科技快速发展，多媒体得到了普及，大多教室配备了多媒体系统，教师带电脑用PPT上课更方便了。但是评比型说课一般不允许带电脑，也不会给说课教师提供小黑板。因此，我们可以利用A4纸，把它当作小黑板或PPT，将一些复习题、例题或者巩固练习直接写在A4纸上。我建议将A4纸横向放置，用记号笔书写。说课时，可以直接呈现在黑板上，用磁扣固定好。将“复习题”张贴在板书的左边；将“巩固练习”张贴在板书的右边。这样板书内容更丰富，看起来也更美观，也为说课教师节省了许多板书时间，从而将更多的时间用在关键处。

2. 无黑板书写的评比型说课。

面对没有黑板的说课，有的教师束手无策，不知怎么办，干脆将说课变成了背课或读课。没有黑板，我们如何将怎么教说清楚，更重要的是怎样让评委听清楚呢？可以做以下几件事。

（1）找一块“黑板”。

评比型说课给每一位教师准备的时间是相同的，且比较短。在短短的时间内，我们去找一块黑板是不现实的，也是不可能的。首先，组织者不允许，这会破坏评比的公平性、公正性；其次，在时间上，也不允许我们去找黑板。那么，怎么找到一块“黑板”呢？我认为可以利用组织者发给我们的 A4 纸，将一些复习题、例题、练习题或重要的教学过程写在 A4 纸上，呈现给评委看，评委不仅可以从听觉上听我们说怎么教，还能通过视觉看我们怎么教，从而使说课效果更好一些。

（2）将说课稿分成两部分。

第一部分是说教材，包括教材分析、学情分析、课标要求、教学目标及教学重难点，还包括说教学过程中的怎么教、为什么这么教及其理论依据；第二部分是怎么教中的复习题、例题及重要的教学过程、巩固练习题等。第一部分是给自己说课时看的，不需要给评委看，因此，字可写得小一些。第二部分是要给评委看的，因此，要写在 A4 纸上，且字要写得大一些，粗一些。

# 第3章 小学数学说课的技巧

教育行政部门通过说课的形式来考核参评教师,主要目的不仅是看参评教师说课的水平,也不仅是看参评教师的语言表达或板书设计,而是来考核参评教师的课堂教学能力与水平。很多教师知道说课的概念,也知道说课要说哪几部分,但是仍然说不好课。因为说课也是讲究方法和技巧的,掌握说课的方法和技巧能让说课的效果事半功倍。

## 一、说课稿的撰写技巧

评比型说课的准备工作,一般会面临两种情况:第一种情况,提前告知课题,准备时间不限;第二种情况,抽签获得课题,准备时间为 1 小时(也有可能时间更短)。前者,可以借助团队力量设计说课稿,且赛前可以反复练习、修改;后者不能借助团队力量,需在规定的时间内独立完成说课稿的撰写并做好其他说课准备工作。为了确保评比评审的公平性、公正性,一般采用后者。那么,在短短的准备时间里,怎样快速且高质量地完成说课稿的撰写呢?

### (一)合理安排准备时间

评比型说课的准备时间一般为 1 小时(以 1 小时为例),但是如果用全部的时间去写说课稿,然后匆匆忙忙上台说课,那么说课教师很可能会不自信、紧张、语无伦次,则说课效果一般。因此,我认为说课教师要力争在45 分钟内写好说课稿,再利用 10 分钟时间,将说课思路理一理,并快速地演练一遍,然后反思其中存在的问题,利用最后 5 分钟时间进行查漏补缺。

### (二)撰写简单的说课稿或说课提纲

一般情况下,成年人 1 分钟大约可写 40 个字。一篇说课稿 2000 字左右，大约要写50分钟。可想而知，在短短的准备时间内，写好一篇完整的说课稿是不太可能的。因此，我们只能撰写简单的说课稿或说课提纲，将重要内容一一列出，不可遗漏。如教学目标及教学重难点，要一一列出并仔细琢磨；教学重难点分几个步骤进行教学，要详细、具体地展示，确保说清怎样教；关键环节的设计意图，即为什么这样教及其理论依据，要特别注明，等等。这样做的好处在于，确保说课的重点内容、关键环节不会遗漏。

我们在撰写简单的说课稿或说课提纲后，还要重点设计板书，将一些复习题、例题或者巩固练习直接写在A4纸上。

## 二、选择合适的说课模式

随着社会的快速发展，国家对教育越来越重视。各级政府不断加大教师培养力度，造就了一批新时代的人民教师。通过职称评审、教学评比等活动，一大批优秀的教师脱颖而出。从职称评审活动来看，正高级教师评审一般由省教育厅组织，高级教师评审一般由地市级教育局组织，一级教师评审由县（市）区教育局组织（少部分学校自主评定）。从教学评比活动来看，省级平台较少，地市级、县级教坛新秀，教坛中坚，教坛宿将以及教学名师等评比较多。特别是近几年，参评教师也越来越多，只能采用说课的形式进行评比，且说课时间一般只有15分钟。因此，我们不能采用“五说”或“六说”模式进行说课，一般以“三说”或“二说”模式为宜。根据以往的经验，我认为“二说”模式更好一些。我们可以将教法和学法融入说教学过程之中，又考虑到教法和学法是两个不同的教学主体——教师和学生进行的两种不同的活动——教和学，因此，它们彼此又具有相对独立性及不可相互代替性。教法和学法是不能分割的，教法中包含着学法，学法里体现着教法，二者共存于教学过程之中。

## 三、巧妙处理说课各个部分

### （一）说课过程抓核心与重点

一篇完整的说课稿是由几部分组成的，但是这几部分的比重有所不同。因此，我们在说课时应该以课为抓手，将教学过程作为说课的核心与重点。

1. 说课的核心部分。

如果评比型说课采用“二说”模式进行，那么它将是由说教材与说教学过程两大部分组成的。可在说课时，是否平均用力呢？当然不能。我认为应该把说教学过程作为“说课”的核心部分。首先，从“说课”二字出发去分析，评委最想听参评教师说“课”，而非说“教材”。其次，从说课的功能或作用出发去分析，评委是通过说课来判断参评教师的课堂教学能力与水平，怎么判断呢？最好的途径就是看参评教师怎样安排教学过程。最后，说教材，包括说教材地位和作用、学情、教学目标及教学重难点，这些都是为教学过程的设计服务的。只有正确地解读教材、解读学生，才能更好地设计教学过程，才有可能说好课。

2. 说教学过程的重点环节。

说教学过程，主要说清怎么教、为什么这么教及其理论依据。也就是说，教师要说清三部分内容。只说清怎么教，是不行的，只说清怎么教和为什么这么教也还是有欠缺的，务必要加上为什么这么教的理论依据。但是，在实际说课的过程中，我们往往把握不准。由于小学知识比较简单，课堂容量较小，导致一些教师喜欢背一些理论充实进去，给自己的教学贴上“高大上”的标签。这样的做法给评委的感觉是很差的。我们不妨设想一下，一位教师连怎么教都没有说清楚，却将为什么这么教及其理论依据说得那么多，这是否还有必要呢？这是本末倒置。参评教师搞不清楚说课到底在考核什么。看谁的理论背得多吗？显然不是。结合自己的经验，我认为说教学过程，应该把 80% 的时间花在说清怎么教上，再用 10% 的时间说清为什么这么教，最后用 10% 的时间说清为什么这么教的理论依据。当然这样的时间分配不一定要死抠。总之，我们先要说清怎么教，再考虑怎么说清“为什么这么教及其理论依据”。

### （二）巧妙处理其他部分

为了把尽可能多的时间花在说课的核心环节、重点部分，用尽可能多的时间讲清怎么教、为什么这么教及其理论依据。我们在说教学过程的练习设计、课堂总结、板书设计等时，要做到两个“快速”和一个“省略”。

1. 快速说清练习设计。

巩固练习是课堂教学的重要组成部分，设计原则由浅入深，由易到难，循序渐进。当说课时间比较紧张时，我们可以将练习题写在 A4 纸上呈现给评委看，然后用简短的时间重点介绍其中一两道有创意的习题及其设计意图。当然,如果时间允许,我们可以适当地展开。

2. 快速说清课堂总结。

一般的课堂教学模式为组织教学—复习旧知—新知教学—巩固练习—全课总结—布置作业。但是,说课时不能面面俱到,而应该把更多的时间花在新知教学环节,确保说清怎么教、为什么这么教及其理论依据。因此,课堂总结可以说得简洁一些、快一些。

3. 说板书设计可省略。

说怎么教时,一般按照课堂教学的方式,边教边板书,怎么教就怎么板书,将板书巧妙地融入教学过程之中。如果说课地点没有黑板,可以最后呈现板书设计。但是无须在说课的最后,把自己设计的板书夸一通,会给人自吹自擂的感觉,也可以说是画蛇添足。

## 四、合理分配说课时间

2014 年 4 月,我担任了浙江省特级教师参评对象推荐工作的评委,参评教师有小学数学教师(包括特殊教育)、初中数学教师、高中数学教师(包括职高教师)。三个学段教师的说课过程安排对比非常明显。小学数学教师说教学过程一般用 6 ~ 10 分钟,说其他部分却用了 5 ~ 9 分钟,甚至有一位教师用了 13 分钟;初中数学教师说教学过程一般用 10 ~ 12 分钟,说其他部分用 3 ~ 5 分钟;高中数学教师说教学过程一般用 13 ~ 14 分钟,说其他部分只用 1 ~ 2 分钟。包括我在内的五位评委,都觉得小学数学教师理论说得太多了,啰唆不干脆,没有直奔主题,冲淡了教学过程。因此,我觉得小学数学评比型说课最佳的时间分配为“3 + 12”。这里的“3”是指说教材需要 3 分钟左右,包括说教材地位和作用、教材要求、教学目标及教学重难点,等等。这里的“12”是指说教学过程需要 12 分钟左右,用充足的时间说清怎么教、为什么这么教及其理论依据。

当然,在说课过程中,我们也不能死抠时间,要灵活处理。比如数与代数、图形与几何、统计与概率、实践与综合应用这四大领域的内容,在说教材时也可能有所不同。再如同一领域内容,有的是起始课,有的则不是,说教材的时间也可能有所不同。不过,说教材的时间务必控制在 4 分钟之内。如果超过 4 分钟甚至达到或超过 5 分钟,则说教学过程的时间会相应地减少很多,很可能会造成怎么教说得不到位,从而影响说课的效果。

# 下编

# 说课稿范例

%

π

# 第4章 小学数学说课稿范例

为了充分发挥参评教师的说课水平，小学数学评比型说课的课题一般选用新授课。在小学数学十二册教材中，一共大约有390节新授课。限于时间、精力等问题，我从中选择部分新授课进行研究，经过近6个月的努力，一共撰写了48篇说课稿，旨在为广大小学数学教师提供说课范例，帮助其提高说课水平。

在这些说课稿中，有些是我参加说课比赛或者职称评审时留下的原稿。还有些是我参加公开课教学后留下的教案，按照评比型说课要求整理成稿。为保持“原汁原味”，我根据由人民教育出版社出版的最新版义务教育数学教科书，对说课稿中的部分语句做了一些修改。每一篇说课稿都是经过现场说课研讨后，再修改确定的。

# 一、数与代数领域

## 1.《千米的认识》说课稿

### 说教材

千米的认识是在学生掌握了常用的长度单位及单位之间的进率等知识基础上进行学习的,为以后学习较大的面积单位奠定基础。本单元教材共安排了6道例题,例1~例3教学毫米和分米的认识,例4~例6教学千米的认识。其中例4结合学生熟悉的运动场情境图,将1千米与学生的经验建立联系,以此来说明1千米有多长。并用已掌握的长度单位“米”推算出新的长度单位“千米”,自然地引出千米和米之间的关系。例4中的第二幅情境图和“做一做”,主要安排量一量、走一走、估一估的活动,增强学生对1千米实际距离的体验感,并引导学生掌握估计的标准和方法。例5是千米与米之间的单位换算。例6是估一估家到学校大约有多远,体现千米在生活实际中的应用。千米是一个比较大的计量单位,学生在生活中能经常见到,但无法通过直接体验建立相应的表象。因此,本节课采用活动课的形式,通过课前活动、课后实践来拓展体验空间,由教室拓展到操场、由校内拓展到校外,借助多种方式引导学生建立1千米的表象,真正实现认识上的转变和提升。因此,这节课的教学目标如下:

1. 认识1千米有多长,知道长度单位之间的关系,借助多种方法感受1千米的实际意义,建立1千米的概念表象。

2. 根据具体情境选择合适的方法估测1千米有多长,初步发展估测意识和数感。

3. 渗透数学知识来源于生活实践的思想,培养空间观念。

教学重点是初步建立 1 千米的长度概念，知道 1 千米 = 1000 米，会用它进行简单的化聚。教学难点是通过推算、想象和体验，借助多种方法建立 1 千米的长度概念。

为了达成以上教学目标，我设计了如下教学过程。

## 说教学过程

### 一、创设情境，引入课题

1. 复习旧知。

回顾学过的长度单位及相邻两个长度单位之间的进率。

学生回答后板书：毫米$\xrightarrow{10}$厘米$\xrightarrow{10}$分米$\xrightarrow{10}$米。

2. 选择单位。

如果测量温州到杭州的距离，你觉得选用哪个长度单位比较合适呢？为什么选用千米？

3. 揭示课题。

师：你还在哪里见过千米？关于千米，你已经知道了哪些知识？

第 1 个问题，答案较多。第 2 个问题，学生一般会回答：1 千米 = 1000 米，1 千米就是 1 公里。教师借机板书并揭示课题。

**【教学思考】**让学生调动已有经验，发现“千米”这个长度单位，初步体会数学知识与生活的联系。不管是口头表达，还是知识经验的积累，学生都不难理解它们的进率化聚。

### 二、自主探究，建立观念

#### （一）利用推算，初步建立 1 千米的概念

1. 利用跑道的长度推算。

（1）学校操场跑道跑一圈是 250 米，可以推算出跑 4 圈就是 1000 米。

加法算式：$250+250+250+250=1000$（米），乘法算式：$250\times4=1000$（米）。

（2）300 米的跑道，先跑 3 圈，再跑 100 米，列式：$300\times3+100=1000$（米）。

（3）400 米的标准运动场跑道，跑两圈是 800 米，再跑 200 米才是 1000 米。列式：$400\times2+200=1000$（米）。

(4)直道长 100 米,跑 10 趟是 1000 米,10 个 100 米是 1000 米。列式:$100 \times 10 = 1000$(米)。

问 1:在 100 米的直道上跑一个来回是多少米?

得出:200 米。

问 2:跑几个来回才是 1000 米?

得出:5 个来回是 1000 米。列式:$200 \times 5 = 1000$(米)。

2. 利用教室的长度推算。

问 1:教室从前面量到后面有多长?

得出:大约有 10 米长。

问 2:走几趟才是 1000 米呢?

得出:10 个 10 米是 100 米,10 个 100 米才是 1000 米,要走上 100 趟才是 1000 米。列式:$10 \times 10 = 100$(米),$100 \times 10 = 1000$(米)。

问 3:要走多少个来回才是 1000 米?

得出:1 个来回 20 米,10 个来回 200 米,5 个 200 米是 1000 米,大约要走上 50 个来回才是 1000 米。列式:$20 \times 10 = 200$(米),$200 \times 5 = 1000$(米)。

3. 利用学生的举例推算。

提问:你还有其他办法来感受 1 千米有多长吗?

生:1 位同学的双臂伸开大约是 1 米,1000 位同学的手臂伸直拉起来大约是 1000 米。我们班有 40 位同学,按这样计算要 25 个班的同学手拉手伸直才是 1000 米。

**【教学思考】**学生能调用已有的生活经验和知识经验不断举例推算,初步建立1 千米的概念,同时发展学生数感,培养学生空间观念和推理能力。

**(二)间接体验,建立 1 千米的观念**

1. 换种方式感受。

①请几位同学作为代表匀速从教室前面走到后面,再从后面走到前面。

②其他学生分为两组,一组数步数,一组计时间。

2. 组织讨论。

提问:要研究走 1 千米所需要的时间,你觉得选择走多少米来计时更合适呢?

讨论得出:走 100 米来计时比较合适。若选择走完 1000 米,教室的长度约为 10 米,要走 100 次,50 个来回,时间太长了。若选择走 10 米,则时间太短,不好计时。

3. 学生活动。

4. 汇报交流。

走 100 米时间:有的用时 2 分钟不到,有的用时比 2 分钟多一点但接近 2 分钟。虽然大家记录的用时都不相同,但都比较接近 2 分钟,可按 2 分钟来计算时间。

师生一起推算,同时板书。

| | | | | |
|---|---|---|---|---|
| 100 米 | 200 米 | 300 米 | …… | 1000 米 |
| 2 分钟 | 4 分钟 | 6 分钟 | | 20 分钟 |

在推算的过程中学生会感受到走 1000 米花的时间很长,大约要用半节课时间。

5. 汇报步数。

多数学生走完 100 米都需 200 步左右,但也有学生为了表现自己的步子大,没有按平时步幅走,只走了 100 多步。如果选用正常步幅的步数,按 100 米走 200 步进行推算,1000 米大约需要走 2000 步。

6. 阅读材料。

男子 1000 米世界纪录保持者肯尼亚的诺阿·恩盖尼:2 分 11 秒 96。

女子 1000 米世界纪录保持者俄罗斯的斯瓦特拉娜·马斯特科娃: 2 分 28 秒 98。

中学生体育升学 1000 米跑满分要求为 3 分 40 秒。

**【教学思考】**千米是一个比较大的长度单位,很难在课堂上利用直接经验建立 1 千米的概念,因此采用学生比较熟悉的教室,利用走 100 米的时间和步数等多种方式来推算走 1 千米所需要的时间和步数,帮助学生建立 1 千米的概念。

7. 延伸推算。

(1)小亮从家走到学校大约用了 20 分钟,你估计他家离学校有多远?如果用时是 40 分钟呢?如果他家到学校有 3000 米,走路大约需要多长时间?

(2)小明的爸爸在公园走路,手机上显示的步数是 8000 步,估计一下小明的爸爸走了多少千米。

……

**三、练习巩固，拓展延伸**

1. 在括号里填上合适的数。

1.8 千米 =（　　）米　　　　2000 米 + 3000 米 =（　　）千米

6000 米 =（　　）千米　　　　3 千米 - 1 千米 =（　　）米

【教学思考】这是一道基本练习，考查长度单位米和千米之间的化聚，要求全班都要掌握。

2. 在括号里填上合适的长度单位。

（1）温州南站到杭州东站的高铁路线长约 313（　　）。

（2）长江是我国第一大河，世界第三长河，长约 6200（　　）。

（3）温州到北京的公路长约 1623（　　）。

（4）教室外走廊长约 50（　　）。

【教学思考】通过联系生活实际，了解家乡，初步培养学生热爱家乡的情感，发展数感。

3. 修改日记。

今天，妈妈带我到公园玩。我在那里买了一支握把约 15 米长的玩具手枪和一根 2 厘米长的跳绳，然后骑自行车回家。路过书店时，又买了一个长 8 米，宽 2 厘米，高 30 分米的铅笔盒。我们骑车一共骑行了大约 3 米的路程。

【教学思考】这是一道发展题，综合运用所学知识解决简单的生活实际问题。

**四、全课总结，构建网络**

1. 学习了这节课，你有什么收获？

2. 我们已经认识了米，为什么还要认识千米？

3. 看每两个长度单位之间的进率，你有什么要特别注意的？

【教学思考】数学的学习应当是开放而活泼的，学生的学习也不应该局限于课本知识的掌握，还要将新知纳入原有的知识系统，构建知识网络。

## 板书设计

千米的认识

毫米 $\xrightarrow{10}$ 厘米 $\xrightarrow{10}$ 分米 $\xrightarrow{10}$ 米 $\xrightarrow{1000}$ 千米　　1 千米 = 1000 米
（1 公里）

操场：250 + 250 + 250 + 250 = 1000（米）

| | |
|---|---|
| 250 × 4 = 1000（米） | 100 米　200 米　300 米……1000 米 |
| 300 × 3 + 100 = 1000（米） | 2 分钟　4 分钟　6 分钟……20 分钟 |
| 400 × 2 + 200 = 1000（米） | 200 步　400 步　600 步……2000 步 |
| 100 × 10 = 1000（米） | |
| 100 × 2 = 200（米） | 200 × 5 = 1000（米） |
| 教室：10 × 10 = 100（米） | 10 × 100 = 1000（米） |
| 20 × 10 = 200（米） | 200 × 5 = 1000（米） |

# 2.《吨的认识》说课稿

## 说教材

吨的认识是在克与千克等知识基础上进行学习的，教材编排旨在通过学习，让学生对质量单位有比较全面的认识和理解，为进一步学习单位之间的换算等知识奠定基础，同时这也是工农业生产和日常生活的需要。教材例 7 首先呈现的是生活中吨的实际应用的两个例子，并给出了表示吨的符号“t”，让学生了解。接着结合大米的质量，说明 10 个 100 千克就是 1000 千克，也就是“1 吨”，从而形象具体地引出了“1 吨”，让学生初步建立吨的概念，并揭示吨与千克之间的进率，1 吨 = 1000 千克。随后结合生活实际，把学生熟悉的“体重”作为参照物来比较，以此丰富学生对质量单位“吨”的具体感性的认识，并通过推算，加深对“1 吨 = 1000 千克”的认识。例 8 和相应的“做一做”主要教学吨和千克之间的换算，根据吨和千克之间的进率关系进行推理。

“吨”这一单位虽然在生活中应用广泛，但它是比较大的质量单位，学生真正直接接触的机会很少，也难以像克和千克一样通过称一称、看一看、掂

一掂来进行学习。因此,教学时要让学生充分参与由小到大、化大为小的间接体验过程。据此,这节课的教学目标如下:

1. 认识质量单位"吨",初步建立 1 吨的质量概念,知道 1 吨 = 1000 千克,并能进行质量单位间的换算。

2. 在估测大宗物体的质量中,经历观察、比较、猜测、推理等数学活动,培养学生对物体质量的估测意识和推理能力。

3. 经历解决一些简单的生活实际问题,感受生活中处处有数学,发展数学应用意识。

教学重点是初步建立 1 吨的概念,知道 1 吨 = 1000 千克。教学难点是利用多种途径初步建立 1 吨的概念。

为了达成以上教学目标,我设计了如下教学过程。

## 说教学过程

### 一、创设情境,产生需求

1. 复习旧知。

有个小朋友叫马小虎,他在逛动物园的时候,把部分动物的体重记录了下来。

出示:一只小白鼠大约重 20,一只兔子大约重 2,一头河马大约重 3000。

通过阅读、讨论,学生发现表示物体质量除了要有数字,还应包含常用质量单位,并唤起学生对克和千克这两个常用质量单位的回忆。

小结:计量一般物体有多重,常用克和千克作单位,并板书。

2. 引入"吨"。

出示:一头河马约重 3000 千克,一头大象约重 5000 千克,一头鲸鱼约重 75000 千克。

学生在读这些数量的过程中,体会到较大质量的物体用千克作单位比较麻烦,那么,怎样才能简便地记录呢? 这个时候就要引入新的质量单位——吨。

小结:计量较重物品的质量,用吨作单位比较简便,用字母 t 表示。

板书:吨,t。

提问:关于"吨",你们想知道些什么?

**【教学思考】**为了更好地找准“吨”这个概念的立足点,要创设情境,引导学生复习已经学过的质量单位,激发学生原有的认知表象。在描述河马、大象、鲸鱼等比较大的物体的质量时,让学生体会到用千克作单位比较麻烦,这时新知的产生成为一种必需,从而引出“吨”的概念。学生在需要中产生构建新单位的认知冲突,产生进一步探索的欲望。

**二、感知体验,认识1吨**

1. 搬一搬。

1吨到底有多重呢?我们一起来体会一下。

每组各发1袋10千克的大米,请学生从前往后,轮流抱一抱这袋大米,并说说感受。这时候有学生说轻,也有学生说重。

如果把5袋大米叠在一起就是50千克,让一个“大力士”来搬。对于小学三年级的学生而言,有可能力气大的学生可以搬动50千克的重物,但是已经非常吃力了。

这时把质量增加到100千克,“大力士”肯定搬不动,就连普通成年人也搬不动,但这离1吨还远着呢,借此感受1吨很重。

课件逐次出现100千克,并从1个100千克一直增加到10个100千克,让学生一边看一边数,让他们算一算10个100千克是多少。(1000千克,也就是1吨。)板书1吨=1000千克。想象一下,1吨的质量是怎样的?

2. 算一算。

分组算一算,进一步体验1吨的质量。

第一组:1棵大白菜重约2千克,(　　)棵这样的大白菜重约1吨。

第二组:1桶纯净水重约20千克,(　　)桶这样的纯净水重约1吨。

第三组:1桶花生油重约5千克,(　　)桶这样的花生油重约1吨。

第四组:1袋大米重约50千克,(　　)袋这样的大米重约1吨。

**【教学思考】**吨是比较大的质量单位,无法直接体验,但可以化大为小,间接体验。通过搬一搬、算一算,调用学生已有的生活经验,让学生充分感受1吨有多重,建立正确的1吨的质量单位概念。

**三、练习巩固,应用提升**

1. 在括号里填上合适的单位名称。

一辆卡车的载质量约4(　　)　　小明的体重约30(　　)

一块橡皮重约8(　　)　　一车苹果重约2(　　)

**【教学思考】**填单位属于基本练习,要求全班都掌握。

2. 选一选,说一说。

黄河大桥限重13吨,每2年要维修一次,猜猜可能是什么原因。下面哪些车辆可以安全通过这座大桥?

A. 一辆装了50千克水果的汽车。

B. 一辆装了3头大象的汽车,每头大象的体重约是5吨。

C. 一辆装了6吨大米和8000千克面粉的汽车。

**【教学思考】**大桥限重13吨,提供3种情况,分析哪些情况可以安全通过。培养学生分析、推理能力和安全意识。

3. 读一读,填上合适的单位(克、千克、吨)。

今天,阳光明媚,爸爸、妈妈带我去动物园玩。我们先到超市购物,买了1(　　)苹果和1(　　)梨,还买了一个50(　　)的茶叶蛋。超市里有电子体重秤,我走上去一称,我的体重有35(　　)了!

上午9时,我们来到动物园,动物的种类可真多呀!我估计了一下它们的体重:一头狮子约重350(　　),一只会说话的鹦鹉约重95(　　),一头大水牛少说也有450(　　),一头大象约重2(　　)。参观完动物园,我们高高兴兴地回家了。

**【教学思考】**在具体情境中综合运用所学的质量单位,将新知纳入原有知识结构中同化。

4. 算一算,想一想。

《曹冲称象》的故事大家都熟悉,船上的石头分8次才称完,请看记录表(如表4.2.1):

**表4.2.1　石头称重记录表**

| 次数 | 1 | 2 | 3 | 4 | 5 | 6 | 7 | 8 |
|---|---|---|---|---|---|---|---|---|
| 质量/千克 | 280 | 220 | 250 | 300 | 230 | 250 | 270 | 350 |

你知道这头大象有多重吗?请算一算。

**【教学思考】**先求和,再进行单位间的转化,渗透古人的智慧。

**四、总结内化,课外延伸**

1. 全课总结。

学习了这节课,你有什么收获?

2. 课外体验。

在生活中找一找比较重的物品或大宗物品的质量,感受一下吨在生活中的实际应用。

## 板书设计

吨的认识

1 吨 = 1000 千克

$g \xrightarrow{1000} kg \xrightarrow{1000} t$

| | |
|---|---|
| 搬:10×10=100(千克) | 100×10=1000(千克) |
| 算:1 棵大白菜 2 千克 | 500 棵重 1 吨 |
| 1 桶纯净水 20 千克 | 50 桶重 1 吨 |
| 1 桶花生油 5 千克 | 200 桶重 1 吨 |
| 1 袋大米 50 千克 | 20 袋重 1 吨 |

# 3.《用估算解决问题》说课稿

## 说教材

用估算解决问题是在用加减法估算解决问题、多位数乘一位数的口算和估算等基础上学习的,为以后学习三位数乘两位数及小数、分数乘法估算解决问题做铺垫。教材的编排旨在通过学习用估算解决问题,体会估算的价值,掌握用估算解决问题的基本策略,并能根据具体情境灵活运用估算策略。学生通过之前的学习,已经掌握了用"四舍五入"法求近似值再进行计算的方法,已经会用精确计算(加法和乘法等)来判断够不够的问题。本节课,学生不仅要学习乘法估算的基本方法,还要学习根据具体的情境,判断什么时候往大估，什么时候往小估，逐步形成估算能力。将估算当作解决问题的一个有效策略，是整套教材修订后关于估算教学的一大特色。因此，这节课的教学目标如下：

1. 掌握乘法估算的方法，并能够用乘法估算解决实际问题。

2. 经历探索解决问题策略的过程，提高运算能力，初步培养估算意识和推理能力。

3. 感受乘法估算在生活中的实际应用，体验估算的价值，发展数学应用意识。

教学重点是掌握多位数乘一位数的估算方法。教学难点是结合具体情境，灵活运用估算的策略。

为了达成以上教学目标，我设计了如下教学过程。

## 说教学过程

### 一、复习引新，揭示课题

1. 解决问题。

(1)买 6 张车票要多少钱?(如图 4.3.1)

(2)一共大约可以坐多少人?(如图 4.3.2)

(3)8 节车厢大约长多少米?(如图 4.3.3)

(1)买 6 张车票要多少钱?

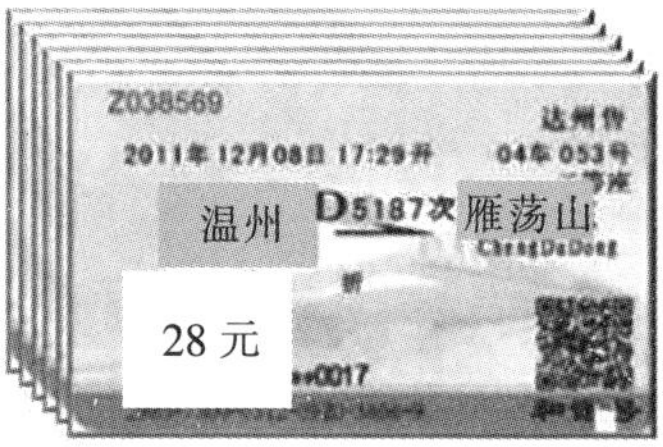


图 4.3.1

(2)一共大约可以坐多少人?

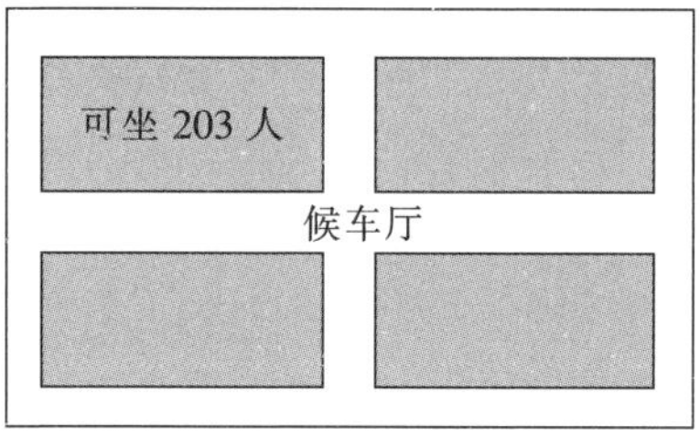


图 4.3.2

(3) 长 28 m

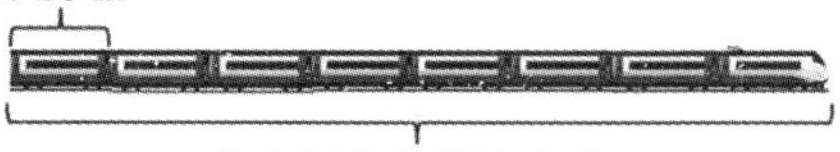

8 节车厢大约长多少米?

图 4.3.3

2. 比较分析。

解决第(2)题和第(3)题的速度为什么比解决第(1)题的快?

小结:有时候只需要知道大致的结果,用估算会更快!

3. 揭示课题。

这节课我们就来学习用估算解决问题。

**【教学思考】**通过复习,一是让学生初步感悟用估算解决问题的优势,产生对用估算解决问题的兴趣;二是唤醒学生用"四舍五入"法估数的意识,为接下来的学习做好铺垫。

**二、深入探究,掌握新知**

**(一)教学"往大估"**

1. 例题教学。

呈现主题图。(如图4.3.4)

三(1)班有29人参观,带250元买门票够吗?

图4.3.4

(1)从中我们知道了哪些数学信息?要解决的问题是什么?

(2)想一想,怎么能快速地解决问题?

(3)请把你的想法写下来。

(4)交流汇报:

口算方法:$29\times 8=232$(元)

估算方法:$\underset{(30)}{29}\times 8\approx 240$(元)

笔算方法:

$$\begin{array}{r} 2\ 9 \\ \times\quad {}_{7}8 \\ \hline 2\ 3\ 2 \end{array}$$

(5)验证:估算的结果是240,怎么知道就够了呢?借助直观图帮助学生理解估算的方法。(如图4.3.5)

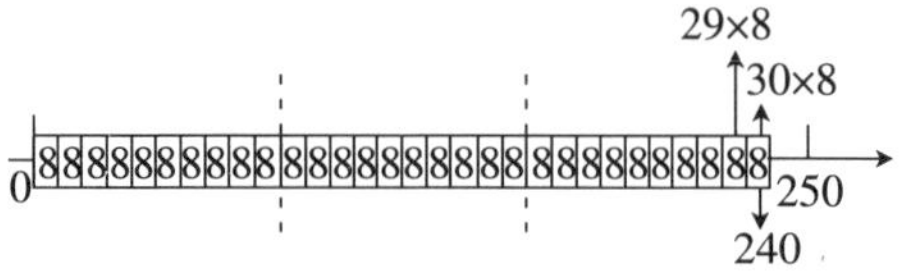


图 4.3.5

然后抽象成数轴。(如图 4.3.6)

图 4.3.6

(6)小结:30 个 8 元等于 240 元,29 个 8 元比 240 元少,250 元肯定够。

2. 比较说理。

提问:你觉得哪种方法更快?理由是什么?

小结:估成整十数,直接用乘法口诀就算出来了。

3. 教学“≈”。

提问:既然估算的方法这么便捷,我们把估算的方法回顾一下。29 × 8 真的等于 240 吗?显然不是,240 是估算的结果,要用“≈”,这个符号叫约等号,请拿出手指跟老师比画一下。(把前面几道算式的“≈”添上)

4. 深入思考。

(1)如果是 28 人参观,钱够不够?你怎么想的?27 人呢?26 人呢?

小结:不管是 26 人,27 人,28 人,还是 29 人,我们都把它往大估成 30 人,总共也才 240 元,所以肯定够。

(2)如果是 32 人呢?

小结:把 32 人看成 30 人只用 240 元,不能说明 250 元够,像买东西这一类情况,我们一般往大估。

(3)如果带 320 元够吗?你怎么想?

学生发现把 32 看成 40,乘 8 得 320,往大估也只要 320 元,所以带 320 元肯定够,算式:$\underset{(40)}{32}\times 8\approx 320$(元)。

**【教学思考】**一、借助直观图帮助学生理解为什么用估算的方法也能解决问题。二、用估算为什么让解决问题更方便,其根本原因是把非整十整百数看成整十整百数后直接口算,使计算更加简便。三、结合具体情境打破原来只用“四舍五入”法估算的思维定式,让学生能够结合具体情境进行合理估算。

**(二)教学“往小估”**

出示:小朋友们去看电影,一排有32个座位,有8排,240人能坐下吗?

学生发现把32看成30,乘8得240,往小估也有240个座位,所以240人能坐下,算式:$\underset{(30)}{32}\times 8\approx 240$(个)。

学生讨论后小结:像这一类问题我们一般往小估。

**(三)判断**

出示:门票每人8元,92人参观,带720元够吗?门票每人8元,92人参观,带800元够吗?

1.想一想:有什么办法知道够不够?

2.出示:选一选,并判断够不够。

A. $92\times 8\approx 720$(元)　　　B. $92\times 8\approx 800$(元)

3.跟同桌说说,你选用哪道算式,到底够不够。

**【教学思考】**用估算解决问题,有时候要往大估,有时候要往小估,通过判断练习,再次引导学生具体情况具体分析,进一步掌握用估算解决问题的方法。

**三、练习巩固,拓展提高**

1.估一估,比一比。(在○里填上“>”或“<”)

(1) $103\times 5$ ○ 500　　　$98\times 6$ ○ 600　　　$39\times 7$ ○ 300

选择其中两道,说说你是怎么想的。

(2) $126\times 8$ ○ 1000

出示小提示“$125\times 8$”,现在怎么想?

小结:以后我们会经常用到“$125\times 8$”这个特殊的估算方法,会比较接近准确数。

2.估一估,写一写。(如表4.3.1)

**表4.3.1　某小学三年级各班人数统计表**

| 班级 | 三(1)班 | 三(2)班 | 三(3)班 | 三(4)班 | 三(5)班 | 三(6)班 |
|---|---|---|---|---|---|---|
| 人数 | 42 | 41 | 4[redacted] | 4[redacted] | 45 | 40 |

表中有两个数字看不清了,估一估,6个班共有多少人?

(1)指名说,追问:有两个班的人数不知道,你是怎么想的?

(2)下面哪个答案符合要求?

A. 238　　B. 245　　C. 253　　D. 300

你能不能结合今天学习的知识,用往大估和往小估的方法来判断,哪几个答案是错的?哪个是对的?

**【教学思考】**第1题练习,拓宽了用估算解决问题的范围,如特殊的估算方法“125×8”,也拓宽了学生的视野。第2题变式练习,不仅有助于培养学生联系生活实际进行合情推理的能力,还有助于培养学生灵活运用已有的知识解决问题的能力。

**四、课堂总结,知识内化**

回顾一下,用估算解决问题,你学到了哪些估算的方法?往大估、往小估,当然还有一种特殊的估算方法。

## 板书设计

用估算解决问题

| | | |
|---|---|---|
| 28×6=168(元) | $\underset{(30)}{29}\times 8\approx 240$(元) | $\underset{(30)}{32}\times 8\approx 240$(个) |
| $\underset{(200)}{203}\times 4\approx 800$(人) | 答:带250元够。 | 答:240人能坐下。 |
| $\underset{(30)}{28}\times 8\approx 240$(m) | $\underset{(40)}{32}\times 8\approx 320$(元) | |
| | 答:带320元够。 | |

# 4.《两位数除以一位数》说课稿

## 说教材

两位数除以一位数是在有余数除法及被除数是整十数、整百数的口算除法等知识基础上学习的,它为以后进一步学习除法打下基础。教材呈现热爱自然、保护环境、植树造林的情境,旨在让学生感受到生活中处处有数学,激发学生的问题意识,渗透环保教育。例1通过小棒图呈现平均分的过程,对应着分步呈现竖式计算的过程,并给出每一步书写的数据以及计算结果的含义,帮助学生理解笔算的算理,掌握除的顺序和竖式的写法。例2的编排与例1大体相同,不同的是,竖式右边标注的不再是每一步计算所书写的数据的含义,而是具体的计算方法,体现了从理解算理到掌握算法的自然过渡。教材突出了“52÷2”的第二步计算要解决的问题:当十位上余下1后应该怎么办?总的来说,与以前学习的除法不同的是,商首次出现两位数。商的书写位置及正确书写除法竖式的格式成了学习的易错点。基于以上考虑,这节课的教学目标如下:

1. 理解并掌握两位数除以一位数的算理和算法,并能正确地进行计算。

2. 经历算理和算法的探究过程,培养学生观察、分析、比较、概括的能力,发展数感,提高运算能力。

3. 运用所学知识解决简单的实际问题,发展数学应用意识。

教学重点是掌握两位数除以一位数的计算方法,并能正确地进行计算。教学难点是在比较、分析中理解两位数除以一位数的算理。

为了达成以上教学目标,我设计了如下教学过程。

## 说教学过程

### 一、创设情境,引入课题

1. 出示情境图。(如图4.4.1)

图4.4.1

学生读图,理解图意后,提问:根据这些信息,你能提出什么数学问题?

学生可能会提出这样的问题:

(1)三年级平均每班种多少棵树?

(2)四年级平均每班种多少棵树？

学生列式解决:42 ÷ 2,52 ÷ 2。

追问:为什么用除法计算？(因为都是平均分给两个班,所以用除法计算)

2. 揭示课题。

这节课我们继续学习除法。

**【教学思考】**直接呈现教材上的情境图,提出问题,并得出两道除法算式,为接下来的研究提供素材。

**二、自主探索,领悟算法**

**(一)教学 42 ÷ 2**

1. 口算 42 ÷ 2。

(1)提问:你是怎么算出来 21 的呢？

(2)反馈(学生可能有以下几种情况):

①40 ÷ 2 = 20,2 ÷ 2 = 1,20 + 1 = 21。

②因为 21 × 2 = 42,所以 42 ÷ 2 = 21。

③因为 21 + 21 = 42,所以 42 ÷ 2 = 21。

2. 笔算 42 ÷ 2。

(1)提问:42 ÷ 2 这道题太简单,大家都会口算。现在请你笔算,你会吗？请列式。

(2)反馈(一般会出现以下两种情况):

```
①    2 1          ②    2 1
   2)4 2             2)4 2
     4                 4 2
     ---               ---
       2                 0
       2
     ---
       0
```

(3)比较:这两种方法,哪种更简便？

学生一致认为算式②的计算方法更简便,算式①的计算方法较麻烦。

师:算式①的计算方法确实不简便,但是它有什么好处？

生:算式①第一步先分十位,第二步再分个位,步骤很清楚。

我们拿小棒分分看。(如图 4.4.2)

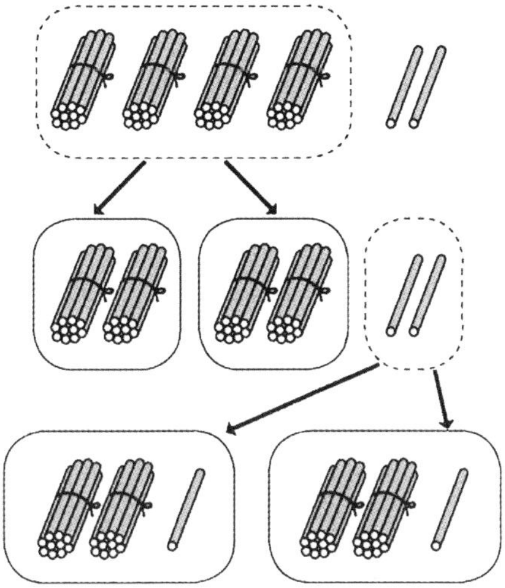

图 4.4.2

小结:算式②虽然简便,但是没有体现除的过程,如果数据大了,就容易混淆,所以采用算式①进行计算。

(**二**)**教学** 52 ÷ 2

1. 口算 52 ÷ 2。

算一算 52 ÷ 2 等于多少?

2. 笔算 52 ÷ 2。

(1)我们已经会用竖式计算 42 ÷ 2,你会用竖式计算 52 ÷ 2 吗?

(2)反馈(可能会出现以下几种情况):

①
```
    2 6
  ------
2 ) 5 2
    5 2
  ------
      0
```

②
```
    2 6
  ------
2 ) 5 2
    4 0
  ------
    1 2
    1 2
  ------
      0
```

③
```
    2 6
  ------
2 ) 5 2
    4
  ------
    1 2
    1 2
  ------
      0
```

④
```
    2 1
  ------
2 ) 5 2
    4
  ------
      2
      2
  ------
      0
```

(3)比较分析。

比较 1:请你判断,哪些方法是错的?

学生回答可能如下:

生 1:方法①是错的,没有体现除的过程;方法④是错的,5 个十减去 4 个十还有 1 个十,要和个位上的 2 合起来再分。

生 2:方法④肯定是错的,21 × 2 = 42,不等于 52。

生3:方法④是错的,因为26+26=52,所以52÷2=26。

生4:方法④是错的,因为50÷2=25,所以52÷2不可能等于21。

生5:方法②中40后面的0可以省略不写。

比较2:方法②与方法③比较,哪种更合理?

经过比较讨论,得到方法③更合理、更简便。

**(三)对比分析**

教师提问:42÷2与52÷2列竖式计算的时候有什么不同?

汇报:42÷2第一次除了以后没有余数,而52÷2第一次除了以后还有余数1。

师:这个余数1我们要不要管它?

生:要管它。

追问:为什么要管它?我们用小棒来分一分。(如图4.4.3)

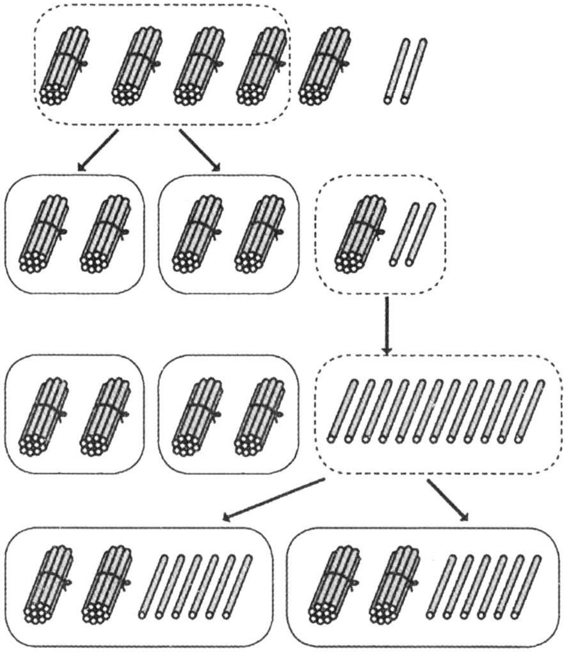

图4.4.3

5捆平均分成2份,每份2捆,余下的1捆还要拆开与2根合起来继续平分,可用计数器帮助理解。(如图4.4.4)

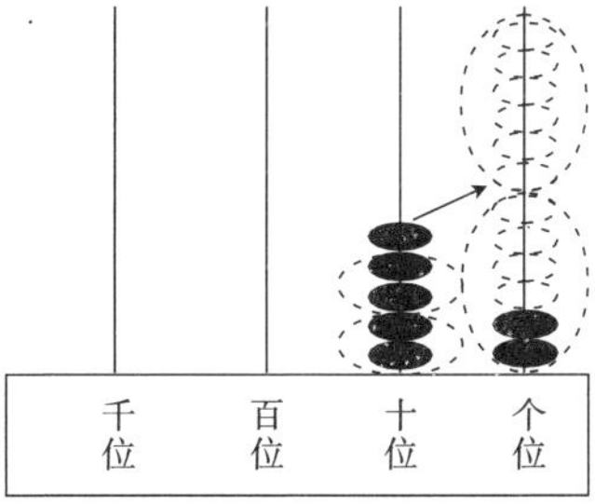


图4.4.4

（四）尝试练习

出示：96 ÷ 3 和 92 ÷ 4，请你列竖式计算。

主要收集错例，与正确的进行对比，重点强调商的书写位置以及十位上有余数的处理方法。

（五）归纳总结

提问：两位数除以一位数，列竖式怎么算？

**【教学思考】**教学 42 ÷ 2 时着重体现分步除的优势，52 ÷ 2 再次强调分步除，以及十位上余数的处理。通过小棒图和计数器帮助学生理解算理，让学生在分析、比较中得出两位数除以一位数的笔算方法。同时将验算巧妙地融入口算中，发展数感，提高运算能力。

**三、练习巩固，拓展延伸**

1. 把竖式写完整。

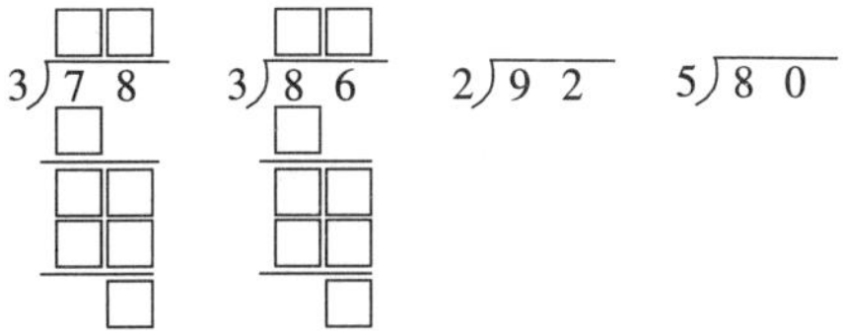


**【教学思考】**这是一道基础练习，要求全班都要掌握。主要体现笔算除法的书写格式，以及商的书写位置。

2. 下面的计算正确吗？把错误的纠正过来。

【**教学思考**】利用经典错例，再次帮助学生巩固两位数除以一位数的笔算方法，提醒学生笔算除法应注意的地方。

3. 根据下面的信息提出数学问题并解答。

【**教学思考**】通过解决简单的实际问题，发展数学应用意识。

4. 在□里填上合适的数。

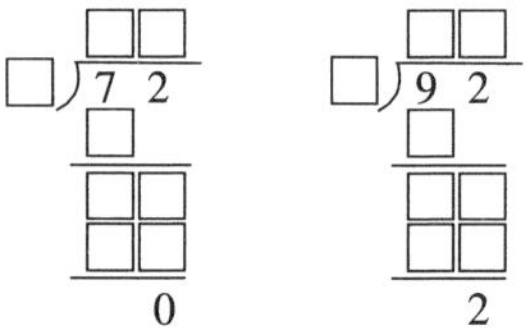

【**教学思考**】这是一道拓展题，与第 1 道练习有很大的不同。第 1 道题告诉学生被除数和除数，主要是解决笔算除法的书写格式和商的位置问题，而这道题没有告诉学生除数是多少，需要学生根据自己的判断、推理得出除数，帮助学生培养推理能力。

**四、总结内化，构建网络**

1. 通过这节课的学习，你有什么收获？

2. 这节课与之前学习的除法相比，最大的不同在哪里？

【**教学思考**】通过比较，进一步理解算理，掌握算法，将新知纳入原有的知识系统中去同化，构建新的知识网络。

## 板书设计

两位数除以一位数

42 ÷ 2 = 21（棵）

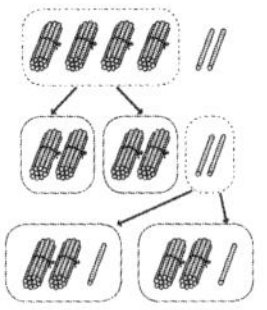

$$\begin{array}{r} 21\\ 2\overline{)42}\\ 4\phantom{0}\\ \hline 2\\ 2\\ \hline 0\end{array}$$

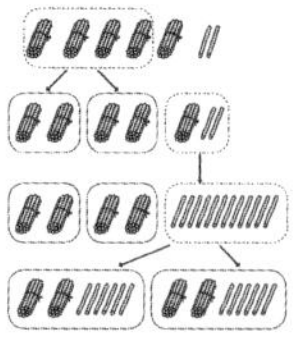

52 ÷ 2 = 26（棵）

$$\begin{array}{r} 26\\ 2\overline{)52}\\ 4\phantom{0}\\ \hline 12\\ 12\\ \hline 0\end{array}$$

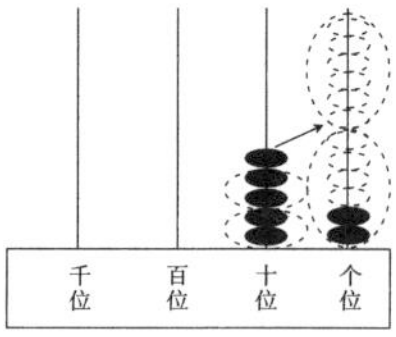

# 5.《简单的分数加减法》说课稿

## 说教材

简单的分数加减法是在分数的初步认识、简单的分数大小比较等知识的基础上学习的,它为今后进一步学习分数知识奠定基础。本节课共安排了 3 道例题,分别是简单的同分母分数相加减及 1 减去一个分数。学生从整数加减法过渡到简单的分数加减法,很容易出现把分数的分子与分母分别相加减的错误,且还缺乏用抽象的“分数单位个数相加减”来理解算理的能力,需要借助直观图形帮助理解“分母不变,分子相加减”的算理。因此,这节课的教学目标如下:

1. 理解、掌握简单的分数加减法的算理与算法,并能正确地进行计算。

2. 在经历动手操作、分析比较、归纳概括等算理与算法的探究过程中,培养数感,提高运算能力。

3. 运用所学知识解决简单的实际问题,体验数学与生活之间的联系,增强数学应用意识。

教学重点是掌握简单的分数加减法的算法,并能正确地进行计算。教学难点是理解简单的分数加减法的算理。

为了达成以上教学目标,我设计了如下教学过程。

## 说教学过程

### 一、认识“1”,揭示课题

1. 认识“1”等于几分之几。

课件呈现一个麦饼,我们可以用“1”来表示。如果用一张圆形的纸片代替这个麦饼,请动手操作,对它进行平均分,然后全部涂上阴影,最后用分数表示阴影部分。

(1)动手操作得到:$\frac{2}{2}$、$\frac{3}{3}$、$\frac{4}{4}$、$\frac{8}{8}$、$\frac{12}{12}$…(如图 4.5.1)。

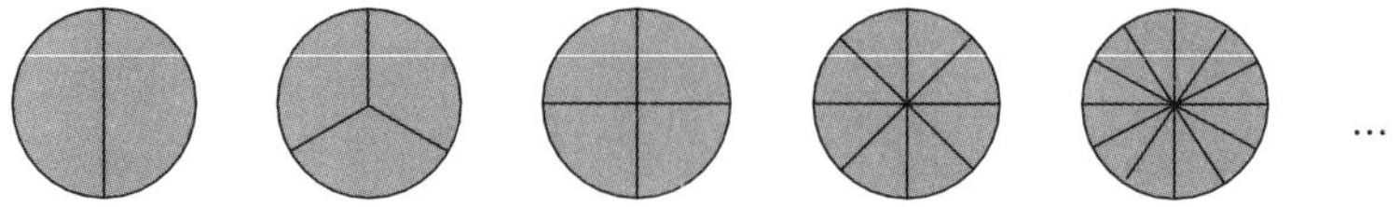

$\frac{2}{2}$ $\frac{3}{3}$ $\frac{4}{4}$ $\frac{8}{8}$ $\frac{12}{12}$

图 4.5.1

(2)观察得到:$1=\frac{2}{2}=\frac{3}{3}=\frac{4}{4}=\frac{8}{8}=\frac{12}{12}=\cdots$即 1 等于分子与分母(不为0)相等的分数。

2. 揭示课题。

**【教学思考】**1 减去一个分数的计算方法与算理是学生最难理解的。这是因为计算时,先要根据减数的分母将被减数 1 写成分子与分母相等的分数(与减数的分母相同),然后再计算。减数的分母不同,1 写成的分数也不同。因此,教学时可利用学生已有的生活经验与知识基础,先让学生在动手操作中认识 1 等于分子与分母相等的分数,为接下来的学习做充分准备。

**二、探索研究,掌握算法**

1. 教学 1 减去一个分数。

(1)问题 1:一个麦饼,吃了它的$\frac{1}{4}$,还剩下它的几分之几?(特别提醒:先列算式,再问答案,最后问怎样算的)

①列算式:$1-\frac{1}{4}=\frac{3}{4}$。

②请用小圆片代表这个麦饼,通过折一折、画一画,快速地把剩下的几分之几表示出来。

③怎样算的呢?

预设:4 份减去 1 份还有 3 份,就是$\frac{3}{4}$。

设疑:这道算式中哪里有 4 份,哪里有 1 份呢?

生:“1”里面有 4 份,$\frac{1}{4}$里面只有 1 份,还剩下 3 份,就是$\frac{3}{4}$。

师:4 个$\frac{1}{4}-1$个$\frac{1}{4}=3$个$\frac{1}{4}=\frac{3}{4}$,也就是$\frac{4}{4}-\frac{1}{4}=\frac{3}{4}$。(如图 4.5.2)

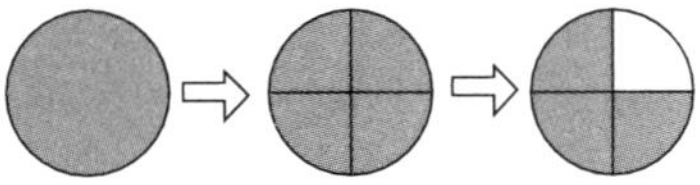

图 4.5.2

【**教学思考**】按照教材的编排顺序，1 减去一个分数的教学应安排为例 3，也就是先要教学简单的同分母分数加法与减法，然后将 1 减去一个分数转化成简单的同分母分数减法。有了此“转化”，学生就能快速地理解 1 减去一个分数的计算方法与算理，但是在实际教学中，我们会发现学生忘得很快。因此，我将教材上的例 2 与例 3 两个例题进行整合，直接从例 3 进入，为学生提供充分的活动时间与空间，在动手操作中、在分析比较中掌握算法，理解算理，从而使学生印象深刻，听课效果扎实。

(2)问题 2：一个麦饼，吃了它的$\frac{2}{5}$，还剩下几分之几？

列算式计算，并交流想法。

生 1：$1-\frac{2}{5}=\frac{5}{5}-\frac{2}{5}=\frac{3}{5}$。

生 2：5 个$\frac{1}{5}$ −2 个$\frac{1}{5}$ =3 个$\frac{1}{5}$ $=\frac{3}{5}$。

(3)问题 3：$1-\frac{5}{8}=?$

生：8 个$\frac{1}{8}$ −5 个$\frac{1}{8}$ =3 个$\frac{1}{8}$ $=\frac{3}{8}$。

(4)解决问题。

①一杯水，喝了$\frac{5}{6}$，还剩下几分之几？

②一块地，$\frac{6}{11}$种了白菜，剩下的种花菜，种花菜的地占这块地的几分之几？

(5)观察归纳：观察这几道算式，它们都是 1 减去一个分数。遇到这样的算式，我们要先做什么？再做什么？

生：先把 1 转化成几分之几(与减数同分母的分数)，然后分子再相减，分母不变。

(6)你能很快算出下面各题的得数吗？

$1-\frac{2}{3}=$　　$1-\frac{4}{10}=$　　$1-\frac{7}{20}=$　　$1-\frac{98}{100}=$

$\frac{12}{12}-\frac{7}{12}=$　　$\frac{7}{10}-\frac{1}{10}=$　　$\frac{12}{15}-\frac{10}{15}=$　　$\frac{8}{13}-\frac{5}{13}=$

**【教学思考】**在例题教学后，立即安排了几道1减去一个分数及同分母分数相减的计算题与简单的实际问题解决题，让学生进一步巩固计算方法，并在运用知识解决简单的实际问题的过程中，增强应用意识、培养数感、提高运算能力。

2. 教学同分母分数相加。

(1)尝试计算：$\frac{2}{8}+\frac{1}{8}=?$

生：$\frac{2}{8}+\frac{1}{8}=\frac{2+1}{8}=\frac{3}{8}$。(学生汇报后课件演示)

(2)分析比较。

①直接写出下列各题的得数。

$\frac{3}{6}+\frac{1}{6}=$　　$\frac{3}{7}+\frac{1}{7}=$　　$\frac{3}{10}+\frac{1}{10}=$

师：这几道题有什么共同的特点？还有$\frac{3}{\square}+\frac{1}{\square}=\frac{4}{\square}$，请举例。

②直接写出下列各题的得数。

$\frac{6}{7}-\frac{2}{7}=$　　$\frac{6}{9}-\frac{2}{9}=$　　$\frac{6}{11}-\frac{2}{11}=$

师：这几道题有什么共同的特点？还有$\frac{6}{\square}-\frac{2}{\square}=\frac{4}{\square}$，请举例。

(3)归纳总结：简单的同分母分数加减法，有什么相同的地方？

**【教学思考】**引导学生将1减去一个分数的计算方法进行迁移，放手让学生研究简单的同分母分数加法，即分析比较题中①的教学。同时，将简单的同分母分数加减法放在一起进行分析比较，发现共同特点是“分母不变，分子相加减”，即分数单位个数的相加减，为今后学习做好铺垫。

**三、巩固练习**

1. 教材第97页“做一做”3小题。

**【教学思考】**学生计算后立即校对答案，选择个别题目让学生说理。这3小题都是基本练习，目的是进一步巩固简单的分数加减法的算法与算理。

2. 一个麦饼，妹妹吃了它的$\frac{1}{8}$，姐姐吃了它的$\frac{2}{8}$，爸爸吃了它的$\frac{1}{2}$。请提出问题并列式计算。

**【教学思考】**这是一道开放性习题，让学生根据已有的信息，提出问题并解决。此题也是一道分层练习题，让学有余力的学生能提出异分母分数加减法的问题且进行计算与说理。

**四、总结内化**

## 板书设计

简单的分数加减法

$$1=\frac{2}{2}=\frac{3}{3}=\frac{4}{4}=\frac{8}{8}=\frac{12}{12}=\cdots$$

$$1-\frac{1}{4}=\frac{4}{4}-\frac{1}{4}=\frac{4-1}{4}=\frac{3}{4}$$

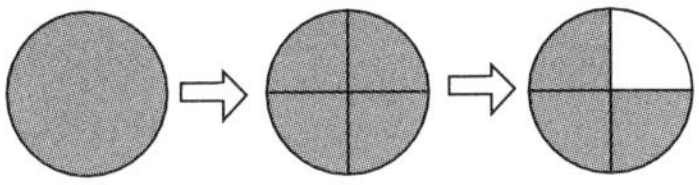

$$\frac{2}{8}+\frac{1}{8}=\frac{2+1}{8}=\frac{3}{8}$$

# 6.《两位数乘两位数》说课稿

## 说教材

两位数乘两位数是在多位数乘一位数的笔算、乘数是整十数的口算等知识的基础上学习的。它为进一步学习两位数乘两位数（进位）、三位数乘两位数奠定基础。教材创设了王老师买书的情境，让学生应用已有的计算知识尝试解决“14×12”，并要求学生在点子图上表示出计算方法。教材给出了两种解决问题的思路，其中第二种方法和点子图与竖式计算的算理相对应，为后面学生理解竖式计算的算理和算法做好了铺垫。接着通过“想一想”引出竖式的计算方法,强调每一步计算的具体含义,帮助学生理解算理,掌握算法。本节课是学生第一次遇到这样的乘法竖式,即先分两层计算它们的积,然后再相加,尤其是用第二个乘数的十位上的数去乘时,所得的积的末位数要和十位上的数对齐,这是学生难以理解的地方。因此,这节课的教学目标如下:

1. 理解、掌握两位数乘两位数的计算方法和算理,并能正确地计算。

2. 经历观察、比较、分析、概括等活动的探究过程,渗透数形结合思想和转化思想,提高运算能力。

3. 能运用所学知识解决简单的实际问题,发展数学应用意识。

教学重点是掌握两位数乘两位数的计算方法,并能正确地计算。教学难点是理解两位数乘两位数的算理。

为了达成以上教学目标,我设计了如下教学过程。

## 说教学过程

### 一、创设情境,引入课题

1. 出示例题。

每套书有 14 本,王老师买了 12 套,一共买了多少本?

学生读题,理解题意后,问学生:这个问题你会解决吗?

列出算式 $14\times12$(求 12 个 14 是多少),问:为什么用乘法计算呢?

2. 揭示课题。

这道算式与以前学过的算式有什么不同?(两位数乘两位数)

3. 估算。

请你估一估,大约有多少本?

**【教学思考】**通过这道例题得出两位数乘两位数的算式后,鼓励学生先估算,培养估算意识。

### 二、深入探究,构建模型

1. 口算“$14\times12$”。

两位数乘整十数我们已经会口算了,“$14\times12$”你会口算吗?

学生可能出现以下几种情况:

(1)$14\times6=84$　　$84\times2=168$

(2) $14 \times 2 = 28$　　$28 \times 6 = 168$

(3) $14 \times 4 = 56$　　$56 \times 3 = 168$

(4) $14 \times 10 = 140$　　$14 \times 2 = 28$　　$140 + 28 = 168$

(5) $12 \times 10 = 120$　　$12 \times 4 = 48$　　$120 + 48 = 168$

说说你是怎么想的？

学生反馈：(1)(2)都是把12分成6乘2，(3)是把12分成4乘3，(4)是把12分成10加2，(5)是把14分成10加4。

是不是理解了呢？请你把第(3)种方法在点子图上表示出来。（如图4.6.1）

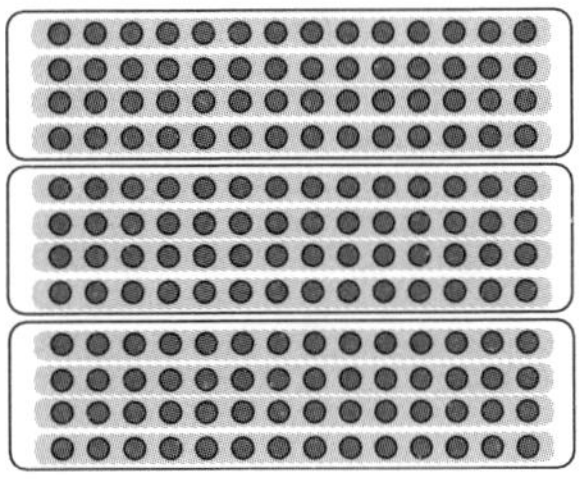


图4.6.1

比较：这五种方法有什么共同的地方？

生：都是转化为以前学过的知识。前三种方法都是把它转化为两位数乘一位数，后两种方法都是先把它转化为两位数乘整十数和两位数乘一位数，然后再把它们的积相加。（板书：转化）

2. 笔算“14×12”。

如果要求用笔算，怎么算呢？

(1)学生计算后反馈，可能有以下几种方法：

① $\begin{array}{r} 14 \\ \times\ 12 \\ \hline 28 \\ +140 \\ \hline 168 \end{array}$　② $\begin{array}{r} 14 \\ \times\ 12 \\ \hline 28 \\ 14\ \\ \hline 168 \end{array}$　③ $\begin{array}{r} 14 \\ \times\ 12 \\ \hline 28 \\ 14 \\ \hline 42 \end{array}$　④ $\begin{array}{r} 14 \\ \times\ 12 \\ \hline 168 \end{array}$　⑤ $\begin{array}{r} 14 \\ \times\ 12 \\ \hline 18 \end{array}$

(2)判断对错，发现方法③和⑤计算错误，方法④没有写出计算过程。

(3)深入分析：方法②中的每一个数是怎么得到的，分别表示什么意思？在口算中能找到原型吗？在图上怎么画？（如图4.6.2）

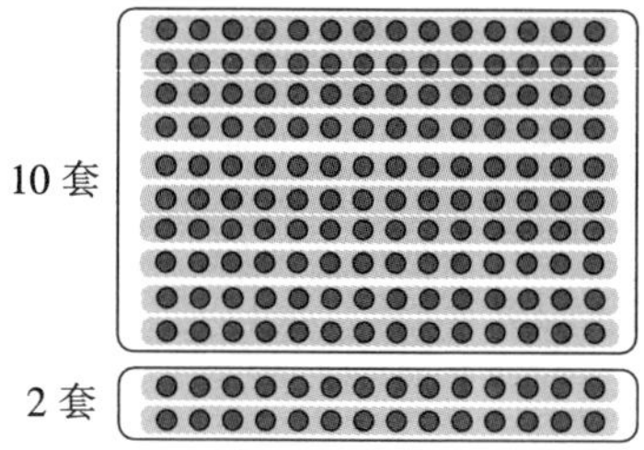


图 4.6.2

(4)评价。

方法①中不用写“ + ”就可以表示把两次乘得的积相加。与方法②比较,“0”也不用写,这样会显得更加简便一些。

方法③中的第二层 14 × 10 的积位置写错了,方法⑤个位与个位,十位与十位分别相乘的方法也是错误的。

3. 模仿练习。

列竖式计算。

23 × 13　　　43 × 12

学生计算后再次强调第二层积的书写位置。

4. 概括算法。

先用第二个乘数的个位去乘第一个乘数,再用第二个乘数的十位去乘第一个乘数,最后把两次乘得的积相加。

**【教学思考】**将笔算与口算、点子图联系起来,渗透数形结合的思想,更加直观地帮助学生理解算理。

**三、练习巩固,拓展提高**

1. 列竖式计算。

12 × 44　　　32 × 13　　　42 × 11　　　21 × 23

**【教学思考】**这是一道基本练习,让全班同学都要掌握,这也是保底的练习。

2. 下面的计算正确吗？把错误的改正过来。

**【教学思考】**抓住易错点，提高运算准确率。

3. 解决问题。

一本书有300页，如果每天读22页，两周能读完吗？如果每天读40页，7天能读完吗？

**【教学思考】**解决生活中的简单实际问题，发展应用意识。

4. 巧填数字。

$$\begin{array}{r} \square\,2 \\ \times\ 3\,4 \\ \hline 4\,8 \\ \square\,6\ \ \\ \hline 4\,0\,8 \end{array} \qquad \begin{array}{r} \square\,\square \\ \times\ \square\,\square \\ \hline 6\,6 \\ 6\,6\ \ \\ \hline 7\,2\,6 \end{array}$$

**【教学思考】**这是一道拓展题，旨在让学生灵活运用所学知识，发展数学思维。

**四、总结内化，渗透文化**

1. 这节课你有什么收获？

两位数乘两位数与以前学习的两位数乘一位数比较，列竖式计算要注意什么？学生回答后再强调：第二个乘数十位上的数与第一个乘数相乘的积的末尾要与十位对齐。

2. 介绍铺地锦的方法。

古代人是怎么计算两位数乘两位数的呢？（如图4.6.3）

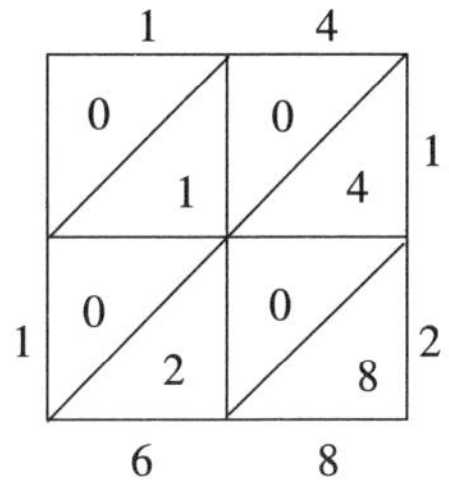


图4.6.3

**【教学思考】**进一步巩固两位数乘两位数的笔算方法，渗透数学文化，培养学生的数学学习兴趣。

## 板书设计

两位数乘两位数

$14\times12=168$(本)

$14\times6=84\quad 84\times2=168$

$14\times2=28\quad 28\times6=168$

$14\times4=56\quad 56\times3=168$

$14\times10=140\quad 14\times2=28\quad 140+28=168$

$12\times10=120\quad 12\times4=48\quad 120+48=168$

$$\begin{array}{r l} 14 & \\ \times\ 12 & \\ \hline 28 & \rightarrow 2\text{ 个 }14 \\ 14\ \ & \rightarrow 10\text{ 个 }14 \\ \hline 168 & \rightarrow 12\text{ 个 }14 \end{array}$$

注意:第二个乘数十位上的数与第一个乘数相乘的积的末尾与十位上的数对齐!

# 7.《简单的小数加、减法》说课稿

## 说教材

简单的小数加、减法是在学生初步认识了小数、会进行简单的小数大小比较以及整数加减法等基础上学习的。它为今后学习小数的意义和性质及小数加、减法等知识打下基础。教材呈现了文具商店的情境,标出8种文具价格,让学生提出问题并列式解答,从而教学一位小数加、减法。虽然物品单价都是一位小数,看似简单,但学生经常会出错。如小数部分的十分位相加需进位与整数减去一位小数,错误率高。在教学过程中,需要借助学生已有的人民币知识与整数加减法等知识去探索算法,理解算理。因此,这节课的教学目标如下:

1. 掌握简单的小数加、减法的计算方法,理解简单的小数加、减法的算理,并能正确地进行计算。

2. 经历简单的小数加、减法的计算方法与算理的探究过程,发展数感,提高运算能力。

3. 运用所学知识解决简单的实际问题,体验简单的小数加、减法与生活之间的密切联系,发展数学应用意识。

教学重点是掌握简单的小数加、减法的计算方法,并能正确地进行计算。教学难点是理解简单的小数加、减法的算理。

为了达成以上教学目标,我设计了如下教学过程。

## 说教学过程

### 一、直接揭题,计算练习

1. 直接揭题。

我们已经初步认识了小数,会进行简单的小数大小比较。这节课我们学习简单的小数加、减法。

2. 计算练习。

请列竖式计算。

(1)0.2 +0.6　　(2)0.8 +0.6　　(3)1.5 -0.9

(4)26.7 -1.3　　(5)4.7 +6

**【教学思考】**小数加、减法看似简单,实则不然。学生在计算这 5 小题时,也会出现错误。尤其是第(2)题,两数相加,十分位满十要向个位进 1。此外还有第(5)题,列竖式计算时,第二个加数 6,应该与第一个加数的哪一位对齐呢? 由于受整数加减法末位对齐的影响,学生初次学习时常常对此搞不清楚。因此,我对教材的购物情境进行了改编,不再只有一位小数相加、减,还融入了整数。

### 二、探索研究,掌握新知

1. 猜测全班计算情况。

(1)猜测一下,我们班同学做得怎么样?

(2)哪几题的正确率会高? 哪几题可能会做错? 为什么?

学生一般会认为第(1)、第(2)、第(3)题正确率高,因为数据比较小,而认为数据比较大的第(4)、第(5)题可能会做错。也可能会认为第(2)、第(5)题是进位加法,第(3)题是退位减法,可能会做错,第(1)、第(4)题正确率高。

**【教学思考】**引导学生在计算之后进行反思,并提醒:简单的小数加、减法计算也要注意满十向前一位进一，相同数位要对齐，相同数位上的数相加减等，为提高运算能力服务。

2. 反馈交流。

选择其中一道题，用你最喜欢的方式解释给同学们听，为什么这样算？

第(1)题反馈交流，可能会有以下几种情况。

第一种：0.2 中“0”的单位是元，“2”的单位是角；0.6 中“0”的单位是元，“6”的单位是角。单位是元的一起加，单位是角的一起加，加起来是 8 角，就是 0.8 元，如果 0 不写就变成了 8 元。

第二种：列竖式计算，0 加 0 等于 0，2 加 6 等于 8，得到的结果是 0.8。

追问：列竖式计算，2 与 6 可以直接相加吗？

生：整数加法是个位与个位相加，小数加法也是一样的。2 与 6 是在同一个数位上，因此，可以直接相加。

第(2)题反馈交流。

出示两种不同的做法，引导学生比较分析。

$$\begin{array}{r} 0.8 \\ +\ 0.6 \\ \hline 1.4 \end{array} \qquad\qquad \begin{array}{r} 0.8\phantom{4} \\ +\ 0.6\phantom{4} \\ \hline 0.14 \end{array}$$

生：0.8 + 0.6，8 角加 6 角等于 14 角。10 角等于 1 元，14 角就是 1 元 4 角，等于 1.4 元。

追问：为什么不是 0.14 元？

生补充：14 角超过了 1 元，因此，等于 1 元 4 角。

师：个别同学错误的原因是什么？

生：小数部分的第一位满十进一，应该要向个位进一。

第(3)题反馈交流。

出示两种不同的做法，引导学生比较分析。

$$\begin{array}{r} 1.5 \\ -\ 0.9 \\ \hline 6 \end{array} \qquad\qquad \begin{array}{r} 1.5 \\ -\ 0.9 \\ \hline 0.6 \end{array}$$

生：1.5 − 0.9 = 0.6。因为 15 角减 9 角等于 6 角，等于 0.6 元。

师:个别同学等于6,又是什么原因?

生:小数部分5减9不够减,向个位借1当10,15减9等于6,6是小数部分的第一位,整数部分的0不能省略。

第(4)题反馈交流。

生:26.7-1.3与之前的减法相同,等于25.4。

第(5)题反馈交流。

出示两种不同的做法,引导学生比较分析。

$$\begin{array}{r} 4.7 \\ +\quad\ 6 \\ \hline 5.3 \end{array} \qquad\qquad \begin{array}{r} 4.7 \\ +\ 6\quad \\ \hline 10.7 \end{array}$$

师:4.7+6,有的同学等于10.7,有的同学等于5.3,到底哪个答案是正确的?

生1:6是个位,不能与7相加,要与个位上的4相加,因此,等于10.7。

生2:小数部分先不看,4加6等于10,因此,4.7加6等于10.7。

师:为什么答案5.3是错误的呢?

生:列竖式时,如果把6写在7的下面,6就变成了0.6。

**【教学思考】**抓住最容易出错的第(2)题、第(3)题、第(5)题,引导学生对正确答案与错误答案进行比较、分析并找到错因,帮助学生掌握简单的小数加、减法的计算方法,理解算理。

3.概括总结。

计算小数加、减法时要注意什么?

学生讨论交流后板书:相同数位对齐,按整数加减法计算。

**三、练习巩固,解决问题**

1.口算。

0.3+0.6　　0.4+0.6　　0.8+0.7　　12.2+0.7　　2.4+3.6

2.编题。

每人编写一两道最容易出错的、简单的小数加、减法计算题,让同桌或其他同学计算并相互批改。

反馈时,重点抓住编写题目的理由。

3.解决问题。

呈现课本上的例题，让学生看信息提问题并列式解答。

**【教学思考】**学生运算能力的提升是需要通过一定量的练习才能达成的。因此，我设计了3道练习，其中第1题是口算练习，让学生巩固算法；第2题主要针对学生容易出错的知识进行设计，让学生在编题、计算中进一步掌握算法，理解算理；第3题主要解决生活中的简单实际问题，让学生体验简单的小数加、减法与生活之间的密切联系，发展数学应用意识。

**四、总结内化，课外探究**

1. 总结内化。

通过学习这节课，你有什么启发？

2. 课外探究。

(1) 在下面各题的括号里分别填上一位小数，使等式成立。

(　　) + (　　) = 1　　(　　) + (　　) = 10

(2) 寻找两个小数(一位小数或两位小数)，使它们的和等于一个整数。

## 板书设计

简单的小数加、减法

$$\begin{array}{r} 0.2 \\ +\ 0.6 \\ \hline 0.8 \end{array} \qquad \begin{array}{r} 0.8 \\ +\ 0.6 \\ \hline 1.4 \end{array} \qquad \begin{array}{r} 1.5 \\ -\ 0.9 \\ \hline 0.6 \end{array} \qquad \begin{array}{r} 26.7 \\ -\ 1.3 \\ \hline 25.4 \end{array} \qquad \begin{array}{r} 4.7 \\ +\ 6\phantom{.0} \\ \hline 10.7 \end{array}$$

注意：(1)相同数位对齐；(2)按整数加减法计算。

# 8.《三位数乘两位数笔算》说课稿

## 说教材

三位数乘两位数笔算是在多位数乘一位数和两位数乘两位数等基础上学习的,学生已经积累了要依次乘及两层积叠加的经验。教材例 1 创设了一个已知速度、时间求路程的情境,并以 12 小时作为讨论点,学生比较容易想到将 12 小时拆成 10 小时和 2 小时来解释。这与乘数是两位数时用十位上的数和个位上的数分别乘另一个乘数比较吻合,能够有效帮助学生理解相应的算理,从而建构起乘数是两位数的乘法运算法则。例题教学揭示了 135 ×12的笔算过程,通过提出“第二部分积该怎样写?”的问题,引导学生自主思考:第二个乘数中的“1”和“135”相乘的结果表示什么?积的末尾应与第一部分积中的哪一位对齐?最终归纳 135 ×12 的具体计算步骤。

本节课承载着独特的地位与作用:对整数乘法进行算法总结、完善与延伸。一是从整数乘法的横向板块“口算、估算、笔算之间有着怎样的内联”进行计算策略整合分析;二是从乘法笔算的纵向板块“影响整数乘法笔算的基本核心要素”进行计算规则提炼。因此,这节课的教学目标如下:

1. 掌握三位数乘两位数笔算的方法,理解算理,能正确笔算。

2. 经历三位数乘两位数的算理与算法的探究过程,培养学生估算能力和解决问题的能力,形成良好的数感,提高运算能力。

3. 体会数学与生活的联系,体验成功的喜悦,培养良好的运算习惯。

教学重点是掌握三位数乘两位数的计算方法,并能正确地进行计算。教学难点是理解三位数乘两位数的算理。

为了达成以上教学目标,我设计了如下教学过程。

## 说教学过程

### 一、情境引入,复习旧知

1. 出示信息。

从温州乘动车去西安旅游,火车平均每小时行 135 km,用了 12 小时。

一共行了多少千米？

(1)读题后根据“速度×时间=路程”列出算式：135×12。

(2)“135×12”表示什么意思？(12个135相加或135个12相加)

(3)谁能用口算的方法算出这道算式的结果？(请把口算过程写下来)

可能有以下几种方法：

①135×10=1350　135×2=270　1350+270=1620

②135×2=270　135×10=1350　270+1350=1620

③12×100=1200　12×30=360　12×5=60　1200+360+60=1620

④12×5=60　12×30=360　12×100=1200　60+360+1200=1620

(4)反馈交流，介绍算法并分类。

第一种分法：①②是拆分12，再分别与135相乘；③④是拆分135，再分别与12相乘。

第二种分法：①③是从高位算起；②④是从低位算起。

小结：口算一般都是从高位算起。

**【教学思考】**从学生的认知起点出发，体会乘法是加法的简便计算，使学生回到知识产生的起点。充分考虑学情，学生拿到一道乘法算式的第一反应是进行口算，因此，将口算讲细、讲深，并通过分类，充分体会口算方法的多样化，为口算、笔算的沟通、联系做铺垫。

**二、主动探索，解决问题**

1. 尝试计算。

提问：135×12，你能用学过的列竖式计算的方法来解决这个问题吗？

(1)展示不同学生的方法。

```
①   135      ②    135      ③    135      ④     12
  ×  12        ×   12        ×   12        ×  135
  ─────        ──────        ──────        ──────
    270           270           270            60
    135          1350          135            36
  ─────        ──────        ──────          12
    405          1620          1620        ──────
                                             1620
```

(2)请学生介绍计算过程并进行评价分析。

方法①第二层的积书写位置错误，方法②第二层积的个位上的“0”可以省略，方法④是正确的，给予肯定，但一般按照方法③计算。

2. 沟通笔算与口算的联系。

(1)观察笔算和口算,它们之间有什么联系?

(2)你能在笔算中找到口算的方法吗?

学生进行观察、讨论、讲述。

```
     1 3 5
×      1 2
----------
     2 7 0   →135 ×2 的积
   1 3 5     →135 ×10 的积
----------
   1 6 2 0   →135 ×12 的积
```

135 ×2 =270,135 ×10 =1350,270 +1350 =1620。

小结:从低位算起的口算,其实也就是笔算的方法。

**【教学思考】**学生在已有的认知基础上完全有能力进行竖式笔算,并将口算和笔算的过程加以联系,从中得出从低位算起的口算与笔算的方法之间的内在联系,内化算理。利用乘法的意义和口算,化口算为笔算,将笔算口算化。

3. 沟通两位数乘两位数与三位数乘两位数之间的联系。

(1)计算下面两道题:36 ×24,342 ×32。

(2)在计算过程中,这两道题有什么相同的地方?(学生观察、思考、讲述)

相同:都是第二个乘数的个位分别去乘第一个乘数的每一位,再用十位去乘第一个乘数的每一位,最后把乘得的积相加。

课件动态演示计算过程。

第①步　　第②步　　第③步

```
第①步                 第②步                 第③步
   36      342           36      342           36      342
×  24    ×  32        ×  24    ×  32        ×  24    ×  32
-----    ------       -----    ------       -----    ------
  144      684          144      684          144      684
  72     1026           72     1026           72     1026
-----    ------       -----    ------       -----    ------
  864    10944          864    10944          864    10944
```

小结:三位数乘两位数与两位数乘两位数的计算方法是一样的,一要数位对齐,二要从个位算起,三要注意满几十就向前一位进几。

**【教学思考】**学生通过两位数乘两位数和三位数乘两位数的笔算,从中找出算法共同点,沟通已有的知识经验,明白三位数乘两位数和两位数乘两位数的算法是一样的,通过课件的动态演示深入理解算理并掌握算法。

**三、巩固练习,拓展提高**

1. 不计算,快速选择答案。

(1)425 ×19 =(　　)

A. 825　　B. 8020　　C. 8075　　D. 16575

(2)425 ×39 =(　　)

A. 5100　　B. 8075　　C. 17060　　D. 16575

组织学生讨论,可以通过估算的方法发现三位数乘两位数的积有时是四位数,有时是五位数,也可以通过末尾相乘判断积的末尾。

小结:综合运用确定位数、尾数及估算等方法可以做出正确的选择。以后也可以用这样的方法来初步判断自己计算的结果是否正确。

2. 判断下面算式的积是几位数。

135 ×12　　342 ×32　　425 ×19　　117 ×23

(1)117 ×23 =2691,请你改动一个数字,使它们的乘积是五位数。学生回答,如 917 ×23 等。有没有办法使它们的乘积变成六位数?教师可适时提示引导:999 ×99 的积,会是六位数吗?学生判断 1000 ×99 =99000,积才五位数,所以三位数乘两位数的积不可能是六位数。

(2)三位数乘两位数的积有没有可能是三位数呢?学生有了刚刚的经验发现 100 ×10 =1000,积都是四位数了,所以三位数乘两位数的积不可能是三位数。

**【教学思考】**启发学生联系实际、积极动脑思考、合理选择估算范围,促进了学生对估算方法的理解与运用,培养学生的估算应用意识,渗透了极限思考的思想,有效地实现了估算与笔算之间的沟通,提高了学生的计算能力。同时,通过四点要素的总结让学生对整数乘法的计算有了一个系统的认识。

3. 判断错例。

```
  1 1 7
×   2 3
-------
```

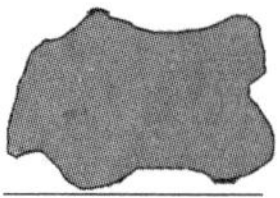

```
-------
  5 8 5
```

（判断个位的方法，估算法，积的位数特征）

分析出错的原因，并修正。

$$\begin{array}{r} 117 \\ \times \quad 23 \\ \hline 351 \\ 234 \\ \hline 585 \end{array} \quad \Rightarrow \quad \begin{array}{r} 117 \\ \times \quad 23 \\ \hline 351 \\ 234\phantom{0} \\ \hline 2691 \end{array}$$

**【教学思考】**精心预设典型练习，通过限定不能笔算，让学生用估算、口算、判断个位等多种方法解决问题。将这些方法运用于笔算验算中，通过判断错例，巩固三位数乘两位数的计算方法，提高计算的正确率。

**四、总结回顾，知识拓展**

1. 总结回顾。

请大家静心理一理，你收获了什么？如果第一个乘数加上一个千位或第二个乘数加上一个百位，大家还会算吗？

$$\begin{array}{r} 135 \\ \times \quad 12 \\ \hline 270 \\ 135\phantom{0} \\ \hline 1620 \end{array} \qquad \begin{array}{r} 2135 \\ \times \quad 12 \\ \hline ? \end{array} \qquad \begin{array}{r} 135 \\ \times \ 212 \\ \hline ? \end{array}$$

2. 知识拓展。

介绍“格子乘法”，并尝试计算。（如图 4.8.1）

◎ 你知道吗？◎

“格子乘法”是 15 世纪中叶，意大利数学家帕乔利介绍的一种两个数相乘的计算方法。后来传入我国，我国明朝数学家程大位在《算法统宗》一书中把它称为“铺地锦”。

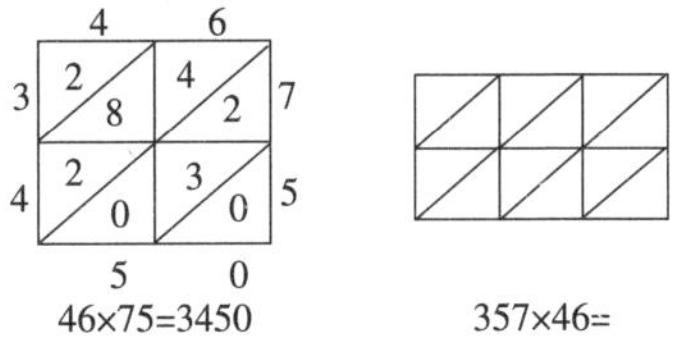


你能模仿上面的例子，算出 357×46 的积吗？

图 4.8.1

**【教学思考】**通过对知识的拓展，让学生感受多种算法的乐趣，体会“数学好玩”，激发学生学习数学的兴趣。

## 板书设计

三位数乘两位数笔算

①数位对齐　②从个位算起　③满几十就向前一位进几

135 ×12 =1620(cm)

```
   1 3 5
×    1 2
--------
   2 7 0  →135 ×2 的积 135 ×2 =270
 1 3 5    →135 ×10 的积 135 ×10 =1350
--------
 1 6 2 0  →135 ×12 的积 270 +1350 =1620
```

# 9.《单价、数量、总价》说课稿

## 说教材

单价、数量、总价是学生第一次真正学习常见的数量关系。教材首先提供两个典型的购物问题，已知每件商品的价格和购买商品的数量，求商品的总价。解决问题后思考“这两个问题有什么共同点?”，引导学生从两个问题的相关性入手，提炼出共同点：两个问题中都是知道每件商品的价格也就是单价，还知道商品的件数也就是数量，要求的都是共花的钱数也就是总价。虽然是第一次学习，但学生在二、三年级的学习中早有接触，且积累了丰富的生活经验，因此，学生对单价、数量、总价的数量关系可以说是较为熟悉的。

虽然大多数学生在生活中对单价有一些感知，但仅限于表示一个物品的价钱，对单价的本质认识还很模糊，只能在具体的情境中凭经验判断哪个是单价，哪个是总价。单价是三个量中最难理解的，也是最核心的概念，因此，我们要唤起和利用学生已有的知识经验，深化对单价的认识，从中抽象出数学问题，建构数学模型并应用模型解决问题。因此，这节课的教学目标如下：

1. 借助生活情境理解单价、数量和总价的概念以及相互之间的关系。

2. 在经历探索单价、数量和总价的概念及相互之间关系的过程中，构建“单价×数量=总价”的数学模型，并渗透事物之间相互联系的观点。

3. 运用数学语言表达数量关系，提高运用数量关系解决实际问题的能力，发展数学应用意识。

教学重点是理解单价、数量、总价之间的数量关系，构建数学模型。教学难点是理解单价的本质含义，感知单价和总价的相对性。

为了达成以上教学目标，我设计了如下教学过程。

## 说教学过程

### 一、创设情境，理解单价

秋游的日子就要到了，秋游前同学们去超市买东西。（如图4.9.1）

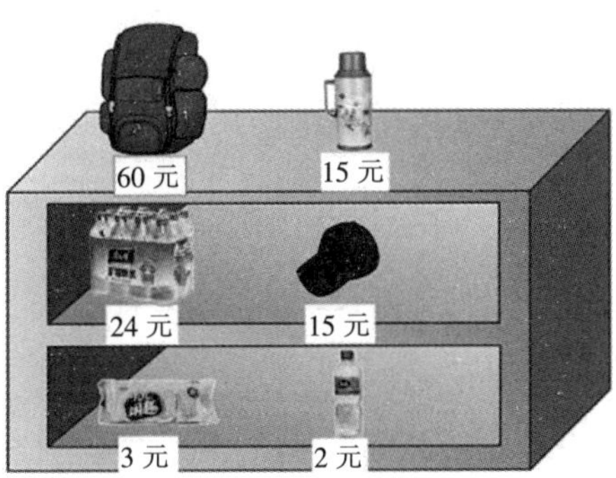


图4.9.1

1. 解读信息。

（1）仔细观察，图中的价格表示什么意思？

（2）超市里有时候是这样标价格的（如图4.9.2），你看得懂吗？

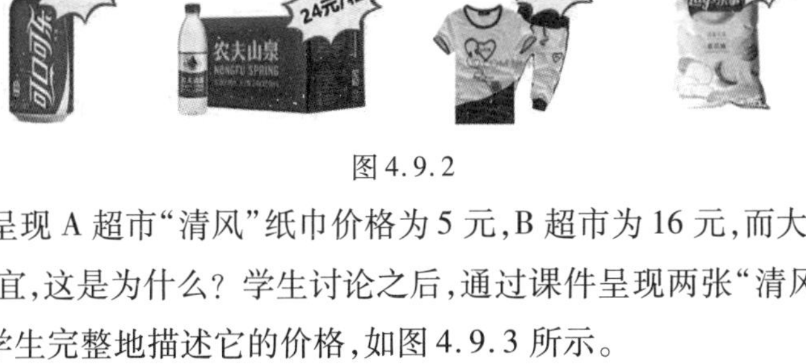


图4.9.2

（3）呈现A超市“清风”纸巾价格为5元，B超市为16元，而大家都觉得B超市便宜，这是为什么？学生讨论之后，通过课件呈现两张“清风”纸巾的图片，让学生完整地描述它的价格，如图4.9.3所示。

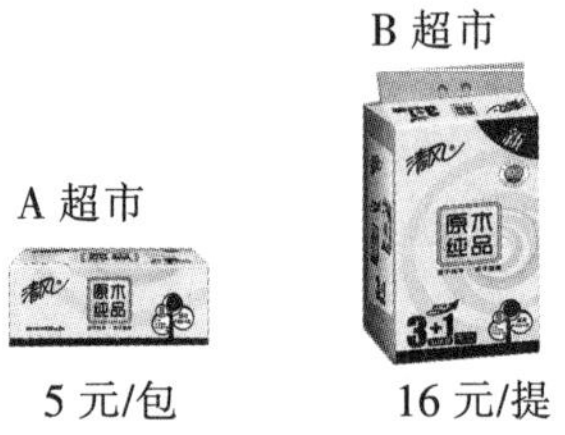


图 4.9.3

2. 初步认识单价。

提问:这些价格都不一样,但它们有什么共同的特点呢?

小结:每件商品的价钱叫单价。你还能举出生活中单价的例子吗?

**【教学思考】**单价是复合型概念,它是单价、数量、总价这三个概念中最难理解的。因此,要紧紧地“抓住”单价,联系学生的生活实际,选择学生熟悉的学习素材,调动学生已有的知识经验帮助其理解概念。

**二、自主探索,合作交流**

1. 认识单价、数量和总价的含义。

(1)理解“数量”。

每件商品的价格叫单价,如果这件商品买 3 件、5 件……这些叫什么?

小结:买了多少叫数量。

(2)理解“总价”。

根据商品的单价和购买的数量这些信息,你能算出一共需要多少钱吗?

独立列式计算并说明理由。如 $3\times2=6$(元),$99\times3=297$(元),$24\times3=72$(元),$10\times5=50$(元),等等。

用自己的语言说说总价表示什么意思。

小结:一共用了的钱数叫总价。

2. 用线段图表示。

(1)用线段图表示单价。

如果用这样的一条线段“•——•”表示一件的价钱,你觉得它可以表示哪些物品的单价?

(2)在线段图上建立三者之间的数量关系。

如果每个篮球 80 元,3 个篮球一共多少元?某品牌运动鞋标价150 元,这样的 2 双鞋子要多少元?(如图 4.9.4)

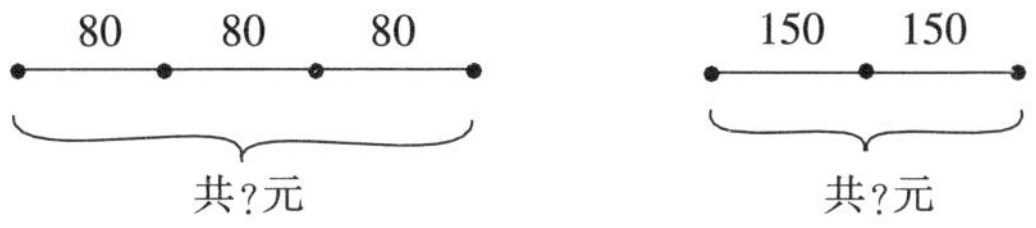


图 4.9.4

观察线段图，总结概括：①单价表示一件的价格，数量是几就有几件，总价是几个单价的和；②单价 × 数量 = 总价。

3. 比较分析。

提问：总价和单价最大的区别在哪里？

**【教学思考】**让学生在购物的过程中理解单价、数量、总价的含义，并用线段图表示单价、数量、总价三者之间的数量关系，直观形象，更容易理解。特别是当数量为 1 时，一条线段既表示物品的单价，又表示物品的总价。借助生活实际，更利于学生理解。

**三、运用模型，解决问题**

1. 解读购物单。

出示购物单，你看得懂吗？有时单价也叫售价，总价也叫金额。这里有两个地方被墨汁污染了，你知道原来是多少吗？你是怎么想出来的？（如图 4.9.5）

| 品名 | 售价 | 数量 | 金额 |
|---|---|---|---|
| 饼干 | 18 | 5 | 90 |
| 背包 | 60 | 3 | 180 |
| 可乐 | 6 |  | 42 |
| 太阳帽 | 8 | 24 | 192 |
| 登山鞋 |  | 3 | 66 |
| 矿泉水 | 2 | 10 | 20 |

6 项商品　共计 52 件

总计:590

图 4.9.5

在解决问题的过程中，学生都用到了单价 × 数量 = 总价这条数量关系式，那么单价、数量、总价这三者之间除了可以用单价 × 数量 = 总价这样表示之外，还可以怎么表示？

单价 × 数量 = 总价→ { 总价 ÷ 数量 = 单价
　　　　　　　　　　　　总价 ÷ 单价 = 数量

2. 解读购物发票。

这里有一张购物发票，你能算出买这两样物品一共要多少钱吗？先求什么？再求什么？（如表4.9.1）

**表4.9.1　收款收据**

客户：　　　　　　　　　　　　　　　　　　　　20　年　月　日

| 货号 | 名称及规格 | 单位 | 数量 | 单价 | 金额 | | | | | | | | 备注 |
|---|---|---|---|---|---|---|---|---|---|---|---|---|---|
| | | | | | 十 | 万 | 千 | 百 | 十 | 元 | 角 | 分 | |
| | 计算器 | 个 | 40 | 20 | | | | | | | | | |
| | 钢笔 | 支 | 8 | 15 | | | | | | | | | |
| | | | | | | | | | | | | | |
| | | | | | | | | | | | | | |
| | | | | | | | | | | | | | |
| | | | | | | | | | | | | | |
| 合计人民币 | 佰　拾　万　仟　佰　拾　元　角　分 | | | | ¥ | | | | | | | | |

①存根（白）　②客户（红）

会计：　　　　　　出纳：　　　　　　填票人：

沟通分步法和综合法。

（1）每一步分别表示什么意思？

（2）这样算的依据是什么？（引导学生用数量关系来解释）

**【教学思考】**这两道题是非常规性练习，采用学生比较熟悉的购物单与发票，情境更真实，更能激发学生学习的兴趣，发展其数学应用意识。

**四、练习巩固，拓展提高**

1. 填表。（单价：8 元/千克）

| | | | | |
|---|---|---|---|---|
| 质量/千克 | 3 | | 7 | |
| 总价/元 | | 40 | | 72 |

2. 根据已知条件解答问题。

2 元/个

4 元/瓶

3 元/罐

(1)强强买 6 罐饮料,付出 20 元,应找回多少元?

(2)买 4 个面包和 3 瓶牛奶,一共要多少元?

(3)买 6 罐饮料比买 4 瓶牛奶贵多少元?

3. 一套《童话故事》有 5 本,每套 40 元,买 3 套。根据这些信息,你能解决什么数学问题?

学生的回答可能是:每本多少钱或买 3 套共需多少钱?

(1)这里的 40 元分别表示什么意思?

(2)同样是 40 元,怎么有时表示单价,有时表示总价呢?

**【教学思考】**第 1、2 题为基本练习,让学生进一步理解单价、数量、总价及其数量关系;第 3 题为拓展练习,让学生在练习中深刻理解单价与总价的相对关系。

**五、回顾总结,内化提升**

这节课,你有什么收获?学生回答后,教师指出:接下来我们还要继续学习常见的数量关系,比如速度 × 时间 = 路程,工作效率 × 工作时间 = 工作总量,等等。

## 板书设计

单价、数量、总价

单价 × 数量 = 总价 $\begin{cases}\text{总价} \div \text{单价} = \text{数量} \\ \text{总价} \div \text{数量} = \text{单价}\end{cases}$

↓ ↓

(一件商品的价钱) (所有商品一共的价钱)

3 × 2 = 6(元)

24 × 3 = 72(元)

……

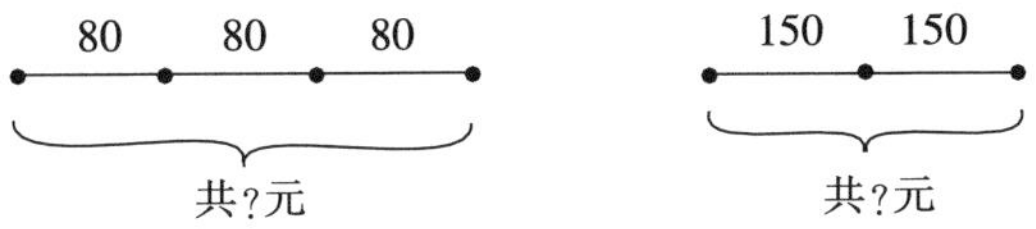

# 10.《乘法分配律》说课稿

## 说教材

乘法分配律是在乘法交换律和乘法结合律的基础上进行学习的，乘法分配律与乘法交换律、乘法结合律有很大的不同，乘法交换律和乘法结合律都只含有乘法一种运算，而乘法分配律含有乘法和加法（或减法）两种运算。因此，教学中对例题的算式分析后，需要请学生再举例子进行讨论，更重要的是要结合乘法的意义来理解表达式中两个部分的意义，并在此基础上引导学生用字母来表示运算定律，为今后正确运用运算定律进行简便计算打下扎实的基础。因此，这节课的教学目标如下：

1. 理解乘法分配律，并能正确地运用乘法分配律进行简便计算。

2. 在分析、比较、猜想、验证、抽象、概括等探究活动中，渗透数形结合思想，发展符号化意识，提高运算能力。

3. 利用乘法分配律解决简单的生活实际问题，发展应用意识。

教学重点是让学生充分感知并归纳乘法分配律。教学难点是理解乘法分配律的意义，并利用乘法分配律进行简便计算。

为了达成以上教学目标，我设计了如下教学过程。

## 说教学过程

### 一、创设情境，初步感知

1. 尝试列式。

呈现例题：一张课桌 72 元，一把椅子 28 元，学校要为新转学插班的学生购买 5 套课桌椅。一共需要多少元？

（1）学生读题，理解题意，列式解答。

（2）反馈。

方法一：$(72+28)\times5$

$=100\times5$

$=500$（元）

方法二：$72\times5+28\times5$

$=360+140$

$=500$(元)

2. 分析比较。

(1)这两种方法分别表示什么意思？

方法一：先算一套课桌椅的价钱，再算5套课桌椅的价钱。

方法二：分别算出5张课桌的价钱和5把椅子的价钱，然后把它们合起来就是5套课桌椅的价钱。

两种方法结果一样，可以用"="把这两道算式连接起来：

$$(72+28)\times5=72\times5+28\times5$$

(2)这两道算式有什么相同的地方和不同的地方？

相同点：都有72、28、5这三个数，都用到了加法和乘法。

不同点：方法一中是用72加28的和乘5，而方法二中是用72和28分别与5相乘后再相加。

**【教学思考】**通过例题得出"$(72+28)\times5=72\times5+28\times5$"这样一个等式，为接下来的深入研究做好铺垫。

**二、深入探究，得出规律**

1. 设疑。

提问：是不是所有类似的算式都有这样的规律呢？

怎么计算它的总面积？(如图4.10.1)

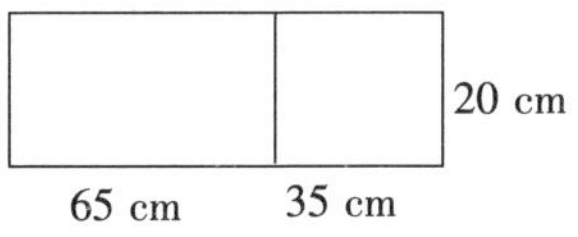


图4.10.1

根据学生反馈进行板书：$(65+35)\times20=65\times20+35\times20$。

追问：等号左、右两边的算式分别表示什么意思？

2. 猜想。

仔细观察这两道算式：

$(72+28)\times5=72\times5+28\times5$

$(65+35)\times20=65\times20+35\times20$

你能提出什么猜想?

学生猜想:两个数的和与一个数相乘等于它们分别与这个数相乘再相加。

3. 验证。

(1)举例验证。

可能举出这样的例子,如:$(26+54)\times3=26\times3+54\times3$。

这道算式没有具体的情境,需引导学生利用乘法的意义进行解释:26个3加54个3等于80个3。

(2)举反例。

你能不能举一道类似的等式但等号左、右两边结果不相等的例子呢?(不能)

4. 小结。

看来猜想是成立的,两个数的和与一个数相乘,可以先把它们与这个数分别相乘再相加。这叫做乘法分配律。

5. 用字母表示。

请学生用自己的语言从左往右和从右往左说一说,先使其感受到用语言描述的麻烦,再用字母表示。根据学生回答板书:$(a+b)\times c=a\times c+b\times c$。

**【教学思考】**通过生活实例、数形结合、乘法的意义等帮助学生理解乘法分配律的本质含义。通过猜想、举例、验证、归纳等探究活动得出乘法分配律,培养学生的推理能力,紧接着让学生用字母表示,培养学生的符号化意识。

**三、练习巩固,拓展提高**

1. 基本练习。

(1)根据乘法分配律填空。

$(51+29)\times2=51\times\square+29\times\square$

$32\times12+48\times12=(32+\square)\times\square$

$7\times26+7\times14=\square\bigcirc(\square\bigcirc\square)$

$n\times53+n\times47=\square\bigcirc(\square\bigcirc\square)$

(2)看谁算得又对又快。

$(100+1)\times56$　　$15\times11+25\times11$　　$14\times35+6\times35$

2. 变式练习。

$79 \times 99 + 79$　　　　$68 \times 101 - 68$

3. 拓展练习。

$(10 + 6 + 8) \times 15$　　　　$15 \times 116 - 15 \times 9 - 15 \times 7$

**【教学思考】**第1题是乘法分配律的基本练习，全班学生都要掌握。第2题和第3题是发展练习，主要培养学生灵活运用乘法分配律的能力。

### 四、全课总结，内化提升

1. 这节课你有什么收获？

2. 沟通新、旧知识联系。

乘法分配律在以前学习当中我们已经遇到过。比如：学校新教学楼有12间教室，每间教室要配25套双人课桌椅。一共需要购进多少套双人课桌椅？

$25 \times 12 = 25 \times 10 + 25 \times 2 = 250 + 50 = 300$（套）

$25 \times 10 = 250$（套）

$25 \times 2 = 50$（套）

$250 + 50 = 300$（套）

$$\begin{array}{r} 25 \\ \times\ 12 \\ \hline 50 \\ 25\ \ \\ \hline 300 \end{array}$$

不管是口算方法还是笔算方法，都用到了乘法分配律，都是10间教室的课桌椅套数加上2间教室的课桌椅套数等于12间教室的课桌椅套数。

**【教学思考】**回顾学习过程，进一步加深对乘法分配律的理解，沟通新、旧知识之间的内在联系，将新知纳入原有的认知结构中同化，形成新的知识网络。

## 板书设计

乘法分配律

$(72 + 28) \times 5 = 72 \times 5 + 28 \times 5$

$(65 + 35) \times 20 = 65 \times 20 + 35 \times 20$

$(26 + 54) \times 3 = 26 \times 3 + 54 \times 3$

……

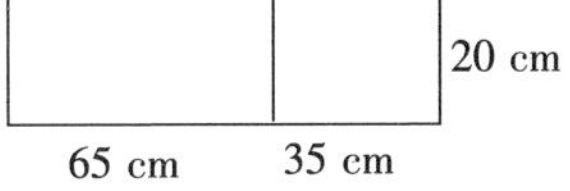


两个数的和与一个数相乘 = 这两个数分别与这个数相乘再相加

$(a + b) \times c = a \times c + b \times c$

# 11.《小数的意义》说课稿

## 说教材

小数的意义是学生系统学习小数的开始,是在小数的初步认识、分数的初步认识等知识的基础上进行学习的。它为今后学习小数四则运算打下基础。教材通过实际测量活动,体现小数产生的必要性。选择米尺作为直观教具,以长度单位为例说明小数实质上是十进分数的另一种表现形式。例题利用米与分米、米与厘米、米与毫米之间的转换,直观地帮助学生理解十分之几表示为一位小数、百分之几表示为两位小数、千分之几表示为三位小数,以此类推,理解小数的意义。接着再认识小数的计数单位以及相邻两个计数单位之间的进率。因此,这节课的教学目标如下:

1. 理解一位小数、两位小数、三位小数等小数的意义,认识小数的计数单位,知道相邻的两个计数单位之间的进率。

2. 经历小数意义的探究过程,渗透数形结合思想,发展数感,培养推理能力。

3. 了解小数的产生,体验数学与生活之间的密切联系,发展数学应用意识。

教学重点是理解小数的意义。教学难点是建立小数与十进分数之间的联系并概括小数的意义。

为了达成以上教学目标,我设计了如下教学过程。

## 说教学过程

### 一、复习引入,揭示课题

提问:3 角可以表示成几元?(如图 4.11.1)

图 4.11.1

生:0.3元。

揭示课题:0.3就是我们以前学习过的小数,这节课我们继续学习研究小数。

**【教学思考】**利用人民币元与角之间的关系,再次唤起学生已有的小数知识,为接下来学习小数的意义打下基础。

**二、探索研究,掌握新知**

**(一)理解一位小数的意义**

1. 理解0.3元的意义。

(1)动手操作:把1个正方形看成1元,用阴影涂出0.3元。(如图4.11.2)

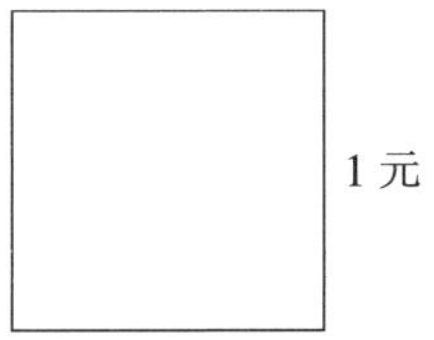


图4.11.2

(2)反馈交流。(如图4.11.3)

第一步,反馈正确的答案。

生:把正方形平均分成了10份,涂出其中的3份,也就是3角钱了。(如图4.11.3中的①和②)

追问:为什么要平均分成10份,涂出其中的3份呢?

生:因为$\frac{3}{10}$元就是0.3元。

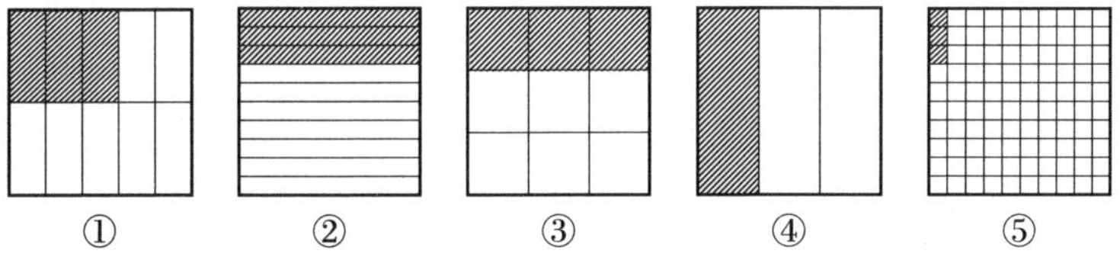


图4.11.3

第二步,反馈错误的答案。

生:图③表示的是$\frac{3}{9}$,图④表示的是$\frac{1}{3}$,图⑤表示的是$\frac{3}{100}$。

2. 理解0.3的意义。

(1)如果正方形表示1角,平均分成10份,其中的3份应该是多少?(0.3角)

(2)用正方形表示 1 kg,怎么表示出 0.3 kg?(把这个正方形平均分成 10 份,其中的 3 份就是 0.3 kg)

(3)如果正方形表示 1 $m^2$,平均分成 10 份,其中的 3 份是多少?(0.3 $m^2$)

(4)如果正方形表示 1 块饼干,平均分成 10 份,其中 3 份表示多少?(0.3 块饼干)

(5)如果正方形表示 1 块草地,平均分成 10 份,涂色部分表示多少?(0.3 块草地)(如图 4.11.4)

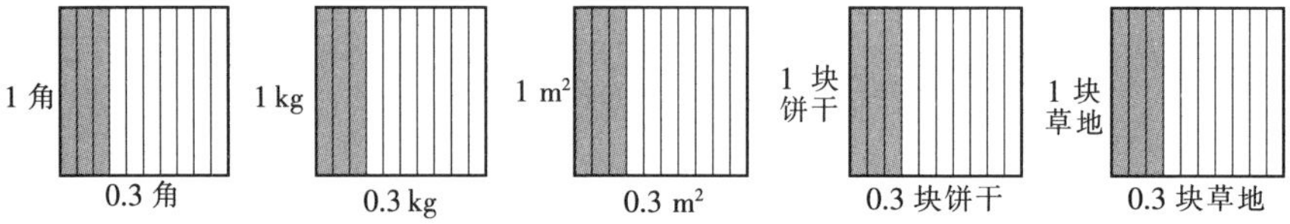


图 4.11.4

思考 1:这个正方形虽然表示的物体不同,但都能表示出 0.3,这是为什么呢?

生:因为都把正方形平均分成了 10 份,涂出了其中的 3 份。

思考 2:如果把单位去掉,每个正方形表示什么?阴影部分呢?

生:1 个正方形用“1”表示,涂色部分用“0.3”表示,因为把正方形平均分成了 10 份,每份是 0.1,3 份就是 3 个 0.1,也就是 0.3。

3. 理解其他一位小数的意义。

追问:空白部分呢?

生:0.7,因为把正方形平均分成了 10 份,每份是 0.1,7 份就是 7 个 0.1,也就是 0.7。

提问:涂出 5 份呢?(0.5)

涂出 9 份呢?(0.9)

再涂 1 份呢?(1)

小结:一位小数表示十分之几。

**【教学思考】**在小数的初步认识阶段,学生已经初步了解了一位小数。在小数的意义教学中,以 0.3 为例,先分别添上不同的单位,理解不同单位的 0.3 表示的意义,再去掉单位,理解 0.3 就是十分之三的本质意义。

**(二)理解两位小数的意义**

1. 动手操作。

操作要求:选择一个合适的材料表示出小数0.03。(如图4.11.5)

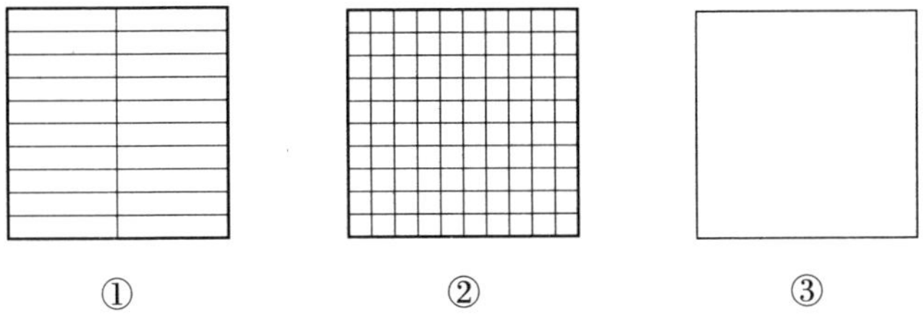


图4.11.5

2. 反馈。

(1)你选择了以上材料中的哪个？怎么涂的？为什么？

在反馈比较中,让学生理解0.03表示百分之三,而不是表示二十分之三。

(2)空白部分可以用什么小数表示？为什么？

(3)你还会表示其他的小数吗？请动手涂一涂。

小结:一位小数表示十分之几,两位小数表示百分之几。

**【教学思考】**两位小数的探究,非常开放,可让学生自主选择材料进行研究。在涂色表示的过程中,通过比较分析,使其深刻理解两位小数的意义。

**(三)总结小数的意义**

1. 理解三位小数的意义。

提问:猜想一下,三位小数表示什么意思？

思考:0.001 = (　　)　　　　0.235 = (　　)

(　　) = $\frac{45}{1000}$　　　　0.999 = (　　)

2. 小结。

像这些分母是十、百、千的分数,就叫十进分数,都可以用小数表示。

**【教学思考】**学生理解了一位小数、两位小数的意义,在此基础上采用类比推理的方法,引导学生得出三位小数的意义,最后再进行小数意义的归纳总结。

**(四)认识进率**

课件演示:把一个正方形看作1,$\frac{1}{10}$就是0.1,$\frac{1}{100}$就是0.01,$\frac{1}{1000}$就是0.001。0.1、0.01、0.001这样的小数就是小数的计数单位。观察一下,每

相邻两个计数单位之间是什么关系？(如图 4.11.6)

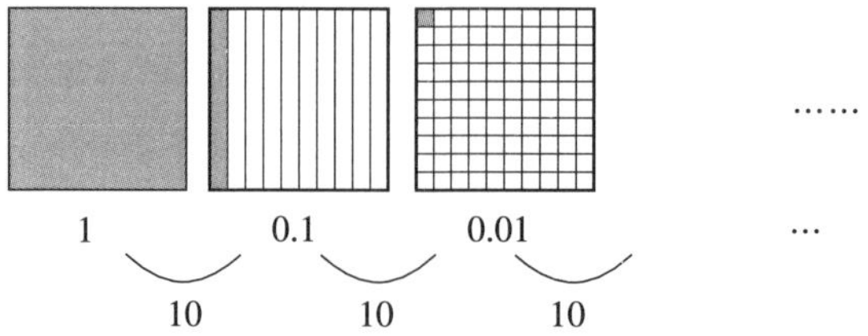


图 4.11.6

学生观察发现:1 里面有 10 个 0.1,0.1 里面有 10 个 0.01,0.01 里面有 10 个 0.001;也可以说 10 个 0.001 就是 0.01,10 个 0.01 就是 0.1,10 个 0.1 就是 1;或者说每相邻两个计数单位之间的进率是 10。

课件呈现,以前学过整数的计数单位,把这些计数单位都放在一起就更清楚了,每相邻两个计数单位之间的进率都是 10。(如图 4.11.7)

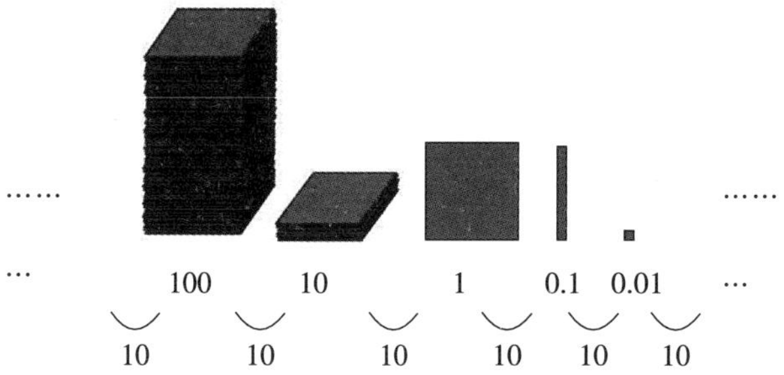


图 4.11.7

**【教学思考】**将小数的计数单位与整数的计数单位放在一起,将新知纳入原有的认知结构中同化,完善学生的认知结构。

**三、练习巩固,拓展提高**

1. 把下面各图中的涂色部分分别用分数和小数表示。(如图 4.11.8)

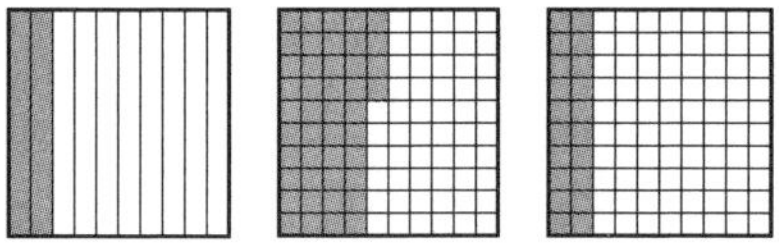

图 4.11.8

比较 0.2 和 0.20,有什么相同点与不同点?

2. 请在数轴上标出相应的数。(如图 4.11.9)

图4.11.9

(1)标出0.1、0.7、0.01、0.04。

(2)找比1大的小数,比如1.4,怎么找?怎样表示出1.44呢?

(3)1.4和1.5之间有几个两位小数?还有其他小数吗?(如图4.11.10)

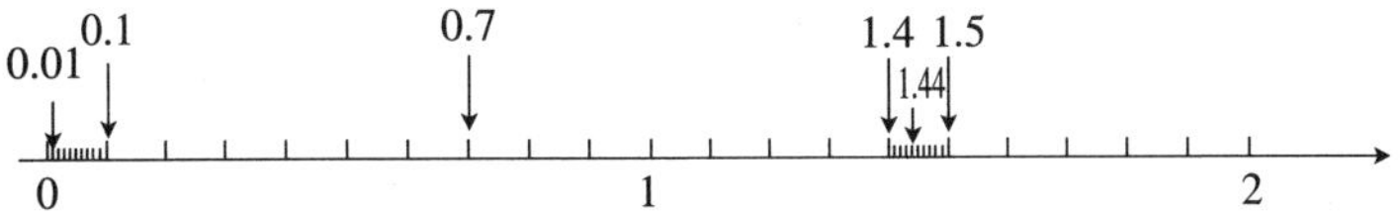


图4.11.10

**【教学思考】**第1题,让学生在比较中进一步理解小数的意义;第2题,让学生把小数与以前学习的整数建立联系,并与数轴上的点建立一一对应关系,从而完善其认知结构。

**四、总结内化,课外探究**

1.总结内化。

今天学习了小数的意义,你有什么收获?

2.课外探究。

你还想学习小数的哪些知识?有兴趣的同学,课外继续研究。

## 板书设计

小数的意义

$\frac{3}{10}=0.3$　　$\frac{3}{100}=0.03$　　$\frac{1}{1000}=0.001$

$\frac{7}{10}=0.7$　　$\frac{23}{100}=0.23$　　$\frac{235}{1000}=0.235$

分母是10、100、1000……的分数可以用小数来表示。

1里面有10个0.1

0.1里面有10个0.01

0.01里面有10个0.001

每相邻的两个计数单位之间的进率都是10。

# 12.《小数加减法》说课稿

## 说教材

小数加减法是在学生掌握了整数加减法,一位小数加减法,小数的意义和性质等知识的基础上学习的。这部分内容是学生今后学习小数乘除法、小数四则混合运算等知识的重要基础。教材以学生买书为背景,以图文结合的形式给出了小丽所买的两本书的价格并提出了用加法与减法解决的数学问题,把探讨小数加法的算法作为重点,让学生在理解并掌握小数加法的基础上,独立解决小数减法的算法问题。理解小数点对齐是由于单位相同的数才能相加减的缘故,小数点对齐的本质就是相同数位对齐。把小数加减法融入学生已有的整数加减法的经验中,让学生对知识融会贯通。把解决问题的过程与小数加减法计算结合起来,更能让学生体会到学习计算的必要性及小数加减计算与生活之间的密切联系。因此,本节课的教学目标如下:

1. 在具体情境中引导学生自主探索小数加减法的计算方法,理解算理,并能正确地进行计算。

2. 经历算法和算理的探究过程,发展数感,提高运算能力。

3. 运用小数加减法知识解决简单的生活实际问题,感受数学与生活之间的联系,发展数学应用意识。

教学重点是掌握小数加减法的计算方法,并能正确地进行计算。教学难点是理解小数加减法的算理。

为了达成以上教学目标,我设计了如下教学过程。

## 说教学过程

### 一、呈现信息,揭示课题

1. 呈现信息。

前几天,老师去超市买了一些水果,请看表 4.12.1。

表4.12.1 西瓜、苹果价格表

| 时间 | 西瓜/元 | 苹果/元 |
|---|---|---|
| 星期六 | 11.2 | 8 |
| 星期日 | 13.26 | 6.24 |

2. 解决问题。

(1)观察上表,提出用一步计算的数学问题,然后列式。

(2)学生提问,并列式:11.2+8,13.26+6.24,13.26+11.2,8-6.24,13.26-6.24,13.26-11.2。

(3)观察:这些算式有什么共同特点?

3. 揭示课题。

这节课我们一起来学习小数加减法。

**【教学思考】**两位小数的加减法是建立在一位小数加减法的基础上进行学习的。教学一位小数加减法时,须引导学生注意小数点对齐。但是在教学两位小数加减两位小数时,还需要强调小数点对齐吗?显然不需要。因此,在选取研究素材时,就要考虑让一位小数、两位小数以及整数参与,只有两个小数的小数部分的位数不同,才会产生相同数位没有对齐的现象,促使学生在比较分析中理解算理。

**二、解决问题,掌握新知**

**(一)研究小数的加法**

1. 尝试计算:11.2+8。

提问:用竖式计算11.2+8,你们会吗?(学生计算)

这一环节解决3个问题。

第1个问题:11.2+8怎样列竖式?如下所示,在比较讨论中,学生选择了右边的竖式。

```
  1 1. 2          1 1. 2
+       8        +   8
---------        ---------
```

追问:为什么8要写在个位1的下面?

生:小数加法也要相同数位对齐,因此,8要与第一个加数的个位对齐。

第2个问题:计算时从哪边开始?十分位上的2加几呢?(生:从十分位开始,加0)

追问:十分位上的0是怎么回事?

生:整数8改写成一位小数就是8.0。

第3个问题:为了减少错误,计算时要注意什么?

归纳得出:当小数的位数不同时可以用0补足,但在整数后面补0时要先点上小数点,再补0。

$$\begin{array}{r} 11.2 \\ +\ \ 8.0 \\ \hline \end{array}$$

【教学思考】一位小数加整数,容易出现整数与小数的十分位对齐的错误。因此,设计了3个关键问题,引导学生正确计算,理解算理,同时引导学生利用小数的性质将小数的位数不同转化成位数相同。

2.尝试计算:13.26+11.2,13.26+6.24。

反馈时紧抓重点提问。

提问1:怎么确保计算13.26+11.2时,相同数位对齐?

① $\begin{array}{r} 13.26 \\ +\ 11.\ \ 2 \\ \hline \end{array}$　② $\begin{array}{r} 13.26 \\ +\ \ 11.2 \\ \hline \end{array}$　③ $\begin{array}{r} 13.26 \\ +\ 11.20 \\ \hline \end{array}$

在讨论交流中发现,小数点对齐不等于相同数位对齐(如上面的竖式①和②),第二个加数11.2的十分位上的“2”,要与第一个加数的十分位上的“2”对齐。如果把11.2看作11.20,两个加数的小数位数相同,则计算不容易出错(如上面的竖式③)。

提问2:13.26+6.24的得数末尾的“0”可以去掉吗?为什么?

**【教学思考】**计算13.26+11.2时,学生可能会将11.2的十分位上的“2”写在13.26的百分位上的“6”下面,也可能写在其小数部分“26”的下方,算出错误的答案24.28。因此,这两题中计算13.26+11.2更容易出错,需再次引导学生利用小数的性质等知识将其转化成两位小数加两位小数来计算。

**(二)研究小数的减法**

列竖式计算:8-6.24,13.26-6.24,13.26-11.2。

展示学生的学习成果(板演),引导学生思考以下3个问题。

问1:8-6.24的相同数位对齐了吗?

引导学生将它看成8.00-6.24,变成两位小数减两位小数。

问2:13.26-6.24得数的十分位上的“0”为什么不去掉?

根据小数的性质,只能去掉小数末尾的“0”。

问3:13.26-11.2每一个数位分别是怎么相减的?

引导学生将它看成13.26-11.20,变成两位小数减两位小数。

**【教学思考】**小数减法的计算方法与小数加法的计算方法相同,可以放手让学生研究,教学时也要引导学生注意小数点对齐,即相同数位对齐。

**(三)概括方法**

提问:小数加减法的计算方法是什么?

小结:小数加减法,相同数位要对齐,从低位算起。要确保相同数位对齐,先要小数点对齐。

板书:相同数位对齐(小数点对齐)。

**(四)沟通联系**

设疑:为什么要相同数位对齐呢?从一、二年级学习整数加减法,我们就一直在强调相同数位对齐,这其中的道理究竟是什么?

呈现:

500+100=600　　5个百加1个百等于6个百

50+10=60　　5个十加1个十等于6个十

0.5+0.1=0.6　　5个0.1加1个0.1等于6个0.1

0.05+0.01=0.06　　5个0.01加1个0.01等于6个0.01

引导学生观察、比较,发现:它们之间有什么共同特点?

学生发现:这几道题都在算5+1=6。

追问:5个什么和1个什么相加呢?通过讨论,归纳得到:5个单位加1个相同的单位等于6个这样的单位。

接着呈现算式:5个□+1个□=6个□。

□还可以填什么呢?学生发现:只要□里填入相同的单位,算式都是成立的。如果填个、十、百、千就是整数加法,如果填0.1、0.01、0.001就成了小数加法。但是它们的计算方法都是相同的。

追问:0.5 +0.01 =0.6 吗?为什么?

学生得出:0.5 表示 5 个 0.1,0.01 表示 1 个 0.01,它们的单位不同,不能直接相加。因此,0.5 十分位上的"5"要与 0.01 十分位上的"0"相加。

**【教学思考】**在学生掌握了小数加减法的计算方法、初步理解了小数加减法的算理之后,引导学生将小数加减法与整数加减法进行比较沟通,发现它们都是相同数位上的数相加减,进一步理解小数加减法的算理。同时,将新知纳入原来的认知结构中同化,从而完善了学生的认知结构。

**三、练习巩固,解决问题**

1. 口算题。

0.15 +0.23 =　　1.5 +0.23 =　　8.2 -2 =　　8.2 -0.2 =

0.38 +0.2 =　　0.38 +0.02 =　　0.6 +4 =　　0.6 +0.4 =

2. 列竖式计算。

2.18 +0.52　　5.75 +1.11　　7.4 -6.25　　5 -0.41

师:上面有 4 道题,你认为哪几道题容易出错,为什么?(7.4 -6.25 和5 -0.41)

让学生先把容易出错的题目完成,再反馈。

3. 解决问题。

《十万个为什么》单价 12.5 元,《中华上下五千年》单价 23.2 元,《唐诗三百首》单价 7.5 元,《儿童文学》单价 6.8 元。

请提出两步计算的问题,并列式解决。

4. 选做:在方框里填上合适的数。

$$\begin{array}{r} 7.\square \\ +\ \square.2 \\ \hline 10.3 \end{array} \qquad \begin{array}{r} 3.\square \\ -\ \square.5 \\ \hline 1.9 \end{array} \qquad \begin{array}{r} 15.3\square \\ -\ \square.7\ \ \\ \hline 5.\square 1 \end{array}$$

**【教学思考】**设计练习由浅入深。由易到难,第 1、2 题特别设计了学生计算中容易出错的题目。如学生常见的错误有 0.38 +0.2 =0.4,8.2 -2 =8,7.4 -6.25 =1.25,等等。教学时,尽量呈现学生的错误答案,引导学生在析错中进一步理解小数加减法的算法与算理。通过练习第 3 题,让学生运用所学的知识解决问题,发展数学应用意识,感受小数加减法与生活之间的密切联系。

**四、回顾整理，课外探索**

1. 回顾整理。

想一想，这节课有哪些收获？

2. 课外探索。

调查一下你家上季度各个月支付的电费和水费，填入下表。

表 4.12.2　××家上季度各个月支付的水、电费统计表

| 金额＼月份<br>项目 | 1 月份 | 2 月份 | 3 月份 | 合计/元 |
|---|---|---|---|---|
| 水费/元 | | | | |
| 电费/元 | | | | |
| 合计/元 | | | | |

**板书设计**

小数加减法

$$\begin{array}{r} 11.2 \\ +\ \ 8.0 \\ \hline 19.2 \end{array} \qquad \begin{array}{r} 13.26 \\ +\ 11.20 \\ \hline 24.46 \end{array} \qquad \begin{array}{r} 8.00 \\ -\ 6.24 \\ \hline 1.76 \end{array}$$

小数点对齐（相同数位对齐），按整数加减法计算。

# 13.《除数是整数的小数除法》说课稿

**说教材**

除数是整数的小数除法是教学小数除法的起始课。它是在整数除法以及小数的意义和性质等基础上学习的，为接下来学习除数是小数的除法等知识奠定基础。教材安排了两个例题，例 1 是小数除以整数，教材编排旨在引导学生根据除法的意义引出算式。计算时学生通常有两种方法：一种是将千米数转化为米数，把小数除以整数的除法转化成整数除法；另一种是根据小数意义，理解用竖式计算的算理。后者是本节课学习的重点，其核心是

帮助学生理解为什么商的小数点要和被除数的小数点对齐。例 2 是整数除以整数且有余数,需要根据小数的意义和性质在余数的末尾添上 0 继续除。除数是整数的小数除法与整数除法比较,除的顺序、商的书写位置、试商的方法等都相同,只不过多了商的小数点的处理。因此,本节课的教学目标如下:

1. 理解除数是整数的小数除法的算理,掌握除数是整数的小数除法的计算方法,并能正确地进行计算。

2. 经历除数是整数的小数除法的计算方法与算理的探究过程,渗透转化的数学思想,发展数感,提高运算能力。

3. 运用所学知识解决简单的实际问题,发展数学应用意识。

教学重点是掌握除数是整数的小数除法的计算方法,并能正确进行计算。除数是整数的小数除法是学生系统学习小数除法的第一节课,与整数除法有所不同,因此,教学难点是理解除数是整数的小数除法的算理。

为了达成以上教学目标,我设计了如下教学过程。

## 说教学过程

### 一、复习引入,初步探索

1. 列竖式计算 $24 \div 4$ 和 $21 \div 5$。

学生计算得到:

$24 \div 4 = 6$　　　　　$21 \div 5 = 4 \cdots\cdots 1$

$$\begin{array}{r} 6 \\ 4\overline{)24} \\ \underline{24} \\ 0 \end{array} \qquad \begin{array}{r} 4 \\ 5\overline{)21} \\ \underline{20} \\ \boxed{1}\ ? \end{array}$$

2. 提出疑问。

21 除以 5 得到商 4 余 1,这是我们三年级就会的。但是我们已经学习了小数的意义和性质,能否想想办法,该怎样继续往下除呢?

3. 学生汇报。

学生研究后汇报,一般会采用以下几种方法:

第一种方法:把余数 1 看作 1 元,也就是 10 角,平均分成 5 份,每份就是 2 角,也就是 0.2 元。

第二种方法：把余数 1 看作 1 m，也就是 10 dm，平均截成 5 段，每段长 2 dm，也就是 0.2 m。

第三种方法：把余数 1 看成 10 个 0.1，平均分成 5 份，每份有 2 个 0.1，也就是 0.2。

4. 结合计数器理解。（如图 4.13.1）

问 1：十位上的 2 颗珠子能平均分成 5 份吗？

得出：将十位上的 2 颗珠子移到个位上，即把 2 个十转变成 20 个一。把 21 个一平均分成 5 份，每份分得 4 个一，还余 1 个一。

问 2：余下的 1 个一还能继续分吗？

得出：再把 1 个一转化成 10 个十分之一，再把 10 个十分之一进行平均分。

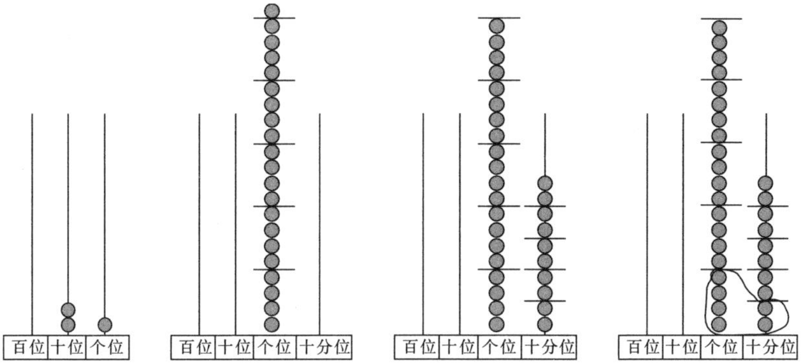


图 4.13.1

5. 完善竖式计算。（如图 4.13.2）

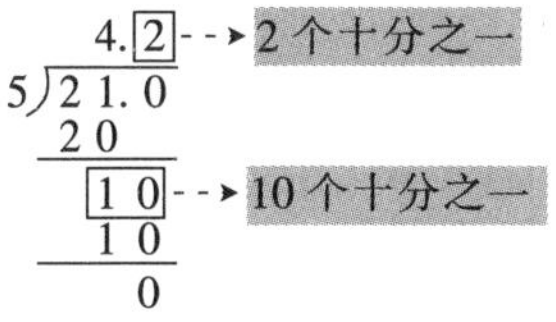


图 4.13.2

学生有了以上的经历，会在余数 1 后面添上 0，变为 10 后，再除以 5，但是可能出现错误：商没有点小数点，变成了 42。

验算：如果是 42，那 42 乘 5 就等于 200 多了；这个 2 表示的是 0.2，所以要点上小数点。

算理：结合竖式帮助理解，10 表示 10 个十分之一，2 表示 2 个十分之一，因此，在商 4 与 2 之间还要点上小数点。

6. 比较。

有什么相同与不同的地方?

$$
\begin{array}{r}
6 \\
4\big)\overline{24} \\
\underline{24} \\
0
\end{array}
\qquad\qquad
\begin{array}{r}
4.2 \\
5\big)\overline{21.0} \\
\underline{20\phantom{.0}} \\
10 \\
\underline{10} \\
0
\end{array}
$$

在比较中发现,遇到有余数的除法,我们还可以利用小数的意义和性质在余数的末尾添上0,再继续除。

7. 小结。

在以前的学习中,我们知道整数除法有些恰好能整除,没有余数,有些不能整除,有余数。但是学习了小数的意义和性质之后,我们知道可以把余数的计数单位变小,让它的数量变多,然后继续除下去。

**【教学思考】**当学会了小数的意义和性质等知识,学生就能够很好地处理有余数除法中的余数问题。因此,先学习除数是整数的小数除法,更符合学生的认知特点。

**二、继续探究,掌握新知**

1. 例题教学。

呈现例题:王鹏坚持晨练,计划4周跑步22.4 km,他平均每周应跑多少千米?

(1)读题并理解题意。

(2)列式并说明理由。

列式:22.4 ÷4,理由:王鹏跑的总千米数除以周数,等于每周应跑的千米数。

(3)学生尝试计算,呈现算法。

第一种算法:22.4 km =22400 m,22400 m ÷4 =5600 m,5600 m =5.6 km。

第二种算法:根据商的变化规律可知224 ÷4 =56,22.4 ÷4 =5.6。

第三种算法:列竖式计算。(呈现两种不同的情况,请学生给予评价)

① 
$$
\begin{array}{r}
5.6 \\
4\big)\overline{22.4} \\
\underline{20\phantom{.4}} \\
2.4 \\
\underline{2.4} \\
0
\end{array}
$$

② 
$$
\begin{array}{r}
5.6 \\
4\big)\overline{22.4} \\
\underline{20\phantom{.4}} \\
2\ 4 \\
\underline{2\ 4} \\
0
\end{array}
$$

交流评价:第一,两种计算方法的得数都是正确的;第二,方法①计算过程中的小数点可以去掉，因为个位上的余数2与十分位上的4合起来表示24个十分之一。

接着，再把这道除法算式放到数位顺序表中，让学生看一看。学生就会发现24个十分之一除以4等于6个十分之一。所以，计算过程中不用点上小数点，但是商的小数点必须点上。（如图4.13.3）

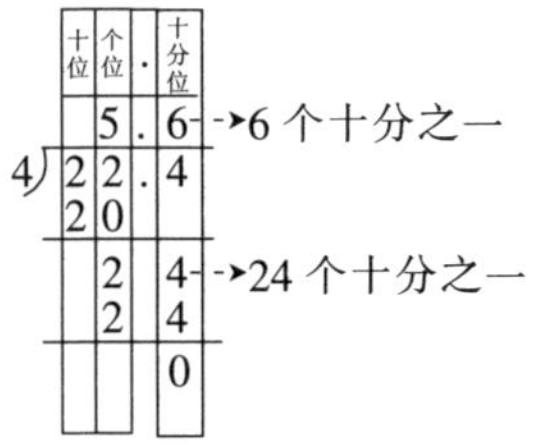


图4.13.3

**【教学思考】**运用小数的意义和性质等知识可以帮助学生理解算理，但略显抽象，如果把算式放入数位顺序表中，则会显得更直观、更清楚。

2. 尝试计算。

(1)9.6÷4(略)　　　　(2)28÷16(教材上的例2)

学生能正确计算9.6÷4，但在计算28÷16时会出现两种情况，在教学中要引导学生在比较分析中明确方法②的做法才是正确的。

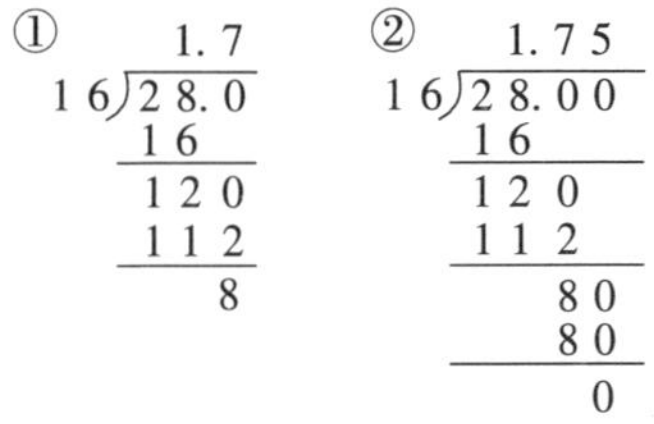


**【教学思考】**这两道题为模仿练习，意在让学生进一步掌握除数是整数的小数除法的算法。尤其是第(2)题，在余数12末尾添0继续除后，又出现余数8，则需再添0继续除。最后引导学生根据小数的性质解释原因。

我们还可以引导学生，将28÷16与21÷5进行比较，进一步理解算理，掌握算法。

3. 比较与小结。

初步归纳除数是整数的小数除法的计算方法。在小结的过程中，我们要特别强调先按整数除法进行计算，当有余数时，添0继续除。强化转化的数学思想。

【教学思考】把教材上的例1与例2调换顺序进行教学，找准学生认知的停靠点，这样更有利于学生调用已有的知识经验解决余数问题，从而使其不知不觉地进入小数除法的学习。计数器与数位顺序表的巧妙利用，更有利于学生理解抽象的算理。

**三、巩固练习**

1. 算一算，比一比。

| | | |
|---|---|---|
| $42\div3$ | $84\div4$ | $91\div14$ |
| $4.2\div3$ | $8.4\div4$ | $910\div14$ |

【教学思考】此题为基本练习，进一步巩固除数是整数的小数除法算法，帮助学生在比较中进一步理解除数是整数的小数除法的算理。

2. 下列计算正确吗？为什么？

```
①      1 6          ②      7.2
  15)2 4              4)2 9.0
     1 5                2 8
       9 0                1 0
       9 0                  8
         0                  2
```

【教学思考】竖式①中忘记了商的小数点；竖式②中余数末尾添0除后仍不为0，还可以再添0继续除。这些是刚开始学习小数除法最容易出错的地方。

3. 解决问题。

五(1)班有班费24.2元，同学们卖废品又得到16.4元。用这些钱正好可以给小书架买7本《少年科技》，也正好可以买14根跳绳。

(1)一本《少年科技》多少钱？一根跳绳多少钱？

(2)你还能提出其他数学问题并解答吗？

【教学思考】运用所学的知识，解决简单的实际问题，发展数学应用意识。

**四、总结内化，巧作渗透**

1. 总结内化。

这节课我们学习了什么？有什么收获？

2. 巧作渗透。

今天我们学习了除数是整数的小数除法，被除数都比除数大。如果被除数比除数小,那又该怎么办呢？今后我们还要继续研究,有兴趣的同学可以自己先去探究。

**【教学思考】**学习就是这样一个不停地发现问题—解决问题—再发现问题的过程。小疑则小进,大疑则大进。只有不断地激发学生思考,才能使学生获得更大的进步。

总之,在教学过程中,我充分调用学生已有的知识与经验,找准学生的认知停靠点,充分展开学生的思维,巧妙地将除数是整数的小数除法转化成整数除法,并巧妙利用计数器与数位顺序表帮助学生理解算理,掌握算法。突出教学重点,突破教学难点。

### 板书设计

除数是整数的小数除法

$24\div4=6$　　$21\div5=4.2$　　$22.4\div4=5.6$

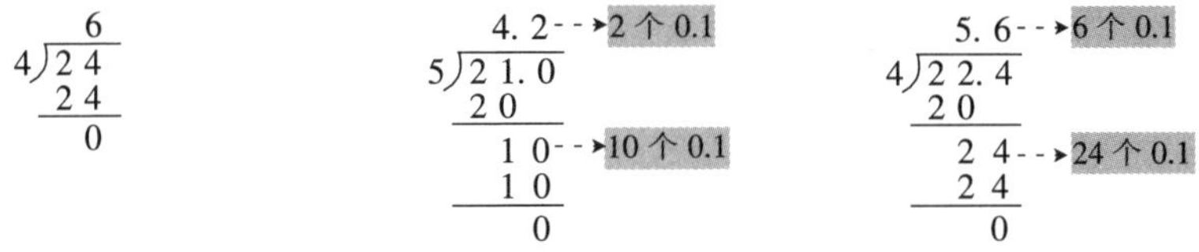


方法:1. 把除数是整数的小数除法转化成整数除法。

2. 注意商的小数点的处理。

3. 在余数的末尾添0继续除。

## 14.《一个数除以小数》说课稿

### 说教材

一个数除以小数是在除数是整数的小数除法、商不变性质、小数点移动引起小数大小的变化以及单位换算等知识的基础上学习的。它为接下来学习求商的近似数、循环小数、用小数除法解决问题等知识奠定基础。教材创设了编织中国结的情境,引导学生计算两位小数除以两位小数。学生既可以利用单位的换算也可以利用商不变性质进行转化，两者的意图都是将除数是小数的除法转化成除数是整数的小数除法，即将新知转化成旧知。但在学习的过程中，往往会遇到两个问题，一是先将被除数、除数都转化成整数，再列竖式计算；二是不知道是根据被除数的小数位数还是除数的小数位数进行转化。因此，这节课的教学目标如下：

1. 理解一个数除以小数的算理，掌握算法，并能正确地进行计算。

2. 经历一个数除以小数的算法与算理的探究过程，渗透转化的数学思想，发展数感，提高运算能力。

3. 利用所学的知识解决简单的实际问题，发展数学应用意识。

教学重点是掌握一个数除以小数的计算方法，并能正确地计算。由于一个数除以小数需要先利用单位换算或商不变性质将其转化成除数是整数的小数除法，因此，教学难点是理解一个数除以小数的算理。

为了达成以上教学目标，我设计了如下教学过程。

## 说教学过程

### 一、复习旧知，引入新课

1. 计算。

1.5 ÷ 3　　　　2.4 ÷ 4　　　　3.6 ÷ 3　　　　4.8 ÷ 6

计算后说一说除数是整数的小数除法的计算方法。

2. 设疑。

0.8 ÷ 0.2 等于几？

学生的计算结果一般有两种情况，一种是 0.8 ÷ 0.2 = 0.4，另一种是 0.8 ÷ 0.2 = 4。

3. 比较。

这道算式与前几题相比，有什么不同？

4. 揭示课题。

**【教学思考】**一个数除以小数是在除数是整数的小数除法的基础上学习的，因此，复习旧知，可为新知的学习找到认知停靠点。

### 二、探索研究，掌握新知

（一）教学一位小数除以一位小数

1. 提出问题。

$0.8\div0.2$ 是等于0.4还是4？请说明理由。

2. 讨论汇报。

讨论交流后汇报，大致有以下几种理由：

生1：$0.8\div2=0.4$，所以0.8除以0.2肯定不等于0.4。

生2：0.8元等于8角，0.2元等于2角，8角是2角的4倍，所以0.8除以0.2等于4。

生3：0.8 m等于8 dm，0.2 m等于2 dm，8 dm是2 dm的4倍，所以0.8除以0.2等于4。

生4：0.8里面有4个0.2，所以0.8除以0.2等于4。

生5：0.8是8个0.1，0.2是2个0.1，8个0.1是2个0.1的4倍，所以0.8除以0.2等于4。

生6：0.2乘4等于0.8，所以0.8除以0.2等于4。

生7：根据商不变性质，可以把被除数与除数同时乘10，它们的商不变，所以 $0.8\div0.2=8\div2=4$。

**【教学思考】**根据商不变性质，$0.8\div0.2$ 可转化成 $8\div2$。但在实际的学习过程中，学生往往不转化而得出错误答案0.4。因此，围绕答案究竟是0.4还是4，让学生展开充分地探究，从不同的角度为正确答案寻找依据。

3. 算法迁移。

根据 $0.8\div0.2=4$ 这道算式，你还想到（　　）÷（　　）=4？

生1：$0.008\div0.002=4$。

生2：$0.0008\div0.0002=4$。

生3：$0.00008\div0.00002=4$。

生4：$0.\underbrace{000\cdots}_{2018个0}08\div0.\underbrace{000\cdots}_{2018个0}02=4$。

**【教学思考】**运用“夸张”的方法，让学生充分利用商不变性质展开思维，巧妙地将除数是2019位小数的除法转化成除数是整数的除法，加深学生对一个数除以小数算理的理解。

4. 沟通竖式。

$0.8\div0.2$，怎样列竖式计算呢？

列竖式时出现两种情况：一种是直接写 $8\div2$，另一种是体现转化过程。经过充分讨论，得到方法②。

① $$\begin{array}{r} 4 \\ 2\overline{)8} \\ 8 \\ \hline 0 \end{array}$$ ② $$\begin{array}{r} 4 \\ \cancel{0.}2\overline{)\cancel{0.}8} \\ 8 \\ \hline 0 \end{array}$$

**【教学思考】**在学生充分理解算理的基础上，引导学生列竖式计算，并对两种情况进行比较，选择体现转化过程的算法，让学生加深印象。

**（二）教学两位小数除以两位小数**

呈现例题：奶奶编“中国结”，编一个要用0.85 m丝绳，则7.65 m丝绳可以编几个“中国结”？

1. 理解题意。

2. 列式计算。

3. 理解算理。

重点讲清：怎样把除数转化成整数进行计算？（被除数与除数同时乘100）

**（三）尝试练习**

62.4 ÷ 2.6　　　　2.38 ÷ 0.34　　　　0.544 ÷ 0.16

**【教学思考】**进一步巩固一个数除以小数的计算方法，其中0.544 ÷ 0.16会出现三种情况：544 ÷ 16，544 ÷ 160，54.4 ÷ 16。第一种是错误的，学生未考虑被除数、除数的小数位数，直接把它们转化成整数进行计算；第二种是把被除数与除数都乘1000，转化成整数除法，但是不够简便。教学时，要引导学生进行分析比较，发现只要按除数的小数位数进行转化即可。

**（四）归纳小结**

一个数除以小数的计算方法有几步？

一“看”：看清除数有几位小数。二“移”：把除数和被除数的小数点同时向右移动相同的位数，使除数变成整数。三“算”：按照除数是整数的小数除法的方法计算。

**【教学思考】**教材只提供7.65 ÷ 0.85这一道例题让学生探究一个数除以小数的算理与算法，略显不够。因此，我设计了三个层次的习题让学生探究，分别是一位小数除以一位小数，两位小数除以两位小数，三位小数除以两位小数。探究由易到难、层层深入，让学生深刻理解算理，掌握算法。

**三、巩固练习，挑战提升**

1. 列式练习。

根据306 ÷ 85 = 3.6，直接写出得数等于3.6的算式。

(　　)÷(　　)=3.6

2. 解决问题。

假日里，王老师带一组同学去森林公园。门票为每人4.5元。老师一共花了58.5元买门票，还要准备32.5元买回去的车票。

请提出数学问题并解答。

3. 挑战题。

(1) $0.\underbrace{000\cdots}_{2019个0}06 \div 0.\underbrace{000\cdots}_{2019个0}03$（被除数与除数的小数部分各有2019个0）

(2) $0.\underbrace{000\cdots}_{2019个0}028 \div 0.\underbrace{000\cdots}_{2019个0}07$（被除数与除数的小数部分各有2019个0）

**【教学思考】**练习设计突出利用商不变性质将一个数除以小数转化成除数是整数的小数除法。挑战题的第(2)题被除数与除数的小数位数不同，学生最容易出错，因此，要引导学生进行分析比较，加深理解。

**四、全课总结，分享收获**

通过这节课的学习，你有哪些收获？

**【教学思考】**在总结内化的活动过程中，着重突出将一个数除以小数转化成除数是整数的小数除法，再次渗透转化的数学思想。

## 板书设计

一个数除以小数

$0.08 \div 0.02 = 4$

$0.008 \div 0.002 = 4$

$0.0008 \div 0.0002 = 4$

$0.\underbrace{000\cdots}_{2018个0}08 \div 0.\underbrace{000\cdots}_{2018个0}02 = 4$

$0.544 \div 0.16 = 3.4$

$$\begin{array}{r} 3.4 \\ 0.16\overline{)0.54.4} \\ \underline{48\phantom{.}} \\ 64 \\ \underline{64} \\ 0 \end{array}$$

$0.8 \div 0.2 = 4$　　$7.65 \div 0.85 = 9$(个)

$$\begin{array}{r} 4 \\ 0.2\overline{)0.8} \\ \underline{8} \\ 0 \end{array} \qquad \begin{array}{r} 9 \\ 0.85\overline{)7.65} \\ \underline{765} \\ 0 \end{array}$$

方法：一“看”，二“移”，三“算”。

# 15.《方程的意义》说课稿

## 说教材

方程的意义是在用字母表示数的基础上学习的，为接下来学习列方程解决问题等知识打下基础。为帮助学生理解，教材提供了丰富的感性材料，让学生先看图列出式子，然后再揭示方程的含义。教材首先提供了5幅天平图，让学生根据天平的两边是否平衡，列出等式与不等式；其次再根据单价、数量与总价之间的数量关系，让学生列出等式；再次在观察比较中，指出：像$100+2x=250$，$3x=2.4$……这样含有未知数的等式就是方程；最后让学生自己写一些方程。借助天平等图示，可以直观形象地帮助学生理解方程的本质含义，即在已知数与未知数之间建立相等关系的式子。因此，这节课的教学目标如下：

1. 理解并掌握方程的意义，弄清方程与等式之间的联系与区别。

2. 在观察、比较、抽象、概括等活动中，经历方程模型的建构过程，渗透模型思想与符号化思想。

3. 体验方程思想与日常生活之间的密切联系，发展数学的应用意识。

教学重点是理解并掌握方程的意义。由于“含有未知数的等式$f(x)=0$就是方程”的说法掩盖了方程的模型建构过程。在形式上，含有未知数的等式$f(x)=0$是方程，但在本质上，并不是真正意义上的方程。因此，教学难点是在经历方程模型的建构过程中理解方程的本质含义。

## 说教学过程

### 一、创设情境，引入新课

1. 认识天平。

出示天平图（略），让学生结合自己的认识谈一谈天平称物体质量的原理。

2. 揭示课题。

这节课，我们借助天平来学习数学中的一个重要知识——方程（板书课题）。

**【教学思考】**认识天平，了解天平称物体质量的原理，为建立未知数与已知数之间的相等关系打下基础。

**二、实践探究，建立方程模型表象**

1. 根据天平的状态列式子。

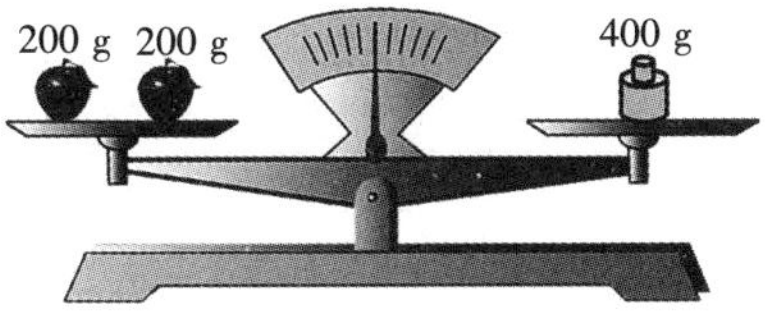


图 4.15.1

呈现天平图(如图 4.15.1)，让学生根据天平的状态列出式子：$200+200=400$。教师追问：你是根据什么列算式的？

理由：天平的左右两边平衡，说明两边的质量是相等的，可以用等号连接。

教师在天平左盘放入一个质量为 $x$ g 的梨(如图 4.15.2)，让学生根据天平的状态列出式子。学生列出：$200+200+x>400$。理由是天平左端下沉，表示左边质量大于右边质量。

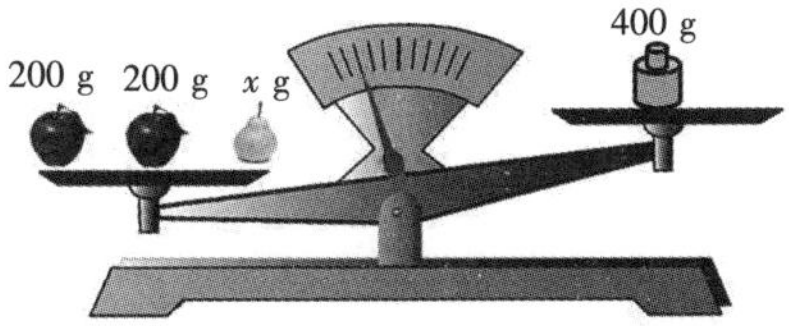


图 4.15.2

追问：你有办法让天平重新保持平衡吗？

反馈：在右盘加砝码。

再呈现天平图(如图 4.15.3)：

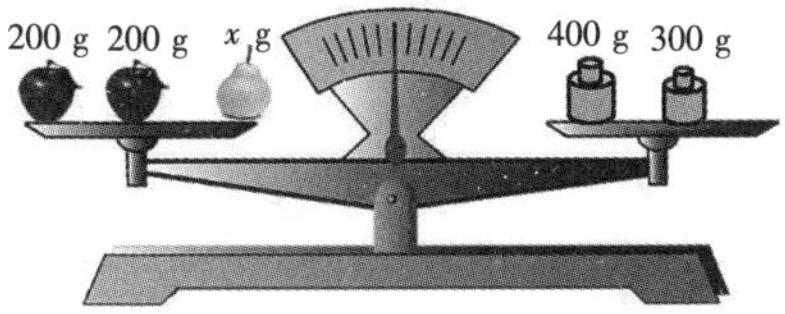


图 4.15.3

学生列出：$200+200+x=700$。

猜猜看，如果老师在天平右边再加上一个砝码，天平会怎样？学生回答后呈现天平图(如图 4.15.4)：

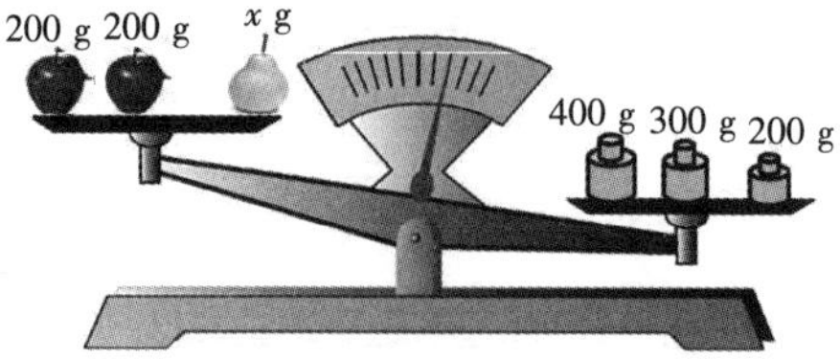


图 4.15.4

列出:$200+200+x<900$。

2. 算式分类,引出方程概念。

提问:观察这些式子,你会怎么分类?

学生可能会提到:

(1)天平平衡时可以用等号连接,不平衡时用大于号或者小于号连接,因此,有等号连接的为一类,没有等号连接的为另一类。

教师指出:像 $200+200=400$ 和 $200+200+x=700$ 这样的式子叫等式,像 $200+200+x>400$ 和 $200+200+x<900$ 这样的式子叫不等式,关于不等式的知识,将在初中学习。

(2)有些式子里含有 $x$,有些式子里没有 $x$。因此,含有 $x$ 的为一类,不含 $x$ 的为另一类。

教师指出:当不知道梨的质量时,可以用 $x$ 来表示,$x$ 也叫未知数。

教师提问:仔细观察,哪些情况下梨的质量是能够确定的?

学生发现只有图 4.15.3 中梨的质量能确定。教师顺势揭示方程的概念并板书:含有未知数的等式叫做方程。

3. 静态呈现图片,列出方程。(如图 4.15.5、图 4.15.6、图 4.15.7)

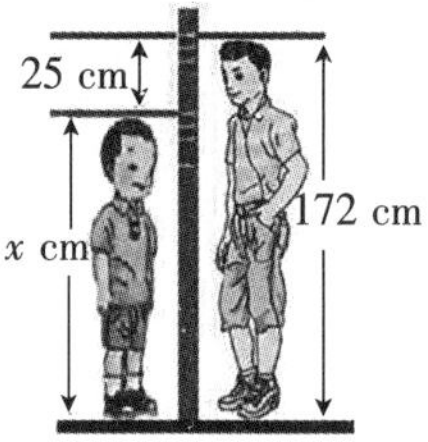


图 4.15.5

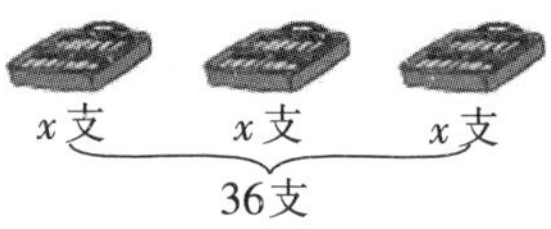


图 4.15.6

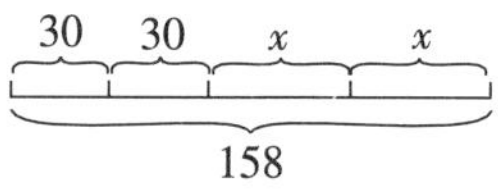


图 4.15.7

根据图 4.15.5,学生列出方程:$x+25=172$。理由:小男孩的身高加上 25 cm 就和大人的身高相等了。如果有学生列出 $172-25=x$,教师需告知学生:像这样的等式,未知数没有参与运算,我们暂不研究。

根据图 4.15.6,学生列出方程:$3x=36$。理由:每盒支数乘盒数等于总支数。

根据图 4.15.7,学生列出方程:$30+30+2x=158$。理由:线段图上面表示的数量总和与下面的 158 是相等的。

设疑:我们并没有看到天平,为什么还能列出方程呢?

学生观察发现:男孩的身高加上 25 cm 相当于天平的左边,172 cm 相当于天平的右边;3 盒彩笔相当于天平的左边,36 支相当于天平的右边;两个 30 与两个 $x$ 的总和相当于天平的左边,158 相当于天平的右边。

小结:虽然没有具体的天平,但是我们可以根据数量之间的相等关系列出方程。

4. 下面的式子,哪些是方程?

①$6+2y>15$;②$36-7=29$;③$a-30=12$;④$x\div0.8=6$;⑤$10x=34$;⑥$22-20<5$;⑦$7\times0.5=3.5$;⑧$22=5+y$。

(1)找出方程,并引导学生思考:其他几个式子为什么不是方程?

(2)方程与等式有什么联系?(如图 4.15.8)

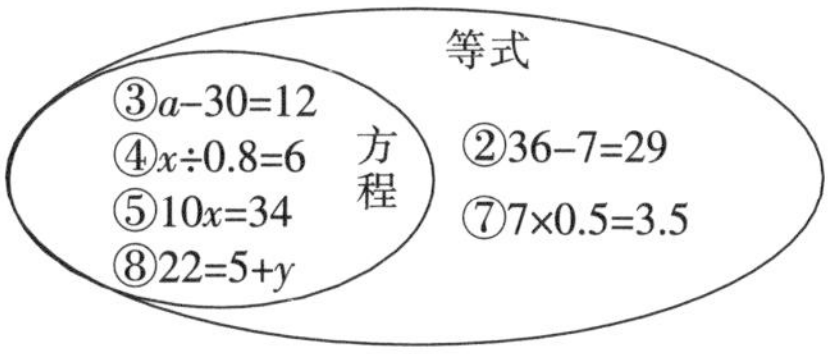


图 4.15.8

5. 沟通旧知,建立联系。

你在哪里见过方程?在一年级课本里见过吗?二年级呢?三年级和四年级呢?(如图 4.15.9、图 4.15.10、图 4.15.11)

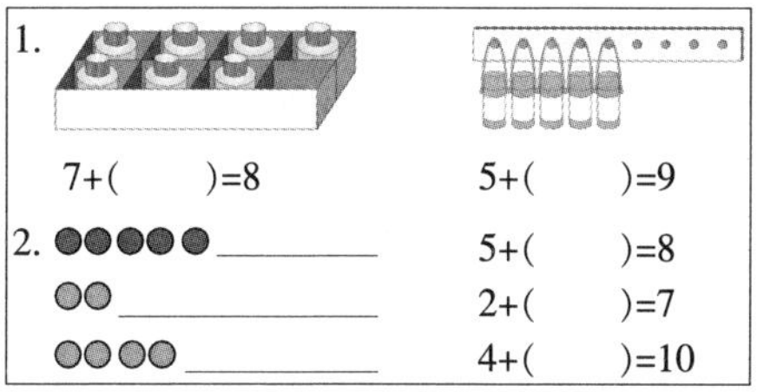


图 4.15.9

| | | |
|---|---|---|
| 5. 4 × □ = 36 | 6 × □ = 42 | 63 ÷ □ = 7 |
| 32 ÷ □ = 8 | 48 ÷ □ = 6 | 9 × □ = 54 |

图 4.15.10

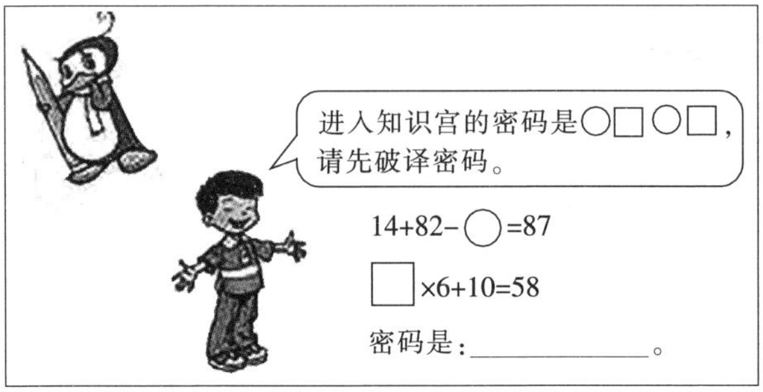


图 4.15.11

依次呈现图片，告诉学生以前未知数用括号、图形等来表示。如果把它们分别改用 $x$ 表示，就和今天学习的方程一样。

6. 课堂小结。

我们以前见过方程，只不过未知数不用 $x$ 表示，因此没有引起我们注意。通过刚才的学习我们知道了方程的意义，了解了方程与等式之间的联系等知识。

**【教学思考】**通过看图列方程，并解释列方程的理由，让学生进一步理解方程意义，使其在比较、分类中弄清方程与等式之间的关系。通过呈现以前教材的图片，建立方程与含有括号或图形的等式之间的联系，使学生充分理解方程的本质含义。

**三、练习巩固，渗透数学文化**

1. 根据文字表述列方程。

谈话：小明的年龄是 11 岁，老师的年龄是 $x$ 岁。你能根据这两个信息列出方程吗？

学生表示信息不够，还要知道老师比小明大几岁。教师告知学生：老师比小明大 29 岁，据此，学生顺利列出方程：$x-11=29$，$x-29=11$。

继续呈现信息：老师的体重是 65 kg，比小明体重的两倍少 5 kg，小明的体重为 $x$ kg，你能找到其中的等量关系式并列方程吗？

学生顺势列出方程：$2x-5=65$，$2x-65=5$，$2x=65+5$。

2. 根据数量关系列方程。

（1）

原价：$x$ 元
优惠：45 元
现价：128 元

（2）

小方每天跑 $s$ km。

3. 介绍方程历史。

早在三千六百多年前，埃及人就会用方程解决数学问题了。中国人对方程的研究也有着悠久的历史。大约两千年前的《九章算术》中，就有专门以“方程”命名的一章，记载了用一组方程解决实际问题的方法。但在很长时期内，方程没有专门的表达形式，人们只是使用一般的语言文字来叙述它们。一直到三百年前，法国的数学家笛卡儿第一个提倡使用 $x$、$y$、$z$ 等字母代表未知数，才形成了现在的方程。

**【教学思考】**帮助学生在练习中理解方程的本质含义，并进一步学会看图列方程，为接下来学习列方程解决问题打下基础；渗透数学文化，让学生进一步体会古人的智慧与方程思想。

**四、全课总结，游戏激趣**

1. 全课总结。

通过学习这节课，你最大的收获是什么？

2. 猜数游戏。

一人心里先想好一个数，然后让另一个人来猜。先把这个数扩大 2 倍，再加上 4，接着再减去 9，最后把所得的差再乘 3，结果是 210。（用方程表示）

## 板书设计

方程的意义

含有未知数的等式叫做方程。

$200+200+x=700$

$x+25=172$

$3x=36$

$30+30+2x=158$

等式：

方程：③$a-30=12$ ④$x\div0.8=6$ ⑤$10x=34$ ⑧$22=5+y$

②$36-7=29$ ⑦$7\times0.5=3.5$

# 16.《质数和合数》说课稿

## 说教材

质数和合数是在学生理解因数和倍数的概念，会找一个数的因数和倍数及掌握2、3、5倍数的特征等基础上学习的。它为以后学习公因数、公倍数及约分等知识打下基础。教材分两部分进行，第一部分是通过找20以内各数的因数，并根据各数的因数个数进行分类，揭示质数、合数的概念；第二部分是利用百数表找100以内的质数，教材通过学生的对话介绍了两种操作方法。其中，依次划去每个质数本身之外的所有倍数的方法，叫埃氏筛选法，是数论中广泛应用的一个初等方法。自然数按是否是2的倍数，可以分为奇数和偶数；按因数的个数，又可以分为质数、合数和1。分类标准不同得到的结果也不同。学生对这几个概念的理解经常混淆，教学时要加强对比分析。因此，这节课的教学目标如下：

1. 理解质数、合数的意义，知道自然数可以分为质数、合数和1。

2. 寻找100以内的质数，掌握如51、91等较大数辨别是否为质数的方法，发展数感，培养推理能力。

3. 借助数形结合，进一步理解质数、合数的意义，渗透数学文化。

教学重点是理解质数与合数的意义，并能正确进行判断。教学难点是较大质数的辨别。

## 说教学过程

### 一、动手操作，理解概念

1. 操作探究。

(1)小组合作，请用若干个小正方形纸片，摆一个长方形(正方形是特殊的长方形)，请把几种不同的摆法都记录下来。

(2)反馈交流。

只有一种摆法的有:2、3、5、7、11、13、17、19…块正方形。

有两种及以上摆法的有:4、6、8、9、10、12、14、15、16、18…块正方形。

(3)讨论:为什么有的只有一种摆法,有的却不止一种呢?

学生一般有两种解释,第一种解释:因为 2、3、5、7、11、13、17、19…这些数只能写成 1 与它本身相乘的形式,所以只有一种摆法。而 4、6、8、9、10、12、14、15、16、18…这些数除了可以写成 1 与它本身相乘的形式以外,还可以写成其他两个数相乘的形式。如 $4=1\times4=2\times2$,$6=1\times6=2\times3$,$12=1\times12=2\times6=3\times4$。第二种解释:因为 2、3、5、7、11、13、17、19…只有 2 个因数,而 4、6、8、9、10、12、14、15、16、18…的因数个数至少有 3 个。

在分析比较中得出:摆法种数不同,跟因数个数有关系。

(4)举例:让学生举例说明还有哪些数只有一种摆法,哪些数有两种及以上摆法。

2. 理解概念。

(1)揭示概念:像这样只有一种摆法,也就是只有 1 和它本身两个因数的数叫质数。突出强调只有两个因数的数是质数。两种及以上摆法的,也就是有 2 个以上的因数的数叫合数。突出强调合数必须有 2 个以上的因数。

(2)自然数按照因数的个数,可以怎样分类?讨论:1 是质数还是合数?

理清数的关系:

$$\text{自然数(按因数个数)}\begin{cases}\text{质数}\\1\\\text{合数}\end{cases}$$

**【教学思考】**直接让学生找一个数的因数,然后根据因数的个数揭示质数和合数的概念,并给自然数分类,这样的教学进程很快。质数和合数的概念很抽象,很枯燥,学生兴趣不浓,快进程达不到高效学习。因此,通过动手操作,发现摆成的长方形的种数不同,进而引发学生思考,这样的安排既富有挑战性,又具有趣味性。

**二、寻找质数,加深理解**

1. 不同方法找质数。

(1)出示百数表,在质数下面划线。(如表 4.16.1)

表 4.16.1　百数表

| | | | | | |
|---|---|---|---|---|---|
| 1 | 2 | 3 | 4 | 5 | 6 |
| 7 | 8 | 9 | 10 | 11 | 12 |
| 13 | 14 | 15 | 16 | 17 | 18 |
| 19 | 20 | 21 | 22 | 23 | 24 |
| 25 | 26 | 27 | 28 | 29 | 30 |
| 31 | 32 | 33 | 34 | 35 | 36 |
| 37 | 38 | 39 | 40 | 41 | 42 |
| 43 | 44 | 45 | 46 | 47 | 48 |
| …… | | | | | |

一般出现两种情况:一种是一个一个地找出它的因数,再根据因数的个数判断是否为质数;另一种是分别把 2、3、5、7 除自身之外的倍数划掉,剩下的数就是质数。

(2)讨论易错数。

51、57、87、91 是不是质数?你是怎么判断的?

(3)介绍埃氏筛选法。

2. 发现质数的特征。

观察筛选后的百数表,发现并思考:

(1)最小的质数是 2,最小的合数是 4;100 以内的质数一共有 25 个。

(2)除了 2、3 之外,其他的质数都是比 6 的倍数多 1 或者少 1 的数。

(3)哪两个质数的和等于 100?哪两个质数的和等于 50?

**【教学思考】**此环节教学要舍得花时间让学生自主探究,紧紧地抓住几个易错数,引导学生分析判断。介绍数学文化,了解数学发展史,激发学生学习数学的信心与兴趣。

**三、练习巩固,拓展提高**

1. 判断。

(1)所有的合数都是偶数。

(2)所有的质数都是奇数。

(3)一个数不是质数就是合数。

(4)一个合数至少有3个因数。

2. 下面哪些数是质数？哪些数是合数？

124　123　456　7890　765　43　297

3. 它们分别是哪两个数？并说说你是怎么想的。(如图4.16.1)

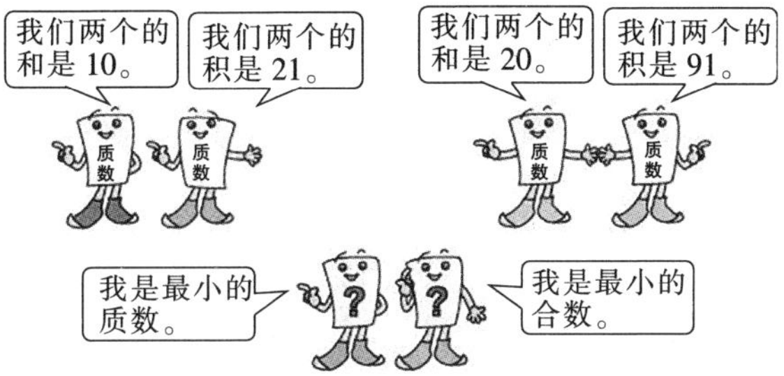


图4.16.1

4. 思维拓展。

(1)在括号里填上质数。

10 = (　　) + (　　) = (　　) + (　　)

20 = (　　) + (　　) = (　　) + (　　)

30 = (　　) + (　　) = (　　) + (　　)

(2)提出猜想:偶数可以拆成两个质数的和。

(3)质疑:是不是所有的偶数都可以拆成两个质数的和?

(4)学生验证后,再出示课本上的“你知道吗？——哥德巴赫猜想”。

是不是所有大于2的偶数,都可以表示为两个质数的和呢?

这个问题是德国数学家哥德巴赫最先提出的,所以被称为“哥德巴赫猜想”。它看似简单,要证明却非常困难,成了数学界一个著名的难题,被称为“数学皇冠上的明珠”。世界各国的数学家都想攻克这一难题,但至今还未解决。我国数学家陈景润在这一领域取得了举世瞩目的成就。

**【教学思考】**巩固练习由浅入深,形式多样。第1题让学生区分奇数、偶数、质数、合数概念之间的联系与区别;第2题用2、3、5的倍数特征去判断,且只要找到除1和它的本身之外的第三个因数,就可以判断这个数不是质数;第3题综合运用所学知识,培养学生解决问题的能力;第4题介绍我国在数论方面的研究成果,激发学生的爱国热情及学好数学的信心与挑战数学的勇气。

**四、总结内化，游戏结课**

1. 总结内化。

这节课我们学习了哪些知识？判断一个数是否为质数，应该注意什么？

2. 游戏结课。

学号既不是质数，也不是合数的同学先离开教室；学号是质数的同学按学号从小到大的顺序随后离开教室；学号是合数的同学按学号从小到大的顺序最后离开教室。

## 板书设计

质数和合数

只有一种摆法的有：2、3、5、7、11、13、17、19…

（只有 2 个因数）

有两种及以上摆法的有：4、6、8、9、10、12、14、15、16、18…

（至少有 3 个因数）

自然数（按因数个数分）
- 质数　只有 1 和它本身两个因数的数
- 1
- 合数　除了 1 和它本身外，还有其他因数的数

# 17.《分数的意义》说课稿

## 说教材

分数的意义是在分数初步认识的基础上学习的。它为接下来学习分数与除法的关系、分数的基本性质等知识打下基础。学生在分数的初步认识阶段已经能将一个图形、一个计量单位、一个物体等进行平均分，并用分数表示其中的一份或几份。分数的意义这一阶段的学习，单位“1”要从原来的一个物体拓展到一些物体组成的整体，这是学生认识上的一次飞跃。教材

通过让学生举例说明$\frac{1}{4}$的含义，引出对分数概念的描述，并强调了单位“1”的含义。在此基础上，给出分数单位的概念。综上分析，教师要引导学生在动手操作活动中，通过对丰富的感性材料进行分析比较，抽象概括出分数的意义，然后认识分数单位。因此，这节课的教学目标如下：

1. 借助动手操作，探究、概括分数的意义，进一步理解分数的意义。

2. 经历画图、对比、讨论等活动，理解单位“1”的意义，理解分数表示多少的相对性，发展数感。

3. 体会数学学习的乐趣，体验分数与生活的密切联系，发展应用意识。

教学重点是经历分数意义的探究过程，理解分数的意义。教学难点是理解单位“1”的意义，再认识“平均分”。

为了达成以上教学目标，我设计了如下教学过程。

## 说教学过程

### 一、引入课题

1. 谈话引入。

这节课我们将继续学习分数。

2. 唤起旧知。

(1) 板书$\frac{1}{4}$，问：它表示什么？

学生可能会说$\frac{1}{4}$表示把一个东西、一个图形平均分成 4 份，取其中的一份。

(3) 呈现圆形纸片，问：你能表示出它的$\frac{1}{4}$吗？怎样表示呢？

**【教学思考】**通过复习，唤起学生对旧知的回忆，找到认知停靠点，为新知学习做好铺垫。

### 二、再认识$\frac{1}{4}$的意义

1. 认识 4 个圆的$\frac{1}{4}$。

(1) 学生尝试画图。

(2)展示并交流。

可能会出现以下这种情况(如图4.17.1):

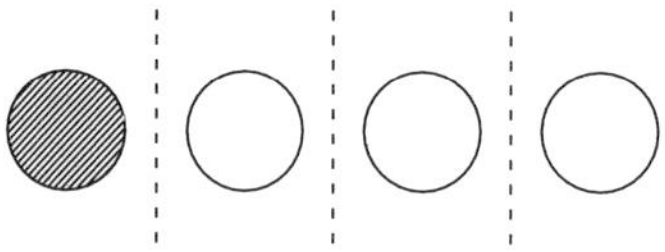

图4.17.1

设疑:老师看到的就是1个圆,没有看到$\frac{1}{4}$,想一想,怎么做才能让别人更清楚地看到$\frac{1}{4}$呢?

达成共识:把这4个圆用集合图圈起来,看成一个整体,涂色的这个圆就是这个整体的$\frac{1}{4}$(如图4.17.2)。

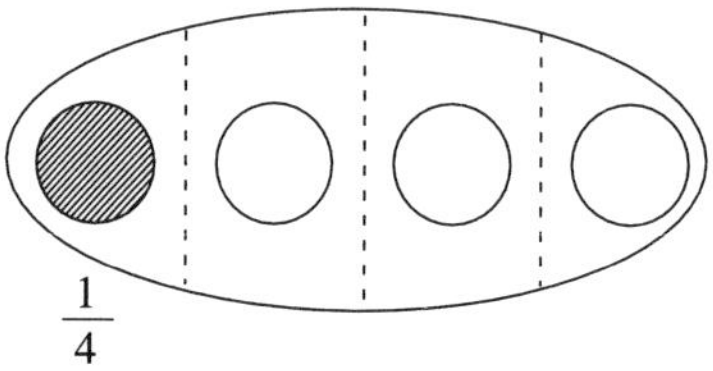


图4.17.2

追问:第一个圆可以表示为整体的$\frac{1}{4}$,第二个、第三个、第四个圆呢?

**【教学思考】**从把“一个东西”平均分过渡到把“一个整体”平均分是分数“再认识”的重点之一,对学生来讲,是一次认识上的飞跃。因此,我特意放慢教学节奏,不断地提出疑问,设置“障碍”,通过简单的画圆操作不断激发学生思考,让学生对“一个整体”有深刻的认识。

(3)比较中明晰。(如图4.17.3)

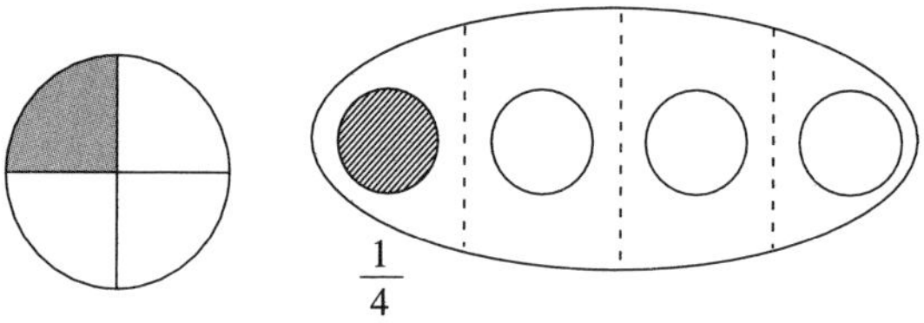


图4.17.3

它们表示的$\frac{1}{4}$有什么不同?(每一份的大小不同,平均分的对象不同)

2. 认识多个圆片的$\frac{1}{4}$。

(1)尝试画图:你还会表示几个圆的$\frac{1}{4}$?

请几位学生画到黑板上,其他学生写在练习本上。(如图4.17.4)

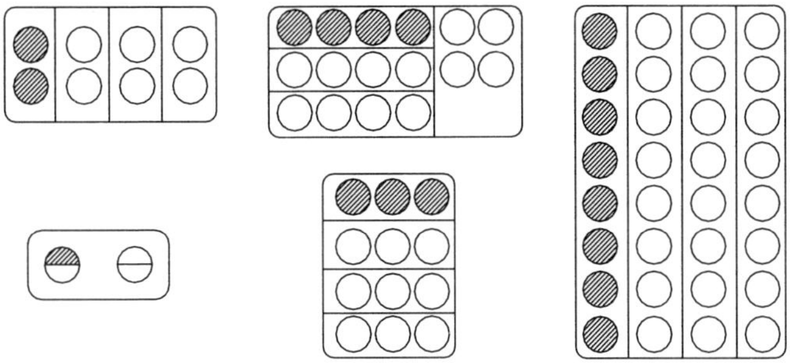

图4.17.4

(2)展示交流,可能会出现以下几种情况:

①把8个圆看成一个整体,平均分成4份,每份2个圆,是这个整体的$\frac{1}{4}$。

②把16个圆看成一个整体,平均分成4份,每份4个圆,是这个整体的$\frac{1}{4}$。

③把32个圆看成一个整体,平均分成4份,每份8个圆,是这个整体的$\frac{1}{4}$。

④把2个圆看成一个整体,平均分成4份,每份$\frac{1}{2}$个圆,是这个整体的$\frac{1}{4}$。

⑤把12个圆看成一个整体,平均分成4份,每份3个圆,是这个整体的$\frac{1}{4}$。

(3)比较、明晰:比较一下这几个"$\frac{1}{4}$",它们有什么不同的地方?

发现:"一个整体"可以是不同个数的圆,可以是8个、16个、32个……

追问:它们有什么相同的地方?

概括:不管几个圆,都可以看成一个整体,平均分成4份,一份就是它的$\frac{1}{4}$。(如图4.17.5)

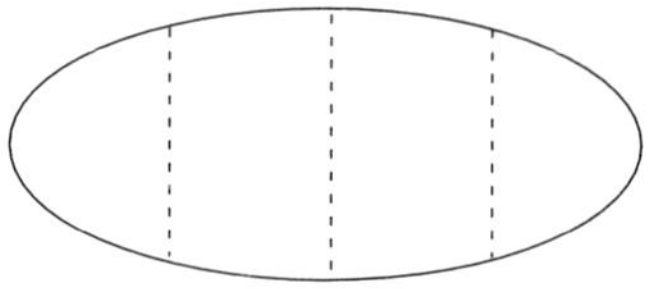

图 4. 17. 5

**【教学思考】**认识$\frac{1}{4}$的教学需层层深入，要从认识一个圆的$\frac{1}{4}$，过渡到认识由 4 个圆组成的一个整体的$\frac{1}{4}$，再到认识更多物体组成的一个整体的$\frac{1}{4}$，以此不断丰富对分数内涵的理解。

**三、再认识分数的意义**

1. 理解单位“1”的意义。

(1)你还能表示出(　　)的$\frac{1}{4}$?

学生可能反馈：表示正方形的$\frac{1}{4}$、长方形的$\frac{1}{4}$、梯形的$\frac{1}{4}$、一些数字的$\frac{1}{4}$、一些苹果的$\frac{1}{4}$……

(2)认识单位“1”：像这样由 1 个圆、4 个圆、8 个圆、几个正方形或长方形等组成的一个整体，我们通常把它们叫做单位“1”。

(3)概括$\frac{1}{4}$的意义：只要把单位“1”平均分成 4 份，这样的一份就可以用$\frac{1}{4}$来表示。

2. 再认识“平均分”。

问题：请拿出 8 支笔的$\frac{1}{4}$。

学生演示操作，将 8 支笔圈起来看成一个整体，然后平均分成 4 份，每份 2 支。(如图 4. 17. 6)

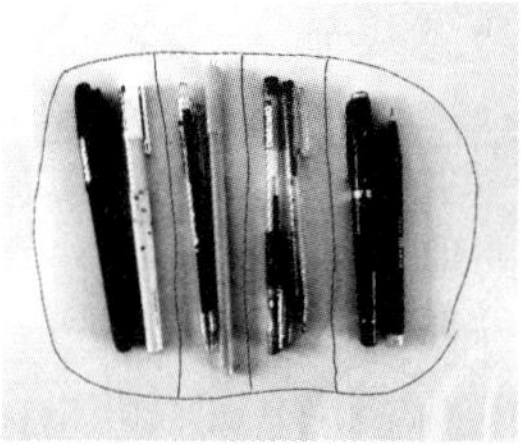

图 4. 17. 6

质疑:你们觉得这是平均分吗?

有的认为每支笔的大小、颜色、长短都不一样,不是平均分,不能用$\frac{1}{4}$表示;有的认为可以不考虑笔的颜色、长短、大小、形状等因素,只要每2支算一份,就是平均分。(如图4.17.7)

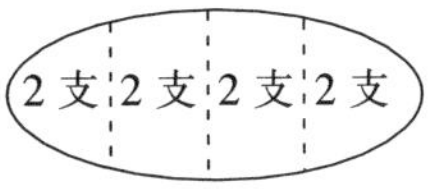


图4.17.7

小结:当我们需要把一些物体组成的一个整体进行平均分时,只要对数量进行平均分就可以了。

**【教学思考】**学生往往以分得结果是否一样去判断是否属于“平均分”,即所分得的部分的大小都一样,才是平均分,这样才可以用分数来表示。而当平均分对象从连续量过渡到离散量时,只需要抽象出来的数量一样,而它们的颜色、形状等非本质因素就不用考虑了。通过简单的“拿笔”练习引导学生再次认识“平均分”,可不断完善学生对分数的认识。

3. 再认识“几分之一与几分之几”。

(1)呈现:现在还剩下6支笔,如果拿出2支,拿出了它的$\frac{(\quad)}{(\quad)}$。

追问1:刚才2支是$\frac{1}{4}$,现在2支是$\frac{1}{3}$,为什么不一样?

发现:单位“1”不一样,原来单位“1”是8支笔,现在的单位“1”是6支笔。

追问2:剩下还有4支笔,如果也拿出2支呢?

(2)呈现:这里有2个正方形,它们会是谁的$\frac{1}{5}$?请你画一画。

反馈交流,可能出现以下几种情况(如图4.17.8):

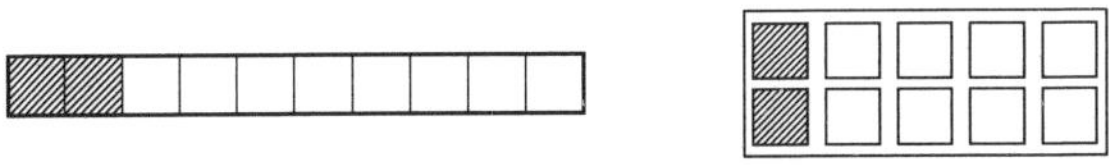

图4.17.8

提问:他们画的图形各不相同,你能找出一样的地方吗?(总数相同)

追问:如果再涂2个正方形,涂色部分是所画图形的几分之几?所画图形里面有几个$\frac{1}{5}$？空白部分怎么用分数表示？

4. 概括分数的意义，认识分数单位。

(1)概括分数的意义。

思考：谁能总结一下什么样的数叫做分数？

小结：把单位“1”平均分成若干份，这样的一份或几份，可以用分数表示。

(2)认识分数单位。

把单位“1”平均分成若干份，表示其中一份的数，就叫做分数单位。

举例：$\frac{2}{4}$的分数单位是$\frac{1}{4}$，它有2个这样的分数单位；$\frac{3}{4}$中有3个$\frac{1}{4}$，因此也就有3个这样的分数单位；$\frac{4}{5}$中有4个$\frac{1}{5}$，因此也就有4个这样的分数单位。

**四、数轴上找分数**

1. 请在下面的数轴上标出$\frac{1}{3}$、$\frac{2}{3}$、$\frac{5}{6}$的位置。(如图4.17.9)

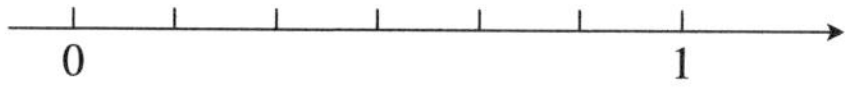


图4.17.9

2. 在这一段数轴上你还能找出哪些分数？

学生可能会说：还能找到$\frac{1}{6}$、$\frac{2}{6}$。

追问：这里不是已经标了$\frac{1}{3}$吗？(同一个点，表示两个分数是一样的)

继续追问发现：$\frac{3}{6}$ 这里也能表示为$\frac{1}{2}$，还有$\frac{4}{6}$和$\frac{2}{3}$是在同一个点上，1在这里也能表示为$\frac{6}{6}$。

小结：其实0和1之间，1和2之间还有很多分数，今后我们将继续学习研究。

**【教学思考】**通过数形结合的方式初步渗透分数的相等、分数个数的无限等知识，同时提出分数的位置不但在0和1之间，还可以在1和2之间，并且可以比较大小，激发学生继续探究的热情。

**五、全课总结**

这节课我们又一次认识了分数，对你启发最大的是什么？

## 板书设计

分数的意义

把单位“1”平均分成若干份，这样的一份或几份，可以用分数表示。

一个整体

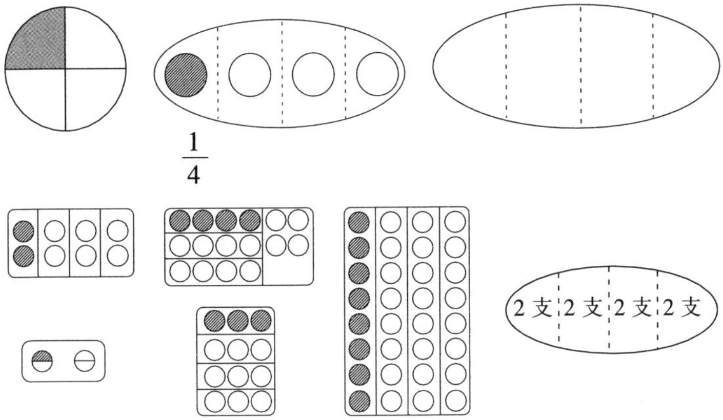


# 18．《真分数和假分数》说课稿

## 说教材

真分数和假分数是在分数的意义、分数与除法的关系等基础上学习的。通过学习，学生可以比较全面地理解分数意义，发展数感。学生之前接触的分数，一般都是分子比分母小或者分子和分母相等的分数。学生学习了分数与除法的关系之后，知道分数可以表示两个整数相除的商，已经初步感知到当被除数大于除数时，会出现分子比分母大的情况。因此，本节课教材安排了3个例题，例1借助涂色帮助学生直观理解真分数的概念，先在图上涂色表示$\frac{1}{3}$、$\frac{3}{4}$、$\frac{5}{6}$三个分数，再观察这些分数的分数单位，并说一说把什么作为单位“1”，通过比较分数中分子和分母的大小，揭示真分数的概念。例 2 把一个圆看作单位“1”，涂出 4 个$\frac{1}{3}$，然后再分别涂色表示$\frac{3}{3}$、$\frac{7}{4}$、$\frac{11}{5}$，通过比较分数中分子和分母的大小，揭示假分数的概念，同时认识带分数。例 3 将假分数化成整数或带分数，教材先以$\frac{3}{3}$、$\frac{8}{4}$为例讨论怎样把假分数化成整数，又以$\frac{7}{3}$、$\frac{6}{5}$为例，讨论怎样把假分数化成带分数，最后总结出假分数化成整数或者带分数的方法。本节课不仅让学生知道分数可以分为真分数和假分数，更重要的是让他们理解假分数的意义，拓宽认识。因此，这节课的教学目标如下：

1. 理解真分数和假分数的意义；了解分数可以分为真分数和假分数；知道真分数比 1 小，假分数等于或大于 1；能正确地将假分数化成整数或带分数。

2. 经历动手操作、分析比较、抽象概括等探究过程，渗透一一对应思想，发展数感，培养推理能力。

3. 通过自主探究活动，获得成功的体验。

教学重点是理解真分数和假分数的意义。教学难点是假分数意义的探究过程。

为了达成以上教学目标，我设计了如下教学过程。

## 说教学过程

### 一、揭示课题，复习旧知

1. 揭示课题。

这节课我们来学习真分数和假分数。同学们是不是会疑惑：难道分数也有真假之分吗？

2. 复习引新。

（1）涂色表示出分数$\frac{1}{3}$、$\frac{2}{3}$、$\frac{3}{3}$、$\frac{3}{4}$、$\frac{4}{4}$。（如图 4. 18. 1）

（2）分别说一说这些分数表示的意义。

（3）比较这些分数的分子与分母的大小。

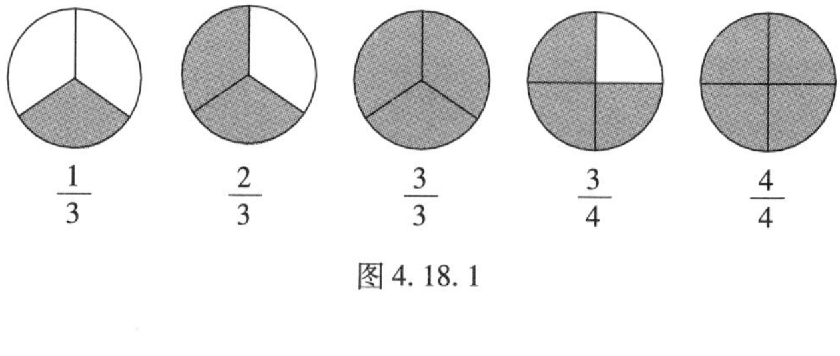


图 4. 18. 1

**【教学思考】**分子比分母小或者相等的分数是学生之前学习过的。复习理解这些分数的意义，为理解分子比分母大的假分数的意义做铺垫。且用简洁的语言抓住“真与假”揭示课题，激发学生学习的欲望与兴趣。

**二、动手操作，深入理解**

1. 理解真分数和假分数的意义。

(1)涂色表示出分数$\frac{5}{4}$。

学生讨论，可能会出现以下几种情况。

第一种：把两个圆平均分成8份，表示这样的5份，就得到$\frac{5}{4}$。

学生反驳：把单位“1”平均分成8份，表示这样的5份，应该是$\frac{5}{8}$，不是$\frac{5}{4}$。

第二种：把两个圆平分，分成4份，表示这样的5份，就得到$\frac{5}{4}$。

学生继续反驳：把两个圆平分，一共才分成了4份，怎么表示5份呢？

这时，教师适时点拨：$\frac{5}{4}$表示什么意思？

生1：$\frac{5}{4}$表示把单位“1”平均分成4份，表示这样的5份。

生2：$\frac{5}{4}$表示5个$\frac{1}{4}$。

继续设疑：如果把一个圆作为单位“1”，最大能表示出哪个分数？怎么办？

生1：用一个单位“1”，最大只能表示出$\frac{4}{4}$。我们还要再拿一个单位“1”，平均分成4份，再表示这样的1份，合起来就是$\frac{5}{4}$。

生2：$\frac{5}{4}$表示5个$\frac{1}{4}$。把一个圆作为单位“1”，平均分成4份，表示这样的4份，得到了4个$\frac{1}{4}$。我们还要再拿一个圆作为单位“1”，再表示这样的1份，得到1个$\frac{1}{4}$。4个$\frac{1}{4}$与1个$\frac{1}{4}$相加，一共是5个$\frac{1}{4}$。(如图4.18.2)

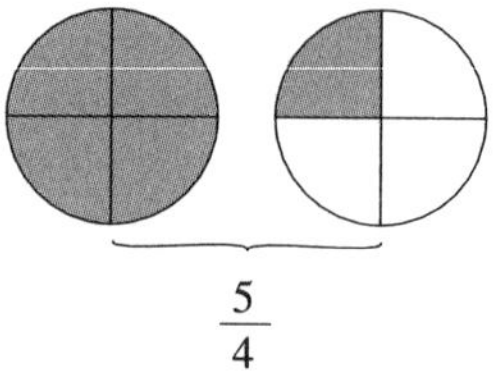

图 4. 18. 2

(2)比较“把两个圆平均分成 8 份,表示这样的 5 份”与“把一个圆看作单位‘1’平均分成 4 份,表示这样的 5 份”的区别。

刚才把两个圆作为单位“1”,只能表示出$\frac{5}{8}$,最大表示出$\frac{8}{8}$,$\frac{5}{8}$比 1 小;现在把一个圆作为单位“1”,不够表示出$\frac{5}{4}$,再拿一个单位“1”,就能得到 5 个$\frac{1}{4}$,比 1 大。

(3)表示其他分子比分母大的分数:$\frac{7}{4}$、$\frac{11}{5}$。

①把单位“1”平均分成 4 份,表示这样的 7 份,就是$\frac{7}{4}$,$\frac{7}{4}$比 1 大。

②把单位“1”平均分成 5 份,表示这样的 11 份,就是$\frac{11}{5}$,$\frac{11}{5}$比 1 大。

**【教学思考】**理解大于 1 的分数即分子比分母大的分数的意义,是学习难点,让学生涂色表示这些分数,是难上加难。因此,在教学中紧紧地抓住“怎样涂色表示$\frac{5}{4}$?”这个问题,充分展示学生的思维过程,舍得花时间让学生在争论、思辨中学习,从而深刻地理解假分数的意义,且还引导学生从分数单位累加的角度分析,帮助学生理解意义,突破教学难点。

(4)对所有的分数进行分类,会有以下几种情况。

第一种情况:分子比分母小的为一类,分子与分母相等的为一类,分子比分母大的为一类。

第二种情况:分子比分母小、分子与分母相等的为一类;分子比分母大的为一类。

第三种情况:分子比分母小的为一类;分子与分母相等、分子比分母大的为一类。

(5)揭示真分数和假分数的概念。

数学上把分子比分母小的分数,叫做真分数;分子与分母相等、分子比分母大的分数,叫做假分数。

2. 用分数表示数轴上的点,并认识带分数。

(1)用分数表示数轴上的点,并找出真分数、假分数的位置。(如图4.18.3)

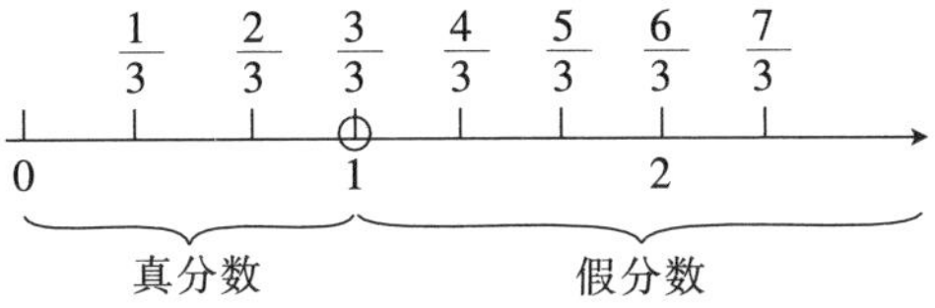


图 4.18.3

(2)哪些分数比 1 大?哪些分数比 2 大?

(3)哪些分数比较特殊?能化成整数的分数有什么特点?

小结:分子是分母的整数倍的分数可以化成整数。

(4)认识带分数。

$\frac{4}{3}$比 1 多了 1 个$\frac{1}{3}$,我们还可以写作 $1\frac{1}{3}$,这个分数叫做带分数;$\frac{5}{3}$可以写作 $1\frac{2}{3}$;$\frac{6}{3}$等于 2;$\frac{7}{3}$可以写作 $2\frac{1}{3}$。(如图 4.18.4)

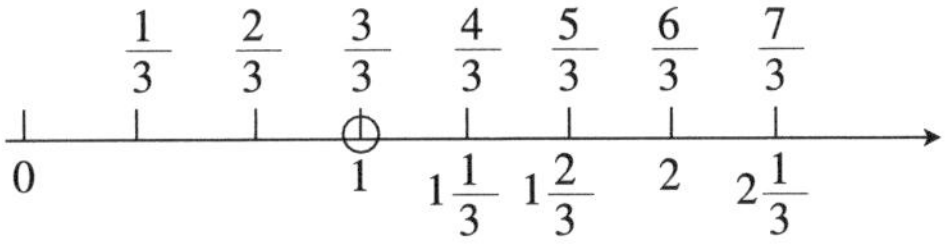


图 4.18.4

**【教学思考】**通过学习假分数,学生明白了分数可以分为真分数和假分数。此时,将分数与数轴上的点建立联系,形成新的分数体系,渗透数形结合思想,发展学生数感。

3. 将假分数化成整数或者带分数。

(1)把$\frac{3}{3}$、$\frac{8}{4}$化成整数。

(2)把$\frac{7}{3}$、$\frac{6}{5}$化成带分数。

学生根据分数与除法的关系,将分数的分子除以分母,得到答案,尤其是在假分数化成带分数时，将假分数的分子除以分母，商为带分数的整数部分，分母不变，余数为带分数的分数部分的分子。

$\frac{3}{3}=3\div3=1$；$\frac{8}{4}=8\div4=2$。

$\frac{7}{3}=7\div3=2\frac{1}{3}$；$\frac{6}{5}=6\div5=1\frac{1}{5}$。

**三、练习巩固，拓展提高**

1. 把一个图形看作单位“1”，用分数表示出各图涂色部分的大小，再读一读。（如图 4. 18. 5）

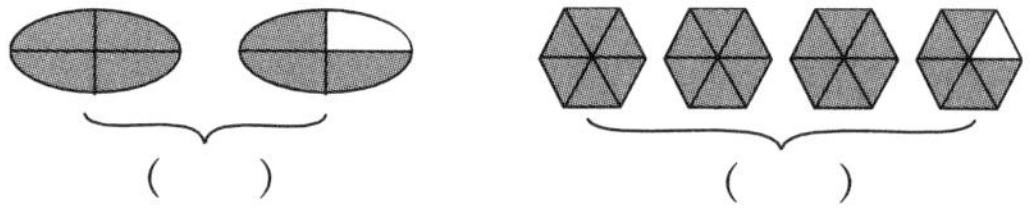

图 4. 18. 5

2. 在$\frac{a}{9}$中，$a$ 是自然数，当 $a$ 为（　　）时，$\frac{a}{9}$是真分数；当 $a$ 为（　　）时，$\frac{a}{9}$是假分数；当 $a$ 为（　　）时，$\frac{a}{9}$能化成整数。

3. 下面哪些是真分数？哪些是假分数？在数轴上表示出来。（如图 4. 18. 6）

$\frac{1}{3}$　$\frac{3}{3}$　$\frac{5}{3}$　$\frac{1}{6}$　$\frac{5}{6}$　$\frac{7}{6}$　$\frac{13}{6}$

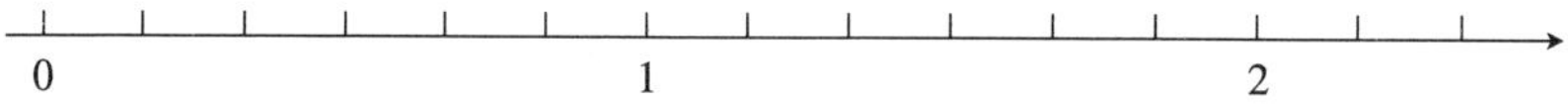


图 4. 18. 6

4. 把下面的假分数化成带分数或整数。

$\frac{15}{2}$　$\frac{8}{5}$　$\frac{21}{7}$　$\frac{50}{9}$　$\frac{43}{12}$　$\frac{69}{20}$　$\frac{30}{15}$

**【教学思考】**第 1 题和第 2 题，目的是让学生进一步理解真分数和假分数的意义；第 3 题和第 4 题，目的是让学生进一步建立对真分数、假分数与数轴上的点之间的对应关系的认识，掌握把假分数化成带分数或整数的方法，发展数感，提高运算能力。

**四、总结内化，课外拓展**

## 板书设计

**真分数和假分数**

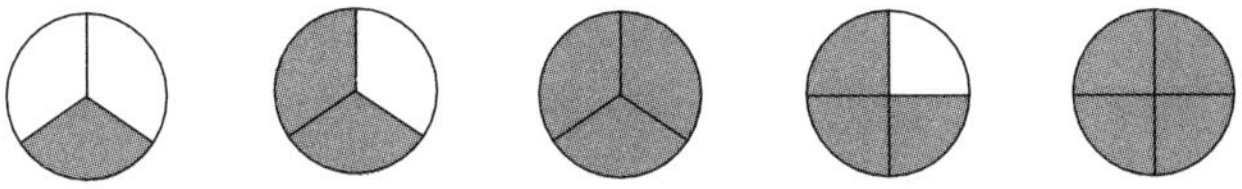

$\frac{1}{3}$　$\frac{2}{3}$　$\frac{3}{3}$　$\frac{3}{4}$　$\frac{4}{4}$

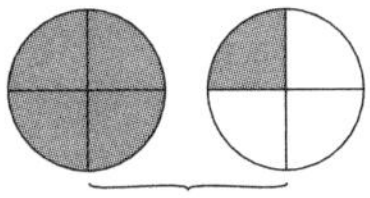

$\frac{5}{4}$

$\frac{3}{3}=3\div3=1$　　$\frac{8}{4}=8\div4=2$

$\frac{7}{3}=7\div3=2\frac{1}{3}$　　$\frac{6}{5}=6\div5=1\frac{1}{5}$

（带分数）

分数
- 真分数：分子比分母小的分数。（真分数小于 1）
- 假分数：分子比分母大或者分子与分母相等的分数。（假分数大于 1 或者等于 1）

# 19.《最大公因数》说课稿

## 说教材

最大公因数是在因数和倍数等知识的基础上学习的。教材将它安排在约分之前，将两块知识紧密结合在一起，即学即用，既能节省教学时间、减少枯燥的单一练习，又有利于整除知识的教学。例 1 教学完全抛开公因数和最大公因数的问题情境，直接让学生利用已有的知识，先找出两个数各自的因数，然后发现它们的公因数与最大公因数，概括出公因数和最大公因数的概念，使抽象的概念能够具体感知、直观显现，增强教学效果。例 2 教学求两个数的最大公因数的方法。《义务教育数学课程标准》中有关求最大公因数的要求是采用“找”的方法，不再需要分解质因数与短除法，大大降低了学习难度，也符合学生学习约分的实际需要。但是如果学生不明白公因数和最大公因数的现实意义，遇到需要用公因数与最大公因数知识解决的实际问题，就无从下手。例 3 才提供了用整块的正方形地砖铺满长方形地面的问题情境（第 2 课时）。

虽然在日常生活中经常可以看到用方砖铺地，但小学生很少有这样的亲身经历，所以无直接体验。基于以上思考，我采用“画一画”的方法引导学生探究，学具准备简便。因此，这节课的教学目标如下：

1. 理解公因数、最大公因数的概念，能找出两个自然数的公因数和最大公因数。

2. 经历动手操作、自主探索与合作交流等活动过程，培养数学抽象能力，并渗透集合思想。

3. 运用新知解决简单的实际问题，体验数学源于生活，发展数学应用意识。

教学重点是理解公因数和最大公因数的意义，正确找出两个自然数的公因数和最大公因数。教学难点是应用公因数和最大公因数解决简单的实际问题。

为了达成以上教学目标，我设计了如下教学过程。

## 说教学过程

### 一、温故引新

出示题目：一条长 16 dm 的线段，分成相等的几段（长度为整分米数），每段的长可能为多少分米？

生：1、2、4、8、16 dm。

教师追问：每段长有可能是 3 dm 吗？有可能是 5 dm 吗？

生：不可能。

教师再问：为什么每段长可能是 1、2、4、8、16 dm，而不可能是 3、5 dm 呢？

生：因为 1、2、4、8、16 都是 16 的因数，3、5 不是 16 的因数。

小结：看来，要解决这个问题只要找出 16 的因数就可以了。

**【教学思考】**融旧知于生活情境中，既能使学生感受到数学与现实生活的紧密联系，又能唤起学生的旧知，从而找到新旧知识的联结点。

### 二、探索研究

1. 操作感知。

（1）出示：（在原来的线段基础上，通过媒体演示，将其变成一个长方形）现有一个长 16 dm，宽 12 dm 的长方形，如果把它分成几个相等的、边长为整分米数的小正方形而且没有剩余，正方形的边长可能是多少？

（2）学生猜想：1、2、3、4、6 dm。

**【教学思考】**让学生猜想，提取学生的生活经验和知识储备，体会旧知向新知的延伸过程，初步感知公因数和最大公因数这一概念的本质属性，培养学生合情推理能力和直觉思维。

（3）操作验证。

师：到底是不是这样呢？请学生动手画一画。

操作要求：第一，选择其中一个数据研究；第二，画前先想一想每行可以画几个，可以画几行，然后再画。（如图 4.19.1）

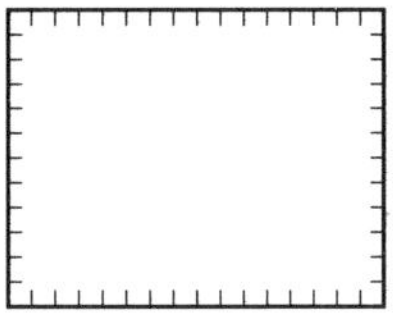

图 4.19.1

学生操作并汇报（汇报内容：每行画几个，画了几行），一般有以下几种情况：

①画边长是 1 dm 的正方形，每行画 16 个，画了 12 行。

②画边长是 2 dm 的正方形，每行画 8 个，画了 6 行。

③画边长是 3 dm 的正方形，每行画 5 个，还有多余，正好画 4 行。

④画边长是 4 dm 的正方形，每行画 4 个，正好画 3 行。

⑤画边长是 6 dm 的正方形，每行画 2 个，还有多余，正好画 2 行。

学生边汇报，边演示课件。

（4）反思发现。

师：为什么正好可以分成边长是 1、2、4 dm 的正方形，而边长是 3、6 dm 就不行呢？

学生会发现，因为 1、2、4 既是 12 的因数，又是 16 的因数。而 3、6 不具备这样的条件。

这时，教师给予肯定：分成的正方形的边长必须既是 12 的因数又是 16 的因数。同时设疑：那么它们又叫 12 和 16 的什么数呢？

预设学生回答情况如下：

生 1：共同的因数。

生2:公共的因数。

生3:公因数。

师:3、6是12和16的公因数吗?

生:不是。

师:12和16还有其他公因数吗?

生:没有了,因为12的因数有1、2、3、4、6、12,16的因数有1、2、4、8、16,我们一看就知道,它们的公因数只有1、2、4。

(5)寻找最大公因数。

师:如果想划分的正方形的个数最少,可以选择边长是几分米的正方形呢?

生:如果想划分的正方形的个数最少,正方形就要尽可能大一些,而最大的公因数就是4,应该选择边长是4 dm的正方形。

师:我们把其中最大的一个公因数4,叫做它们的最大公因数。

用韦恩图表示12和16的公因数和最大公因数。(如图4.19.2)

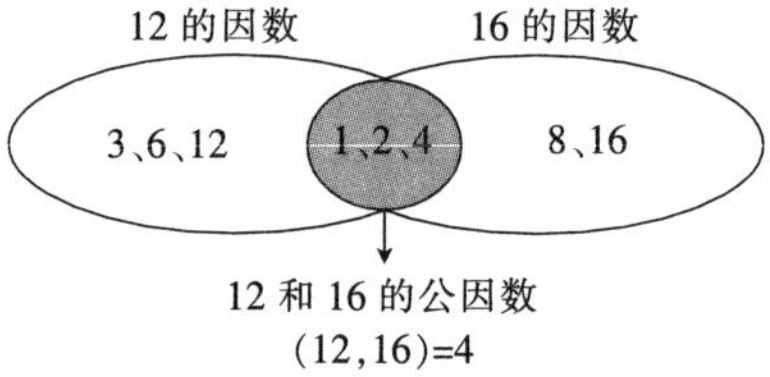


图4.19.2

**【教学思考】**先猜想再画图验证,给学生足够的时间和空间从感性认识逐步向理性认识过渡。在这一过程中,学生亲身体验公因数和最大公因数的形成过程,知其然又知其所以然,有利于解决实际生活问题。

2.深入探究。

(1)改变数据。

师:接下来我们把长方形的长改为18 dm,结果会一样吗?

出示:把一块长18 dm,宽12 dm的长方形土地划分成面积相等的正方形而且没有剩余。正方形的边长可能是多少?怎样划分?(边长为整分米数)

师:不要动手画,先想一想边长可能是几?

生:正方形的边长可能是1、2、3、6 dm。

(2)讨论方法。

师:你是怎样思考的?

生:我们只要知道18和12的公因数就可以了。

师:既然正方形的边长可能分别为1、2、3、6 dm,请说一说怎样分?(学生先汇报,再演示课件)一般有以下几种情况:

①每行画18个,正好画12行,可以分成边长是1 dm的正方形。

②每行画9个,正好画6行,可以分成边长是2 dm的正方形。

③每行画6个,正好画4行,可以分成边长是3 dm的正方形。

④每行画3个,正好画2行,可以分成边长是6 dm的正方形。

师:通过刚才的学习我们又知道了12和18的公因数、最大公因数。

3. 形成概念。

(1)概括:什么叫公因数?什么叫最大公因数?

生1:两个数公有的因数,叫做这两个数的公因数,其中最大的一个叫做它们的最大公因数。

生2:应该说"几个数公有的因数,叫做这几个数的公因数"更合适一些,因为有可能求三个数、四个数等的公因数。

(2)讨论:观察这几组数的公因数,有什么共同特点?公因数与最大公因数又有什么联系?

**【教学思考】**通过猜想—操作—想象、初步感知—建立表象—抽象概括,逐步提炼公因数与最大公因数这两个概念的本质属性,符合小学生的认知规律和思维特征,理解概念水到渠成。

4. 方法多样化。

寻找18和27的公因数、最大公因数的方法有哪些?

第一种方法:

18的因数有1、2、3、6、9、18,27的因数有1、3、9、27。

18和27的公因数有1、3、9,最大公因数是9。

第二种方法:

先找18的因数,有1、2、3、6、9、18,再看其中哪几个数是27的因数,发现有1、3、9这三个数,因此,18和27的公因数是1、3、9,最大公因数是9。

第三种方法:

先找27的因数,有1、3、9、27,再看其中哪几个数是18的因数,发现有1、3、9这三个数,因此,18和27的公因数是1、3、9,最大公因数是9。

第四种方法:

18不是27的因数,但18除以2等于9,9却是27的因数,因此,它们的最大公因数是9,它们的公因数是1、3、9。

第五种方法:27 是 3 的倍数,也可以把 27 除以 3,得到 9,9 又是 18 的因数,因此,9 就是它们的最大公因数,它们的公因数是 1、3、9。

再次呈现教材第 61 页“你知道吗?”,利用分解质因数(短除法)的方法,比较简便地求出两个数的最大公因数。

**【教学思考】**找两个数的公因数与最大公因数的方法有很多,因此,在教学中要充分展示学生的思维过程,培养学生思维的求异性。

**三、练习内化**

1. 完成教材第 61 页“做一做”第 1 题。

2. 找出下面各组数的最大公因数。

| | | |
|---|---|---|
| 6 和 8 | 10 和 15 | 16 和 20 |
| 2 和 6 | 9 和 3 | 14 和 7 |
| 3 和 11 | 1 和 13 | 8 和 9 |

练习后提问:通过练习,你有什么新发现?

生 1:有倍数关系的两个数,较小的为这两个数的最大公因数。

生 2:有些组两个数的公因数只有 1。

师:公因数只有 1 这种情况,我们接下来还要学习。

继续研究,如果 14 和 $a$ 的最大公因数是 7,那么 $a$ 可能是几?如果 14 和 $a$ 的最大公因数是 1,那么 $a$ 又可能是几呢?

第 1 个问题的答案为 7、21、35、49…它们都是 7 的奇数倍。第 2 个问题的答案为 1、3、5、9、11、13、15、17、19、23…它们都不是 7 和 14 的倍数。

3. 生活应用。

下列各问题是求因数、公因数还是最大公因数?[学生说想法并独立解决第(3)、(4)题]

(1)把一根长 24 dm 的绳子,剪成长度相等的若干段,每段长多少分米?有几种可能?(长度为整分米数)

(2)如果用正方形地砖把地面铺满(地砖都要整块且边长为整分米数)。可选择边长是几分米的正方形地砖?(如图 4.19.3)

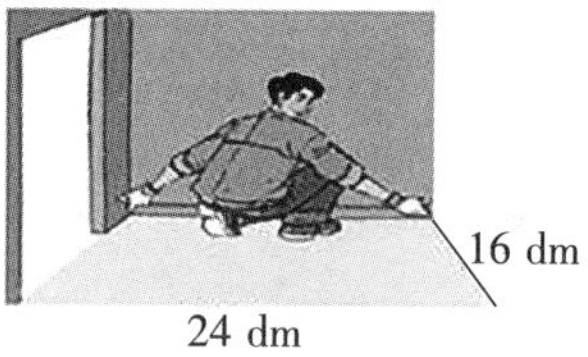


图 4.19.3

(3)把下面两根彩带剪成长度一样的短彩带且没有剩余，每根短彩带最长是多少分米？（如图4.19.4）

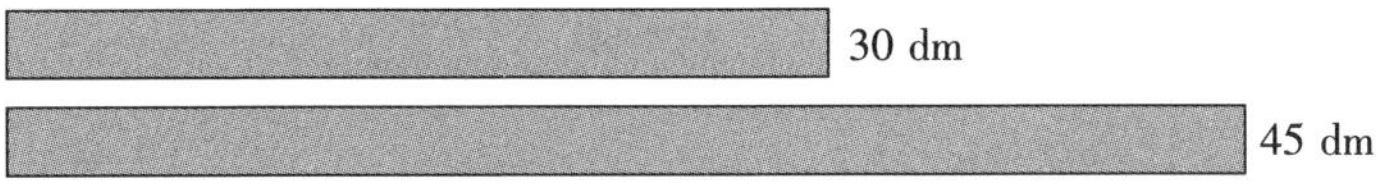


图4.19.4

(4)把一个长24 cm，宽18 cm，高12 cm的长方体木块锯成大小相等的小正方体（棱长为整厘米数且没有剩余），小正方体木块的棱长最长是几厘米？

**【教学思考】**第1、2题为基本练习，让学生在练习中进一步理解公因数和最大公因数的概念，进一步掌握求两个数的公因数和最大公因数的方法。第3题在具体的情境中让学生辨析因数、公因数、最大公因数概念的应用，再次深刻地理解因数、公因数、最大公因数的现实意义，体验数学与生活之间的密切联系。

**四、全课总结**

## 板书设计

最大公因数

12的因数：1、2、3、4、6、12　　16的因数：1、2、4、8、16

12和16的公因数：1、2、4　　12和16的最大公因数：4

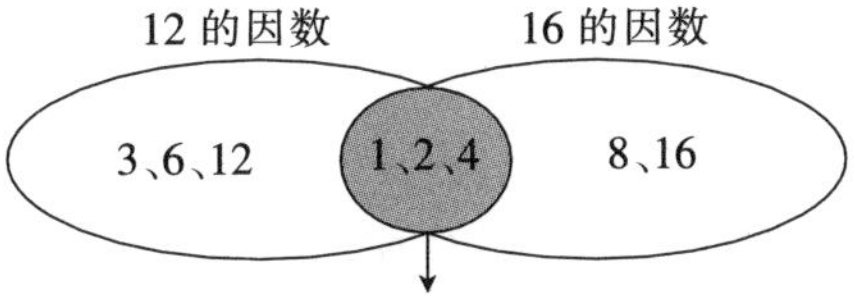


12和16的公因数

(12,16)=4

几个数公有的因数，叫做这几个数的公因数，其中最大的一个，就是它们的最大公因数。

# 20.《最小公倍数》说课稿

## 说教材

最小公倍数是在因数和倍数等知识的基础上学习的，为接下来学习通分做准备。例 1 教学先分别写出 4 和 6 各自的倍数，再从中找出公有的倍数和公有的最小倍数，在此基础上，引入公倍数和最小公倍数的概念，并让学生借助韦恩图更好地理解公倍数和最小公倍数的概念。例 2 教学采用“找”的方法求两个数的最小公倍数。与求最大公因数编排类似，教材同样呈现了学生常用的两种基本方法：一种是先分别写出 6 和 8 各自的倍数，再从中找出公倍数和最小公倍数；另一种是先写出 8 的倍数，再从小到大圈出 6 的倍数，也就是两个数的公倍数，其中第一个圈出的就是它们的最小公倍数。接着让学生研究其他方法，体会方法多样性。最后，引导学生观察两个数的公倍数和它们的最小公倍数之间的关系，并举例说明、拓展验证，加深对概念的理解。

公倍数和最小公倍数的教学，与公因数和最大公因数的教学类似，也脱离了它们的现实情境。先抽象地理解概念，再通过现实情境赋予现实意义。不过学生已经学习了公因数、最大公因数，这对学生掌握本节课概念的形成与求最小公倍数的方法有着正迁移作用。因此，这节课的教学目标如下：

1. 理解两个数的公倍数和最小公倍数的意义，掌握求两个数的最小公倍数的方法。

2. 经历动手操作、自主探索与合作交流等活动过程，培养学生数学抽象能力，并渗透集合思想。

3. 感受数学与生活的联系，运用新知解决简单的实际问题，发展数学应用意识。

教学重点是理解公倍数和最小公倍数的意义，掌握求两个数的最小公倍数的方法。教学难点是运用公倍数和最小公倍数解决简单的实际问题。

为了达成以上教学目标，我设计了如下教学过程。

## 说教学过程

### 一、联系旧知，揭示课题

1. 谈话引入。

同学们，我们已经学习了公因数和最大公因数的有关知识，你还记得哪些？

学生可能会想到：(1)找两个数的公因数和最大公因数可以用集合法、列举法、筛选法；(2)互质的两个数的最大公因数是1，存在倍数关系的两个数的最大公因数就是较小的那个数……

2. 揭示课题。

我们从因数的角度研究了几个数的公因数和最大公因数，今天我们一起从倍数的角度研究。

**【教学思考】**唤起学生已有的知识与经验，找到新旧知识的联结点，充分利用公因数和最大公因数学习方法的正迁移，为新知学习做好铺垫。

### 二、自主探究，寻找策略

1. 思考研究内容。

从倍数的角度研究什么？怎样研究？

学生可能会说，从倍数的角度可以研究公倍数、最大公倍数、最小公倍数，可以先选两个数，先找出各自的倍数，然后找公倍数，最后找最小公倍数或最大公倍数。

2. 概念建构。

(1)自主探究：选择两个数，写出它们的倍数，并找一找它们公有的倍数及公有的最小倍数或最大倍数。

(2)汇报交流：学生研究后汇报，可能会出现以下几种表述方法。（以4和6为例）

方法一：

4的倍数：4，8，12，16，20，24，28，32，36，40，…

6的倍数：6，12，18，24，30，36，42，…

4和6公有的倍数：12，24，36，…

4和6公有的最小倍数：12

方法二(如图4.20.1)：

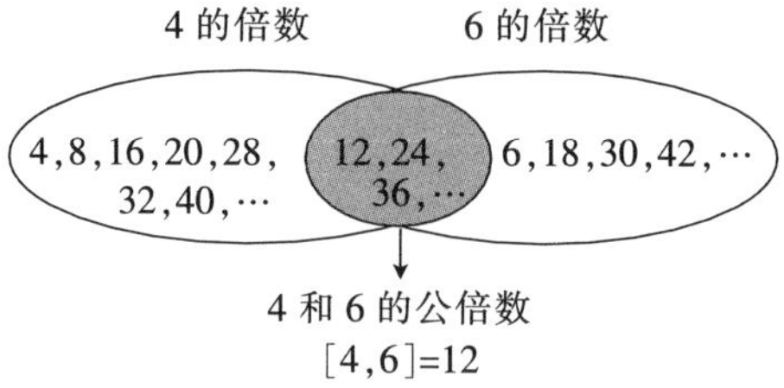


图4.20.1

(3)形成概念:说一说,什么叫公倍数？什么叫最小公倍数？

(4)质疑:为什么没有最大公倍数？

学生在讨论交流中发现,一个数的倍数个数是无限的,没有最大的倍数,因此也就找不到最大公倍数。

**【教学思考】**公倍数和最小公倍数的概念,与公因数和最大公因数的概念类似,因此,充分利用学生已有的知识经验,放手让学生自主探究,并总结归纳公倍数和最小公倍数的概念。

3.方法多样化。

找一找6和8的公倍数、最小公倍数。

学生研究后汇报,一般会出现以下几种方法:

方法一:先分别找出6和8的倍数,然后再找公倍数,最后找出最小公倍数。

6的倍数:6,12,18,24,30,36,42,48,…

8的倍数:8,16,24,32,40,48,…

6和8的公倍数:24,48,…

6和8的最小公倍数:24

方法二:先找出8的倍数,即8,16,24,32,40,48,…,再从小到大,找一找6的倍数,发现24是6的倍数,也就是它们的最小公倍数,它们的公倍数还有48,72,等等。

方法三:先找出6的倍数,即6,12,18,24,30,36,42,48,…,再从小到大,找一找8的倍数,发现24是8的倍数,也是它们的最小公倍数,从而找到它们的公倍数。

引导学生比较第二种与第三种方法,发现第二种方法更简便,从而得出用大数扩大法更简便。

4.深化讨论。

讨论:公倍数和最小公倍数的关系。

(1)两个数的公倍数有什么特点?

得出:只有最小公倍数,没有最大公倍数,公倍数有无限个。

(2)公倍数与最小公倍数之间有什么关系?

得出:公倍数是最小公倍数的倍数。

**【教学思考】**整个新知的学习过程,为学生提供了主动参与的机会,让学生通过猜一猜、写一写、想一想、议一议,化难为易,体验和感知公倍数和最小公倍数这一概念的形成过程。充分调动学生各种感官参与教学活动,使学生充分运用已有的知识经验积极探索,从思维碰撞中概括出概念的本质特征。

**三、练习内化,拓展应用**

1. 比较练习。

直接写出下列各组数的最小公倍数。

| | | | |
|---|---|---|---|
| 8 和 12 | 10 和 15 | 6 和 2 | 16 和 8 |
| 3 和 11 | 5 和 8 | 14 和 7 | |

练习后提问:通过练习,你有什么新发现?

经过小组讨论后,一般学生会发现:

(1)有倍数关系的两个数,较大的数为这两个数的最小公倍数。

(2)如果两个数的公因数只有 1,它们的最小公倍数就是它们的积。

继续研究:如果 14 和 $a$ 的最小公倍数是 14,那么 $a$ 可能是几?如果 14 和 $a$ 的最小公倍数是 $a$,那么 $a$ 又可能是几呢?

学生在讨论交流中发现,当 $a$ 是 1、2、7 时,14 和 $a$ 的最小公倍数是 14;当 $a$ 是 14 的倍数时,14 和 $a$ 的最小公倍数是 $a$。

**【教学思考】**此题为基本练习,但是最后两个问题答案较多、较开放,能激发学生思考的积极性。

2. 拓展应用。

用若干个长 3 cm,宽 2 cm 的长方形摆成正方形,正方形的边长可能是多少厘米?最小边长是多少厘米?说说你的想法。

(1)学生猜想:可能是 6 cm、12 cm、18 cm……

不同思维层次的学生会有不同的想法:有的学生能想到铺成的正方形

可能有很多种;有的学生能想到找2和3的公倍数,应用公倍数和最小公倍数的知识解决问题。

(2)画图验证并交流。

一般有以下几种情况:

①每行画2个,画了3行,得到的正方形的边长是6 cm。

②每行画4个,画了6行,得到的正方形的边长是12 cm。

③每行画6个,画了9行,得到的正方形的边长是18 cm。

通过观察、想象,学生还能想到正方形的边长可能是24 cm、36 cm……只要是3和2的公倍数,就都可以,其中最小的边长是6 cm,也就是3和2的最小公倍数。

**【教学思考】**引导学生根据已有的知识进行有理有据的猜测与想象,并进一步画图验证,使其发现问题、大胆猜想、小心验证,经历解决实际问题的全过程,进一步理解公倍数和最小公倍数的现实意义,体验数学与生活之间的密切联系。

**四、整理总结,知识内化**

请学生静静地回顾整理一下:这节课我们学习了什么知识?大家有什么收获?

## 板书设计

最小公倍数

4的倍数:4,8,12,16,20,24,28,32,36,40,…

6的倍数:6,12,18,24,30,36,42,…

4和6公有的倍数:12,24,36,…

4和6公有的最小倍数:12

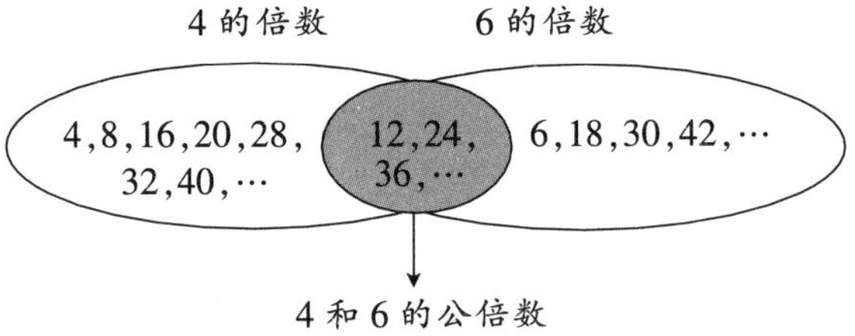


[4,6]=12

几个数公有的倍数,叫做这几个数的公倍数,其中最小的一个,就是它们的最小公倍数。

# 21.《同分母分数加减法》说课稿

## 说教材

同分母分数加减法是在分数的意义,简单的分数加减法等基础上学习的,为接下来学习异分母分数加减法,分数加减混合运算,分数乘除法等知识打下基础。在学习之前,学生已经会进行简单的分数加减法,但对算理的理解还比较模糊,学生还没有真正地用分数单位的个数相加减去理解算理。教材选择学生熟悉的日常生活情境(分吃圆饼)引出两个问题,分别教学同分母分数加法和减法,在理解算理的基础上构建算法。基于《义务教育数学课程标准(2011年版)》关于计算教学的要求以及高年级学生的年龄特征,我在教学时简化了教材的情境,将其合二为一,重点突出了算理的教学。因此,这节课的教学目标如下:

1. 理解同分母分数加减法的算理,掌握算法,并能正确地进行计算。

2. 体会解决问题策略的多样性,沟通整数、小数、分数加减法之间的内在联系,渗透转化的数学思想,提高运算能力。

3. 运用知识解决简单的实际问题,发展数学应用意识。

教学重点是掌握同分母分数加减法的计算方法,并能正确地进行计算。教学难点是理解同分母分数加减法的算理。

为了达成以上教学目标,我设计了如下教学过程。

## 说教学过程

### 一、谈话沟通,复习铺垫

同学们,这一段时间,我们都在学习分数。(出示$\frac{5}{8}$)看到这个分数,你想到了什么?

**【教学思考】**回顾复习分数的意义,特别是分数单位等知识,为学生理解算理做好铺垫,找准学生学习的认知停靠点。

### 二、理解意义,探求算法

**(一)同分母分数加减法**

1. 提出问题。

出示情境图:你能提出什么问题?

学生有可能会提出:共吃了这块饼的几分之几? 爸爸比妈妈多吃了这块饼的几分之几? ……(如图4.21.1)

图4.21.1

2.同分母分数加法。

(1)理解分数加法的意义。

选择用加法解决的问题:共吃了这块饼的几分之几?

学生列式,追问为什么用加法。

小结:分数加法和整数加法的意义一样,都是把两个数合并成一个数的运算。

(2)研究算法与算理。

继续问:$\frac{5}{8}+\frac{1}{8}$等于多少? 学生已学过简单的分数加减法,知道$\frac{5}{8}+\frac{1}{8}=\frac{6}{8}$(可能个别学生认为它们的和为$\frac{6}{16}$),然后引导学生用自己喜欢的方法证明自己的答案是否正确。

学生独立思考后反馈,一般有以下几种情况。

①用长方形、正方形、圆形等图形折出分数,并涂色。

②画图(圆形、正方形、线段图)。

③化成小数计算。$\frac{5}{8}+\frac{1}{8}=0.625+0.125=0.75=\frac{3}{4}$。

④用分数的组成来说明(演示课件并板演计算过程)。(如图4.21.2)

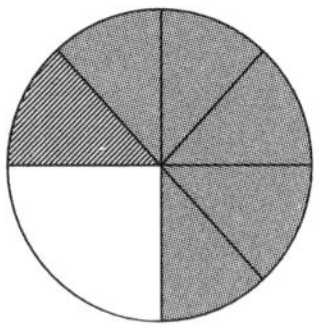

5个$\frac{1}{8}$+1个$\frac{1}{8}$=6个$\frac{1}{8}=\frac{6}{8}=\frac{3}{4}$

图4.21.2

(3)比较优化。

哪种方法最简便?学生在比较中发现,用分数单位个数相加来说明道理是简便的。

**【教学思考】**数学教学是思维活动的教学,此环节是这节课学生的“思维展开点”。数学教学是由浅入深,由易到难,由具体到抽象的一个循序渐进的过程。因此,折纸、画图是具体的,其中画线段图是半具体、半抽象的,而用分数单位的个数去解释算理是抽象概括的,是学科的本质,也是理解算理的基础。在这一过程中让学生用不同的方法进行验证,体验解题策略的多样性,渗透优化意识。

3. 同分母分数减法。

爸爸比妈妈多吃了这张饼的几分之几?怎样列式计算?$\frac{5}{8}-\frac{1}{8}$等于多少?你能用一句话说明道理吗?(如图4.21.3)

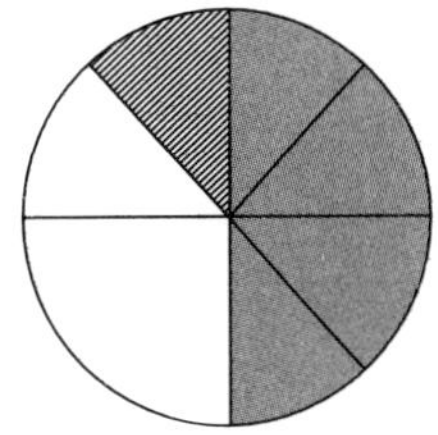

图4.21.3

学生回答:5个$\frac{1}{8}$-1个$\frac{1}{8}$=4个$\frac{1}{8}=\frac{4}{8}=\frac{1}{2}$。

**【教学思考】**此环节教学不用多种方法进行验证,而是直接运用刚才所学的知识进行说理,从而避免在教学中出现学生认知倒退现象。

小结:分数减法和整数减法的意义一样,都是已知两个数的和与其中一个加数,求另一个加数的运算。

4. 归纳计算方法。

(1)计算。

$\frac{1}{7}+\frac{2}{7}$　$\frac{3}{7}+\frac{1}{7}$　$\frac{5}{7}+\frac{1}{7}$　$\frac{6}{7}-\frac{1}{7}$　$\frac{2}{7}+\frac{3}{7}$　$\frac{5}{7}-\frac{2}{7}$

观察这几道算式,你发现有什么相同的地方?(分母相同、分数单位相同)为什么得数不同?(分数单位的个数不同)

(2)归纳方法。

学生回答后板书:同分母分数加减法,分母不变,分子相加减。

(3)特殊的同分母分数加法。

$\frac{1}{4}+\frac{1}{4}$　　$\frac{3}{8}+\frac{3}{8}$　　$\frac{2}{9}+\frac{2}{9}$　　$\frac{5}{16}+\frac{5}{16}$

问:这几道算式又有什么特点呢?(分子、分母都相同)

设疑:可不可以分子不变,分母相加呢?

**【教学思考】**引导学生进一步明确同分母分数加减法是分数单位个数相加减,只能把分子相加减,分母不变。

**(二)沟通联系,知识同化**

1. 填空。

$\frac{5}{\square}+\frac{1}{\square}=\frac{6}{\square}$,方框里可以怎么填?

2. 沟通比较,建立联系。

(1)计算,说一说是怎么算的。

500 + 100 = 600　　0.5 + 0.1 = 0.6　　5 角 + 1 角 = 6 角

(2)比较:这些是我们以前学过的计算,你能找出它们之间共同的地方吗?

学生在比较中发现,它们都是算 5 个单位加 1 个单位等于 6 个单位,计算后单位保持不变。

(3)小结:单位相同,计算后的单位保持不变,只是个数的累加。

**【教学思考】**沟通整数、小数、分数加减法之间的内在联系,深刻理解同分母分数加减法的算理,即分数单位个数相加减,培养归纳、概括等能力,并把新知纳入学生原来的认知结构中同化。

**三、练习比较,深化理解**

1. 口算。

$\frac{3}{5}+\frac{1}{5}$　　$\frac{3}{4}-\frac{1}{4}$　　$\frac{2}{3}-\frac{1}{3}$　　$\frac{3}{8}+\frac{4}{8}$

$\frac{1}{6}+\frac{1}{6}$　　$\frac{5}{12}+\frac{7}{12}$　　$\frac{5}{9}-\frac{4}{9}$　　$\frac{4}{15}+\frac{8}{15}$

2. 笔算。

$\frac{7}{11}-\frac{3}{11}$　　　$\frac{3}{20}+\frac{7}{20}$　　　$\frac{6}{7}+\frac{3}{7}$

学生板演，提醒学生要将计算结果化成最简分数。

3. 递等式计算。

$3\div17-1\div17$

**【教学思考】**巩固练习共设计了3题，第1、2题属于基本练习，既有口算，又有笔算，帮助学生进一步掌握同分母分数加减法的算法与算理；第3题须先利用分数与除法的关系将其转化成同分母分数减法再计算，克服学生的思维定式，渗透转化的教学思想，培养学生综合运用知识的能力。

**四、整理总结，提前渗透**

1. 整理总结。

这节课，你有什么收获？

2. 提前渗透。

如果是$\frac{5}{a}+\frac{1}{b}$，该怎么计算呢？如有兴趣，课下探索研究，以后我们继续学习。

**【教学思考】**引导学生用发展的眼光看待数学问题，感受数学的发展历程，激发学生研究异分母分数加减法的兴趣与欲望。

## 板书设计

同分母分数加减法

同分母分数加减法，分母不变，分子相加减。

（分数单位个数相加减）

$$\frac{5}{8}+\frac{1}{8}=\frac{6}{8}=\frac{3}{4}$$

5个$\frac{1}{8}$加1个$\frac{1}{8}$等于6个$\frac{1}{8}$，也就是$\frac{6}{8}$。

$$\frac{5}{8}-\frac{1}{8}=\frac{4}{8}=\frac{1}{2}$$

5个$\frac{1}{8}$减1个$\frac{1}{8}$等于4个$\frac{1}{8}$，也就是$\frac{4}{8}$。

# 22.《解决问题》说课稿

## 说教材

解决问题是在同分母分数加减法、异分母分数加减法、分数加减混合运算等基础上学习的。教材安排这节内容，主要是渗透数形结合解决问题的策略。教材呈现了解决问题的一般步骤：首先，在“阅读与理解”中，通过摘录相关信息，渗透数学阅读、审题的方法；其次，在“分析与解答”中，展现学生分析、思考的过程。突出解决问题的关键：第二次喝了多少杯纯牛奶？由于学生还未学习分数乘法，无法用乘法来解决$\frac{1}{2}$杯纯牛奶的一半是多少的问题，教材通过画图帮助学生理解，并结合分数的意义找到解决问题的方法。最后，引导学生检验、反思解决问题的关键和策略，并以此来渗透解决问题的方法。

教材的情境与学生的实际生活联系比较密切，但是多数学生虽然有这样的生活经历，却很少从数学的角度去分析、比较、研究。学生对第二次喝的“半杯”的成分不太理解，他们往往感到困惑，为什么第二次喝的“半杯”中一半是牛奶，一半是水呢？这也是本节课要重点解决的问题。根据以上分析，这节课的教学目标如下：

1. 理解喝牛奶问题的结构特征和数量关系，并能正确地进行解答。

2. 经历画图、分析、比较、抽象、概括等数学活动过程，渗透数形结合的数学思想，培养推理能力。

3. 体验数学与生活之间的联系，发展应用意识。

教学重点是理解喝牛奶问题的结构特征和数量关系，并能正确地进行解答。教学难点是正确理解第二次分别喝了多少杯牛奶，多少杯水。

为了达成以上教学目标，我设计了如下教学过程。

## 说教学过程

### 一、联系生活，巧作孕伏

1. 提出问题。

呈现麦饼图片，问学生：你们吃过吗？（吃过）再问：小明第一次吃了它的一半，第二次吃了剩下麦饼的一半，麦饼是否还有剩余？

2. 画图解决。

生：第一次吃了它的$\frac{1}{2}$，第二次吃了它的$\frac{1}{4}$，因此，还有剩余。

追问：两次都吃了一半，为什么第二次只吃了它的$\frac{1}{4}$呢？

生：第二次吃了一半的一半。

引导学生画图说明。（如图 4.22.1）

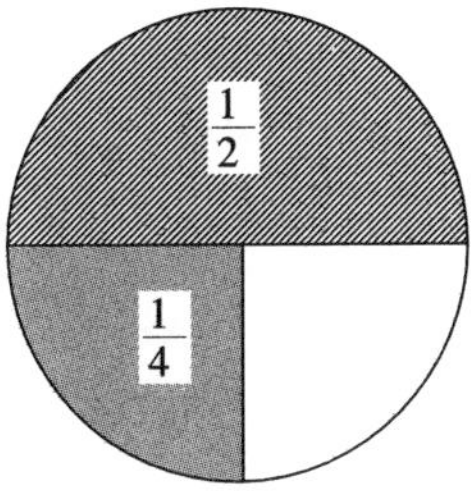


图 4.22.1

教师再拿出一个圆形纸片，第一次剪下它的$\frac{1}{2}$，第二次剪下剩下部分的$\frac{1}{2}$。让学生发现，第二次吃的是整个麦饼的$\frac{1}{4}$，所以麦饼没有吃完。

师：如果第三次又吃了剩下麦饼的$\frac{1}{2}$，你们理解吗？

生：第三次吃了这个麦饼的$\frac{1}{8}$。（如图 4.22.2）

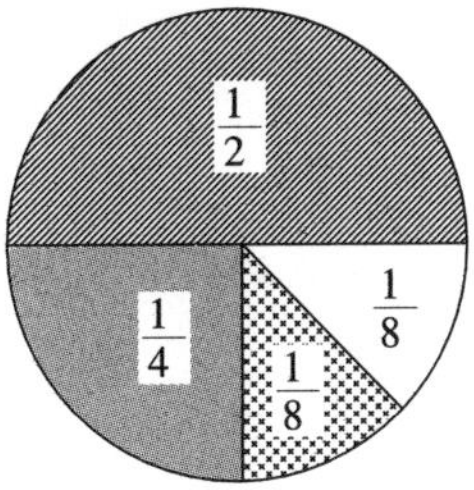


图 4.22.2

第四次又吃了剩下麦饼的一半呢？如果第五次把剩下的麦饼吃完了，请问吃了多少？学生画图解决问题。

3. 揭示课题。

像这样的问题在生活中还有很多，今天我们来研究喝牛奶中的数学问题。

**【教学思考】**吃饼问题与喝牛奶问题类似，但第二次吃了几个饼比第二次喝了多少杯牛奶更直观形象，也更容易理解。解决了吃饼问题，就为学习喝牛奶问题找到了认知停靠点。

**二、探索研究，掌握新知**

1. 探索新知，掌握方法。

呈现例1：一杯纯牛奶，小明喝了半杯后，觉得有些凉了，就兑满了热水。他又喝了半杯，就出去玩了。小明一共喝了多少杯纯牛奶？

(1)读题：你知道了哪些信息？

(2)解决问题：请列式计算并说明理由(如能画图更好)。

(3)学生汇报：第一次喝了$\frac{1}{2}$杯，第二次喝了$\frac{1}{4}$杯，共喝了$\frac{3}{4}$杯纯牛奶，算式：$\frac{1}{2}+\frac{1}{4}=\frac{3}{4}$(杯)。

(4)比较：两次都喝了“半杯”，为什么不同？

课件演示(如图4.22.3)：

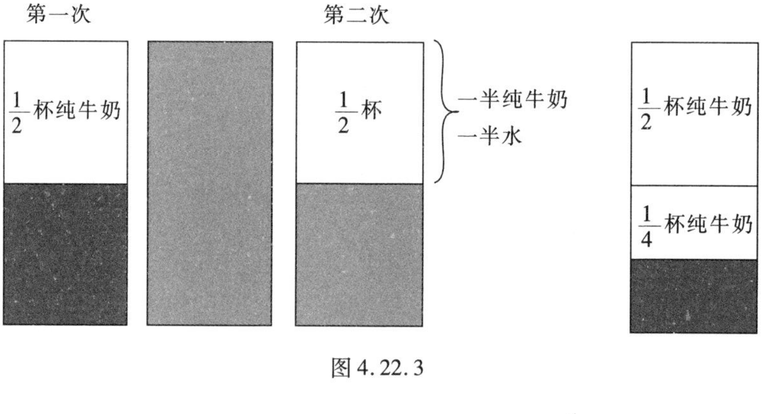


图4.22.3

实际演示：教师拿出装满牛奶的杯子，第一次喝了$\frac{1}{2}$杯，用热水加满，让学生观察杯子里牛奶的颜色变化(变淡了),第二次又喝了$\frac{1}{2}$杯,此时学生能明显看到两次喝的牛奶有所不同,即第二次喝了$\frac{1}{4}$杯牛奶。

(5)小明喝了多少杯水呢?

方法一:由图中呈现可知,喝了$\frac{1}{4}$杯水。

方法二:一共喝了$\frac{1}{2}+\frac{1}{2}=1$(杯),其中牛奶喝了$\frac{3}{4}$杯,所以水喝了$1-\frac{3}{4}=\frac{1}{4}$(杯)。

**【教学思考】**让学生想办法用自己喜欢的方式进行表示,并对两次喝牛奶的情况进行比较。且通过课件演示与实际演示相结合,让学生发现第一次喝半杯牛奶,但第二次喝的半杯不只是牛奶,还有一半是水,从而理解喝牛奶问题的本质,顺利地解决问题。为了降低学生理解的坡度,把喝了多少杯水这一问题后置。

2. 尝试练习,灵活运用。

(1)一杯纯牛奶,小明喝了半杯后,觉得有些凉了,就兑满了热水。他又喝了半杯,再兑满热水,又喝了半杯。小明一共喝了多少杯纯牛奶?多少杯水?

纯牛奶:$\frac{1}{2}+\frac{1}{4}+\frac{1}{8}=\frac{7}{8}$(杯);

水:$\frac{1}{2}+\frac{1}{2}+\frac{1}{2}-\frac{7}{8}=\frac{5}{8}$(杯)。

(2)一杯纯牛奶,乐乐喝了半杯后,觉得有些凉了,就兑满了热水。他又喝了半杯,再兑满热水,把整杯喝完了。乐乐一共喝了多少杯纯牛奶?多少杯水?

方法一:

纯牛奶:$\frac{1}{2}+\frac{1}{4}+\frac{1}{4}=1$(杯);

水:$\frac{1}{4}+\frac{3}{4}=1$(杯)。

此时,教师要引导学生弄清每一个分数表示的意思。

方法二:

乐乐一共喝了两杯,其中纯牛奶1杯,水1杯。

**【教学思考】**尝试练习中,第(1)题在例题的基础上进一步加深难度,教师着重引导学生理解第三次到底喝了多少杯牛奶。学生有了例题的学习基础,能类推到第三次喝的牛奶,从而培养推理能力。第(2)题至少有两种方法解答,第一种方法按常规的解题思路进行;第二种方法比较巧妙,能帮助学生从整体入手,快速地解决问题。

**三、巩固练习,拓展提升**

1. 小亮喝一杯果汁,第一次喝了这杯果汁的$\frac{1}{4}$,然后加满水;第二次喝了一杯的$\frac{1}{4}$,然后又加满水;第三次把整杯喝完。小亮是果汁喝得多还是水喝得多?为什么?

2. 小亮喝一杯果汁,第一次喝了这杯果汁的$\frac{1}{4}$,然后加满水;第二次喝了一杯的$\frac{1}{4}$,然后又加满水。小亮是果汁喝得多还是水喝得多?为什么?

3. 小明喝牛奶,先喝了一杯牛奶的$\frac{1}{4}$,然后往杯子里装满水;又喝了一杯的$\frac{1}{3}$,又装满了水;又喝了$\frac{1}{2}$,再装满水;最后把整杯喝完了。问:小明分别喝了多少水和牛奶?

**【教学思考】**第1题,小亮三次共喝$1\frac{1}{2}$杯,其中果汁1杯,水$\frac{1}{2}$杯,果汁喝得多。第2题,不计算就可知道果汁喝得多。第3题,四次共喝$\frac{1}{4}+\frac{1}{3}+\frac{1}{2}+1=2\frac{1}{12}$(杯),因此,牛奶喝了1杯,水喝了$1\frac{1}{12}$杯。巩固练习对喝牛奶问题进行情境转换,但是题目的结构特征、数量关系、解题方法等都与喝牛奶问题相同,要求学生灵活地运用所学知识解决问题。

**四、总结内化，挑战研究**

1. 总结内化。

这节课学习了什么内容？我们是怎样学习的？

2. 挑战研究。

三个农夫住进一家旅店，让店主给他们煮土豆，然后都去睡了。第一个农夫醒来，拿出三分之一吃了。第二个农夫醒来，数了数盆里的土豆，吃了其中的三分之一，就又睡了。第三个农夫醒来，也数了数盆里的土豆，吃了其中的三分之一。

这时，他的两个同伴都醒了，看见盆里还剩 8 个土豆。

请算一下，店主一共拿来多少个土豆？

## 板书设计

解决问题

牛奶：$\frac{1}{2}+\frac{1}{4}=\frac{3}{4}$（杯）　　水：$\frac{1}{4}$杯

（第二次，牛奶与水各喝了$\frac{1}{4}$杯）

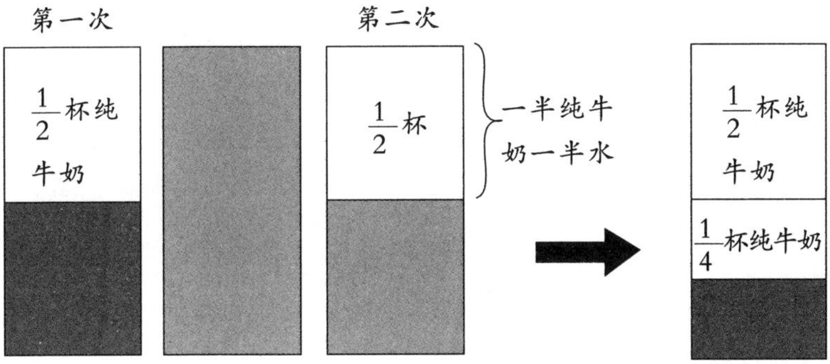


答：小明喝了$\frac{3}{4}$杯牛奶，喝了$\frac{1}{4}$杯水。

# 23.《一个数除以分数》说课稿

## 说教材

一个数除以分数是在分数乘法、分数除以整数等基础上学习的，为接下来学习分数乘除混合运算及比等知识打下基础。一个数除以分数的计算方法比较简单。一个数除以分数等于这个数乘除数的倒数，只要将它转化成分数乘法即可。但是，为什么要乘除数的倒数而不乘被除数的倒数呢？多数学生弄不明白，可见算法简单，算理却很难理解。教材提供了小明与小红比较走路速度的情境，让学生分别先计算小明、小红的走路速度。一道算式为整数除以分数，另一道算式为分数除以分数。教学的重点在第一道算式：2 除以$\frac{2}{3}$，教材通过线段图帮助学生理解算理。先求$\frac{1}{3}$小时走了多少千米，也就是求 2 的$\frac{1}{2}$，即 2 乘$\frac{1}{2}$。再求 3 个$\frac{1}{3}$小时走了多少千米，即 2 乘$\frac{1}{2}$再乘 3，从而将 2 除以$\frac{2}{3}$转化成 2 乘$\frac{3}{2}$。然后要求学生用自己的方式表达计算的规律。因此，这节课的教学目标如下：

1. 理解一个数除以分数的算理，掌握算法，并能正确地计算。

2. 在画图、分析、推理、概括等活动中，发展数感，提高运算能力。

3. 体验解题策略的多样性，渗透优化意识，发展创新意识。

教学重点是掌握一个数除以分数的计算方法，并能正确地计算。教学难点是理解一个数除以分数的算理。

为了达成以上教学目标，我设计了如下教学过程。

## 说教学过程

### 一、研究算法，理解算理

1. 一个整数除以几分之一。

(1)有一根 2 m 长的绳子，截成每段长$\frac{1}{2}$ m，可以截几段？

算式：$2 \div \frac{1}{2} = 4$(段)

学生画图(如图 4.23.1):

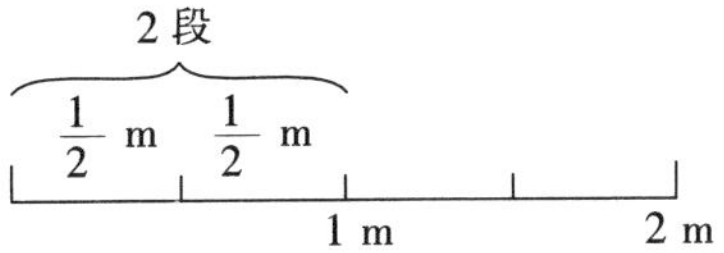


图 4.23.1

说理:1 m 可以截 2 段,2 m 可以截 2 × 2 = 4(段)。

板书完整:$2 \div \frac{1}{2} = 2 \times 2 = 4$(段)

(2)有一根 2 m 长的绳子,截成每段长 $\frac{1}{3}$ m,可以截几段?

算式:$2 \div \frac{1}{3} = 2 \times 3 = 6$(段)

说理:1 m 可以截 3 段,2 m 可以截 2 × 3 = 6(段)。

课件演示(如图 4.23.2):

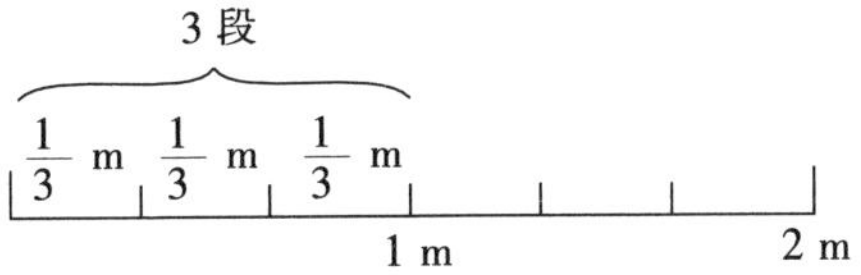


图 4.23.2

(3)计算并说理。

$2 \div \frac{1}{4} = 2 \times 4 = 8$

理由:1 里面有 4 个 $\frac{1}{4}$,2 里面有(2 × 4)个 $\frac{1}{4}$。

$3 \div \frac{1}{4} = 3 \times 4 = 12$

理由:1 里面有 4 个 $\frac{1}{4}$,3 里面有(3 × 4)个 $\frac{1}{4}$。

$3 \div \frac{1}{5} = 3 \times 5 = 15$

理由:1 里面有 5 个 $\frac{1}{5}$,3 里面有(3 × 5)个 $\frac{1}{5}$。

$5 \div \frac{1}{10} = 5 \times 10 = 50$

理由:1 里面有 10 个$\frac{1}{10}$,5 里面有$(5\times10)$个$\frac{1}{10}$。

(4)观察归纳:这几道算式有什么共同特点?怎样计算呢?

学生归纳:整数除以几分之一,等于用这个整数乘以几分之一的倒数。

**【教学思考】**一个数除以分数的算理很难理解,因此,可以先从最简单的整数除以几分之一入手,通过画图、想象,借助分数的意义与分数单位等知识,帮助学生掌握整数除以几分之一的计算方法,并理解算理。

2. 一个整数除以几分之几。

(1)有一根 2 m 长的绳子,截成每段长$\frac{2}{3}$ m,可以截几段?

列式计算:$2\div\frac{2}{3}=2\times\frac{3}{2}=3$(段)

与之前学习的除法算式比较,有什么不同?

生:这道算式的除数是几分之几。

自主研究:为什么$2\div\frac{2}{3}=2\times\frac{3}{2}$?(方法不限,可以画图说明,也可用其他方法推导)

学生研究并汇报,一般呈现以下几种方法:

第一种方法:因为 1 m 可截一段,还余半段,合起来就是 1.5 段,也就是$\frac{3}{2}$段,所以 2 m 可以截$2\times\frac{3}{2}=3$(段)。(如图 4.23.3)

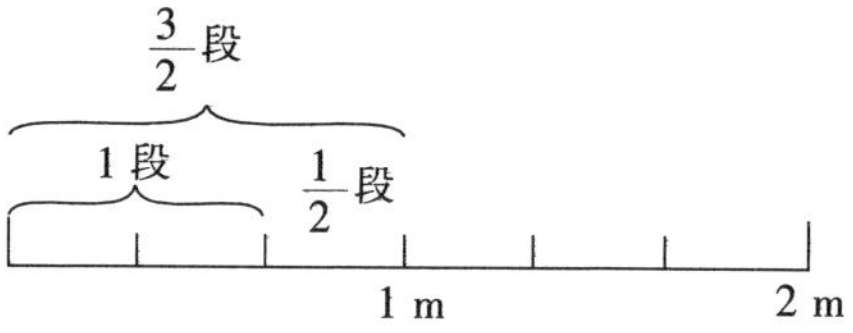


图 4.23.3

第二种方法:因为 1 m 里面有 3 个$\frac{1}{3}$,2 m 里面有$(2\times3)$个$\frac{1}{3}$,每 2 个$\frac{1}{3}$为一段,所以$2\div\frac{2}{3}=2\times3\div2=2\times\frac{3}{2}=3$(段)。(如图 4.23.4)

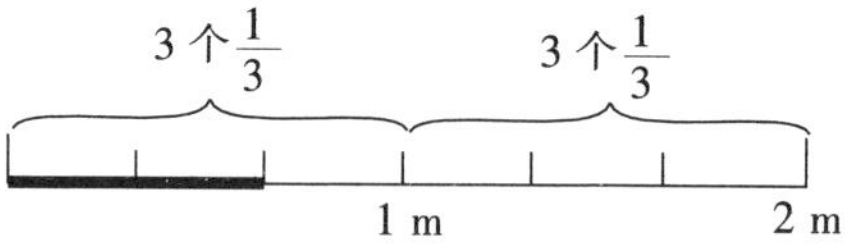


图 4.23.4

第三种方法：根据商不变性质，可以把被除数、除数同时乘 3，商不变，得到 $2\div\frac{2}{3}=(2\times3)\div(\frac{2}{3}\times3)=2\times3\div2=3$（段）。

第四种方法：根据商不变性质，可以把被除数、除数同时乘$\frac{3}{2}$，商不变，得到 $2\div\frac{2}{3}=(2\times\frac{3}{2})\div(\frac{2}{3}\times\frac{3}{2})=2\times\frac{3}{2}=3$（段）。

（2）比较：哪种方法能更简便、更高效地解释 $2\div\frac{2}{3}=2\times\frac{3}{2}$？

生：用商不变性质，将除数转化成 1 的方法是最简便、最高效的。

**【教学思考】**从一个整数除以几分之一，到一个整数除以几分之几，是学生认知上的一次飞跃。因为一个整数除以几分之几的算理更难理解，所以教学时可以多途径、多角度引导学生去研究，然后在比较中优化，为接下来的学习打下基础。

3. 分数除以分数。

（1）你们会算$\frac{3}{8}\div\frac{2}{3}$吗？

生：$\frac{3}{8}\div\frac{2}{3}=\frac{3}{8}\times\frac{3}{2}=\frac{9}{16}$

师：怎样验证计算是否正确呢？

生：利用商不变性质将被除数与除数同时乘$\frac{3}{2}$，得到：

$\frac{3}{8}\div\frac{2}{3}=(\frac{3}{8}\times\frac{3}{2})\div(\frac{2}{3}\times\frac{3}{2})=\frac{3}{8}\times\frac{3}{2}$

（2）试列举一道分数除以分数的算式，验证刚才的想法。

小结：无论是整数除以分数，还是分数除以分数，都可以转化成这个数乘除数的倒数。

4. 概括方法。

结合分数除以整数，以$\frac{5}{6}\div7$ 为例，概括分数除法的一般计算方法。

甲数除以乙数（0 除外），等于甲数乘乙数的倒数。

5. 阅读课本。

**【教学思考】**有了一个整数除以几分之一、几分之几的研究铺垫，分数除以分数的研究也就水到渠成了。再结合分数除以整数，概括出分数除法的一般计算方法。学生不但可以掌握分数除法的算法，而且能深刻地理解算理。

**二、巩固新知，拓展提高**

1. 完成课本第31页第1题。

2. 分层练习。

A层：

（1）动车$\frac{3}{5}$小时行驶了180 km，平均每小时行驶多少千米？

（2）老师$\frac{5}{12}$小时走了$\frac{5}{6}$ km，平均每小时走多少千米？

B层：

$\frac{9}{10}\times34+66\div\frac{10}{9}$

**【教学思考】**第1题，让学生在计算中进一步掌握算法，理解算理；第2题分层练习，引导学生在解决简单的实际问题中，发展数学应用意识，其中的B层练习要求学生综合运用所学知识，先将分数除法转化成分数乘法，再利用乘法分配律进行计算。

**三、总结内化，完善认知**

通过这节课学习，你有什么收获？你对分数除法又有哪些新的认识？

**板书设计**

一个数除以分数

甲数除以乙数（0除外），等于甲数乘乙数的倒数

（转化）

$2\div\frac{1}{2}=2\times2=4$（段）

$2\div\frac{1}{3}=2\times3=6$（段）

$2\div\frac{1}{4}=2\times4=8$（段）

$3\div\frac{1}{4}=3\times4=12$（段）

$3\div\frac{1}{5}=3\times5=15$（段）

$2\div\frac{2}{3}=2\times\frac{3}{2}=3$（段）

$2\div\frac{2}{3}=2\times3\div2=2\times\frac{3}{2}=3$（段）

$2\div\frac{2}{3}=(2\times3)\div(\frac{2}{3}\times3)$

$=2\times3\div2=2\times\frac{3}{2}=3$（段）

$2\div\frac{2}{3}=(2\times\frac{3}{2})\div(\frac{2}{3}\times\frac{3}{2})$

$=2\times\frac{3}{2}=3$（段）

（利用商不变性质）

# 二、图形与几何领域

## 24.《怎样拼周长最短》说课稿

### 说教材

怎样拼周长最短是在周长的认识、长方形和正方形周长等知识的基础上学习的，为进一步学习其他图形的拼接等知识奠定基础，如两个正方体拼成一个长方体，表面积的变化情况，等等。教材例 5 以“用 16 张边长是 1 分米的正方形纸拼长方形和正方形。怎样拼才能使拼成的图形周长最短?”为任务展开探究活动，通过拼摆、计算、比较、讨论等活动发现使拼成的图形周长最短的方法。在此基础上研究为什么这样拼成的图形周长最短。因此，我们要设计由浅入深、由易到难、层层递进的探究活动，让学生逐步发现规律及原因。通过学习帮助学生进一步掌握长方形、正方形的特征及周长的计算方法，提高解决问题的能力，培养数学思维能力。因此，这节课的教学目标如下：

1. 会用多个正方形拼出不同形状的长方形，掌握使拼成的图形周长最短的方法。

2. 在动手操作、分析比较、归纳概括等探究活动中，发展空间观念，培养推理能力。

3. 体验数学与生活之间的联系，发展数学应用意识。

教学重点是掌握使拼成的图形周长最短的方法。此时，学生还没有学习过因数与倍数等知识，所以，教学难点是找全拼成长方形的不同方法。只有找全所有的拼法，才能在比较分析中发现怎样拼才能使拼成的图形周长最短。

为了达成以上教学目标，我设计了如下教学过程。

## 说教学过程

### 一、复习旧知，操作引入

1. 复习正方形的周长计算方法。

呈现边长是1分米的正方形，问：它的周长是多少分米？

【教学思考】复习正方形的特征与周长的计算方法，为接下来的学习做充分准备。

2. 长方形的周长。

用两张边长为1分米的正方形纸拼接成一个长方形。问：这个长方形的周长是多少分米？（如图4.24.1）

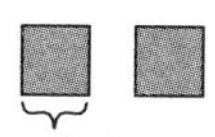


图4.24.1

学生思考后一般会有以下两种方法。

第一种方法：这个长方形的长为2分米，宽为1分米，它的周长就是$(2+1)\times2=6$（分米）。

第二种方法：一个正方形的周长是4分米，2个正方形的周长是8分米，拼成一个长方形之后，减少了2分米。因此，这个长方形的周长是6分米。

【教学思考】从两个正方形拼成一个长方形入手研究，让学生发现拼成的长方形的周长并不等于两个正方形周长的总和，为接下来研究更多的正方形拼摆打好基础。

### 二、探索研究，解决问题

1. 尝试操作。

例5：用16张边长是1分米的正方形纸拼长方形和正方形。怎样拼，才能使拼成的图形周长最短？（如图4.24.2）

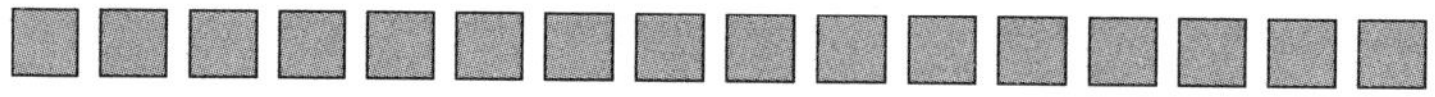

图4.24.2

（1）学生动手操作。

（2）反馈交流，呈现不同的拼法。

第一种拼法：拼成一个长是16分米，宽是1分米的长方形，它的周长是34分米。算式：(16+1)×2=34(分米)。

第二种拼法：拼成一个长是8分米，宽是2分米的长方形，它的周长是20分米。算式：(8+2)×2=20(分米)。

第三种拼法：拼成一个边长为4分米的正方形，它的周长是16分米。

追问：只有这三种拼法吗？

得出：16=16×1=8×2=4×4。因此，只有这三种拼法。

(3)分析比较：为什么周长越来越小？你发现了什么？(如图4.24.3)

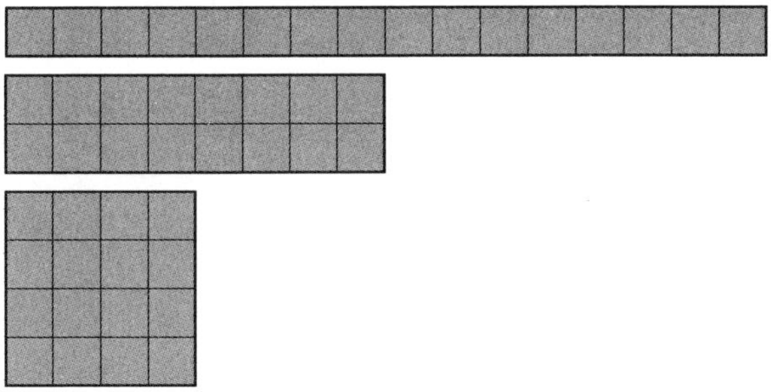

图4.24.3

学生回答：拼接的正方形越来越多，减少的边就越来越多，周长就越来越小。

师：拼接的情况又分别是怎样的呢？

得出：第一种拼法，拼接了15次，少了30条边，周长就是64-2×15=34(分米)。第二种拼法，拼接了22次，少了44条边，周长就是64-2×22=20(分米)。第三种拼法，拼接了24次，少了48条边，周长就是64-2×24=16(分米)。

达成共识：拼成正方形，周长最短。

**【教学思考】**学生在动手操作中发现不同的拼法，得到的长方形和正方形的周长也是不同的。引导学生在分析比较中寻找原因，即重叠的边越多周长越短。

2. 继续探究。

用12张边长是1分米的正方形纸拼长方形。怎样拼，才能使拼成的图形周长最短？

(1)学生操作。

(2)交流汇报,呈现学生的三种方法。

第一种方法:可以拼成长 12 分米,宽 1 分米的长方形,周长是$(12+1)\times2=26$(分米)。

第二种方法:可以拼成长 6 分米,宽 2 分米的长方形,周长是$(6+2)\times2=16$(分米)。

第三种方法:可以拼成长 4 分米,宽 3 分米的长方形,周长是$(4+3)\times2=14$(分米)。

得到:拼成长 4 分米,宽 3 分米的长方形的周长最短。

3. 画图尝试。

(1)用 20 张边长是 1 分米的正方形纸拼长方形。怎样拼,才能使拼成的图形周长最短?

在方格图上画图研究,得到:拼成长为 5 分米,宽为 4 分米的长方形周长最短,周长为 18 分米。

(2)用 36 张边长是 1 分米的正方形纸拼长方形。怎样拼,才能使拼成的图形周长最短?

在方格图上画图研究,得到:拼成边长为 6 分米的正方形周长最短,周长为 24 分米。

4. 猜想。

当拼成图形的长与宽越接近或拼成正方形时周长最短。

5. 利用方格图举例验证。

6. 方法小结。

用一些小正方形拼成长方形,当拼成图形的长与宽越接近或拼成正方形时,周长最短。

**【教学思考】**让学生先想象,然后在方格图上把拼成的长方形画出来进行验证,最后引导学生对怎样拼周长最短的方法进行归纳概括,培养学生的推理能力。

**三、巩固练习,拓展提高**

1. 解决问题。

把下面这样的 4 盒保鲜膜捆在一起,怎样捆最节省胶带?(如图 4.24.4)

图 4.24.4

呈现两种包装情况,供学生选择(如图 4.24.5):

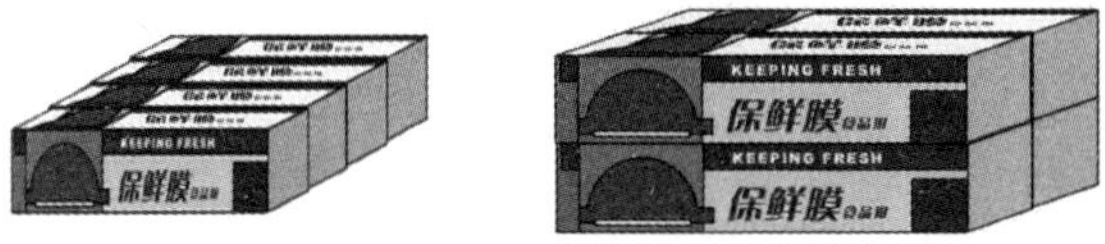


图 4.24.5

研究发现,只要对比拼成后的两图形的侧面周长即可。

2. 用 11 个小正方形拼成长方形。怎样拼,拼成长方形的周长最短?

注意:当学生发现只有一种拼法时,我们可以引导学生再思考。比如,还有哪些用小正方形拼成长方形也是只有一种拼法的?这样的教学打开了学生思路,又为今后学习质数等知识埋下伏笔。

3. 画图研究。

用一些边长为 1 分米的小正方形拼成周长是 20 分米的长方形,可能需要多少个小正方形?学生在方格图上画一画,结果如下(如图 4.24.6):

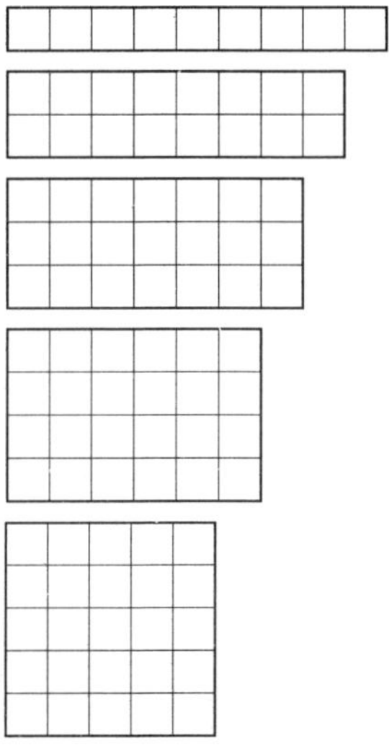

图 4.24.6

【**教学思考**】练习环节安排了3道习题，第1题是运用所学知识解决简单的实际问题，发展学生的应用意识；第2题是拼长方形中的特殊情况，只有一种拼法，克服学生的思维定式；第3题是逆向思维的，告知周长，让学生想象图形并在方格图上画出来，培养学生空间想象能力与推理能力。

**四、全课总结，课外探索**

1. 总结内化。

通过学习这节课，你有什么收获？

2. 课外探索。

在一张长28厘米，宽20厘米的长方形纸上，先剪下一个最大的正方形，然后再剪下一个最大的正方形，剩下的图形周长是多少厘米？

## 板书设计

怎样拼周长最短

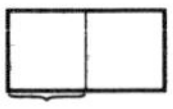

1 分米

(1×2+1)×2=6(分米)

1×4×2−2=6(分米)

(16+1)×2=34(分米)

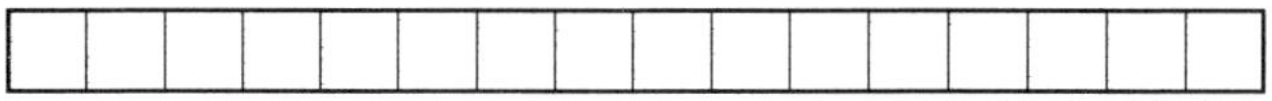

4×16−2×15=34(分米)

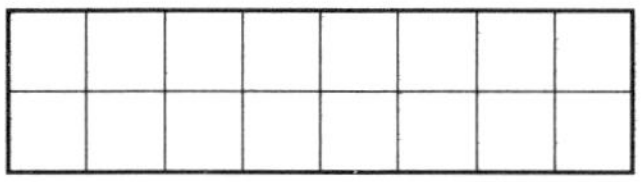

(8+2)×2=20(分米)

4×16−2×22=20(分米)

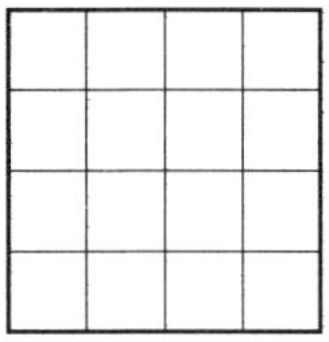

4×4=16(分米)

4×16−2×24=16(分米)

拼接越多，周长越短

拼成长与宽越接近的长方形或拼正方形，周长最短。

# 25.《长方形、正方形的面积》说课稿

## 说教材

长方形、正方形的面积是在学生已经理解了面积和面积单位的概念，掌握了长方形和正方形的特征，并会计算长方形和正方形周长的基础上进行学习的。这是学生认识上的一次飞跃，为以后继续学习多边形面积等知识奠定基础。教材提供了一个长 5 cm、宽 3 cm 的长方形，安排了以下三个层次操作：先用画格子或用面积单位测量长方形面积；再安排用面积单位拼摆多个长方形，逐步概括长方形面积公式；最后画出两个长方形，要求量出长和宽，算出面积，并在测量中发现第二个图形的长和宽相等，从而得出正方形面积公式。在教学中要充分利用学生已有的知识经验，提供丰富的素材，让学生在动手操作中学习。因此，这节课的教学目标如下：

1. 掌握长方形和正方形的面积计算公式，能正确地计算长方形和正方形的面积。

2. 经历长方形面积计算公式的探究过程，培养推理能力，发展空间观念。

3. 体验数学与生活之间的密切联系，发展数学应用意识。

教学重点是掌握长方形和正方形的面积计算公式。教学难点是理解面积单位的个数就是长方形的面积。

为了达成以上教学目标，我设计了如下教学过程。

## 说教学过程

### 一、复习度量，引入面积

1. 出示线段（如图 4.25.1）：

图 4.25.1

要知道这条线段有多长，你有什么办法？（用尺子测量）

2. 出示长方形（长 5 cm、宽 3 cm）。（如图 4.25.2）

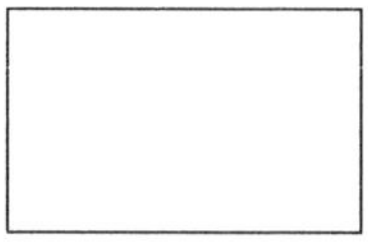

图 4.25.2

要知道这个长方形的面积有多大,又有什么办法呢?(用面积单位来测量)

3. 揭示课题。

这节课我们一起来学习、研究长方形的面积。

**【教学思考】**通过复习测量线段的方法,唤醒学生原有的认知。要测量长度就需要用单位长度去测量,为用面积单位进行测量做好铺垫。

**二、动手操作,探索研究**

1. 尝试操作。

给学生若干个 1 $cm^2$ 的小正方形和一把尺子,用这些材料想办法测出这个长方形的面积。

2. 反馈交流。

可能会出现以下几种方法。

第一种方法:用小正方形铺满。(如图 4.25.3)

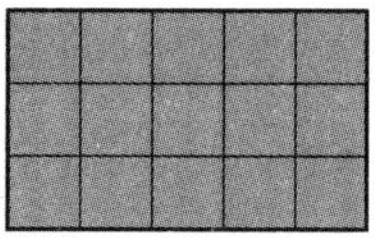

图 4.25.3

一共用了 15 个面积为 1 $cm^2$ 的小正方形,所以这个长方形的面积是 15 $cm^2$,算式 $5\times3=15(cm^2)$,算式:$5\times3=15(cm^2)$。

追问:5 表示什么意思? 3 表示什么意思?(5 表示每行有 5 个,3 表示有这样的 3 行)

师:看来,求长方形的面积就是求它里面包含着多少个面积单位。(板书:面积单位的个数)

追问:用更少的小正方形能测量出这个长方形的面积吗?

第二种方法:铺成“L”形。(如图 4.25.4)

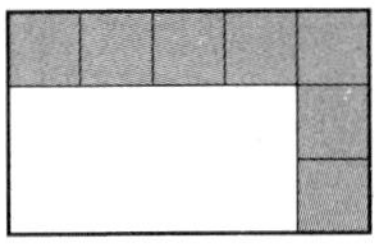

图4.25.4

追问：我们看到的只有7个小正方形，面积怎么就是15 $cm^2$ 呢？

沿着长摆，一行可以摆5个。沿着宽摆，可以摆3个，说明有这样的3行。$5\times3=15$（个），所以面积是15 $cm^2$。

第三种方法：铺成“Z”形。（如图4.25.5）

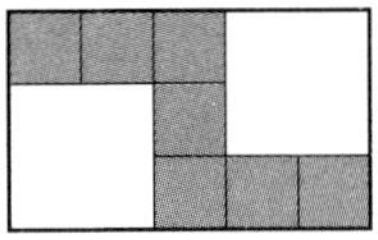

图4.25.5

从这里也可以看出，一行可以摆5个，有这样的3行，一共15个，就是15$cm^2$。

3. 再次操作。

师：能用更少的小正方形测量出这个长方形的面积吗？（如图4.25.6）

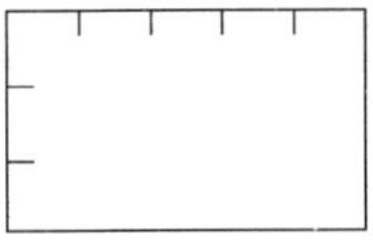

图4.25.6

用一个小正方形去量的时候需要做上记号，也能发现长可以摆5个，宽可以摆这样的3行，一共是15个，因此，面积就是15 $cm^2$。

师：你能想象铺满的情况吗？（生：能）

4. 方法比较。

这些方法有什么相同的地方？

只要知道每行摆几个、摆了几行，就能算出长方形的面积。

板书：每行个数、行数

5. 用尺子测量。

师：有同学不用小正方形，只用尺子，就能测量出这个长方形的面积，你信吗？

反馈:用尺子测量出长是 5 cm,宽是 3 cm,$5\times3=15(cm^2)$。看到 5,你想到了什么?看到 3,你想到了什么?(如图 4.25.7)

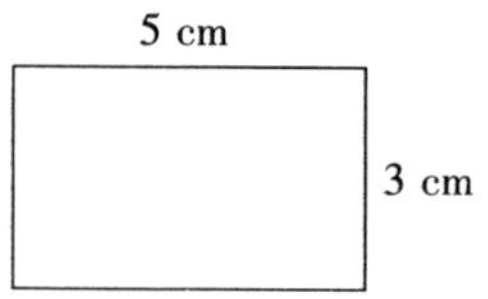


图 4.25.7

追问:为什么 $5\times3$ 算的就是它的面积?

长 5 cm,说明沿着长摆,可以摆 5 个小正方形;宽 3 cm,说明可以摆这样的 3 行,一共可以摆 15 个小正方形,所以面积是 15 $cm^2$。

师:也就是说,这个 5,既是长方形的长,也说明了可以摆 5 个面积单位;这个 3,既是长方形的宽,也说明了可以摆 3 行。看来,长方形的面积 = 长 × 宽是有根据的。

6. 再次比较。

这几种方法,你觉得哪种方法最简便?

7. 再次提供两个长方形,让学生测量它们的面积。(如图 4.25.8)

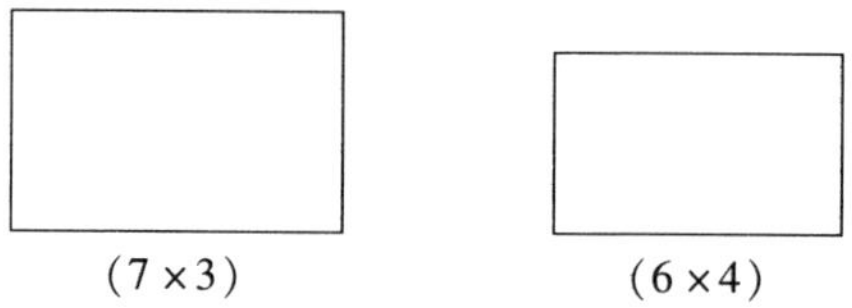


图 4.25.8

学生反馈:$7\times3=21(cm^2)$,$6\times4=24(cm^2)$。

师:为什么可以用 $7\times3$ 来计算?(每行摆 7 个,可以摆 3 行)为什么可以用 $6\times4$ 来计算?(每行摆 6 个,可以摆 4 行)

小结:我们通过测量长度,并通过计算可以得到面积。

8. 得出长方形的面积计算公式。

我们以后遇到长方形的面积,你知道怎么算了吗?为什么是长乘宽?长就是每行可以摆几个,宽就是摆这样的几行,面积单位是几个,面积就是几?(板书:长方形的面积 = 长 × 宽)

**【教学思考】**长度是用尺子直接测量,而面积是通过尺子间接测量。学生在自己的脑海里需要将量的长度转化为可以摆几个单位正方形,这对学生来说有一定的难度。设计只用1个小正方形测量和直接用尺子测量这样富有挑战性的问题,倒逼学生展开想象,培养学生推理能力。利用不完全归纳法建立长方形面积计算公式的模型。

**三、练习巩固,拓展延伸**

1. 基本练习。(如图4.25.9)

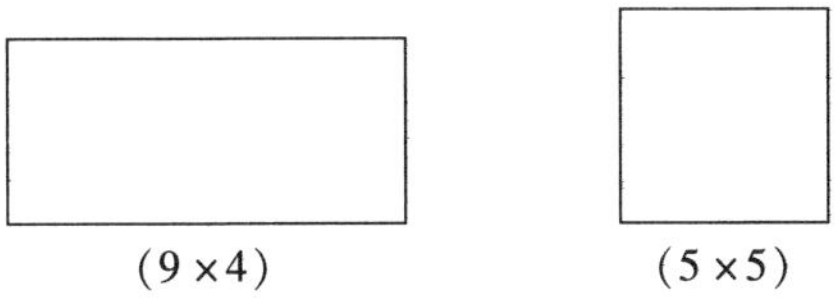


图4.25.9

你有什么发现?得出正方形的面积计算公式:正方形的面积=边长×边长。

**【教学思考】**巩固长方形的面积计算公式,又通过迁移、类比推理得出正方形的面积计算公式。

2. 变式练习。

(1)一个长方形的面积是40 $dm^2$,长是8 dm。宽是多少分米?

(2)一个正方形的面积是36 $m^2$。它的边长是多少米?

3. 解决问题。

测得一个长方形游泳池的长是25 m,宽是20 m。这个游泳池底部的面积是多少平方米?沿游泳池的边上走上一圈,需要走多少米?

**【教学思考】**进一步加深对长方形面积计算公式推导过程的理解,对正方形的面积计算公式做隐形处理,突出正方形属于特殊的长方形这一关系。利用变式练习,巩固长方形的面积计算公式,并能灵活运用公式解决问题。最后一道题,通过解决生活中的实际问题,明确周长和面积的区别。

**四、总结内化,课外探究**

1. 总结内化。

这节课你学到了什么?你还想学习有关面积的哪些知识?

小结:求长度,我们测量一下就可以了;求面积,测量后还要通过计算得到。

2. 课外探究。

测量数学书封面、黑板、长方形或正方形花坛等的面积。

**【教学思考】** 通过总结内化，明白求面积直接用单位面积去测量比较麻烦，通过间接测量长度，再经过计算得到面积更简便。通过课外探究，进一步巩固长方形、正方形的面积计算公式，并感受数学与日常生活之间的联系。

## 板书设计

长方形、正方形的面积

$5 \times 3 = 15(\text{cm}^2)$

$7 \times 3 = 21(\text{cm}^2)$

$6 \times 4 = 24(\text{cm}^2)$

$5 \times 5 = 25(\text{cm}^2)$

面积单位个数 = 每行个数 × 行数

长方形的面积 = 长 × 宽

$S = a \times b$

正方形的面积 = 边长 × 边长

$S = a \times a$

# 26.《点到直线的距离》说课稿

## 说教材

点到直线的距离是学习平行四边形和三角形的高的重要基础，是这些平面图形的高的上位概念。通过水平方位的直线外一点找最短线段和发现两条平行线间的距离处处相等的规律对于学生来说并不难。如果点到直线的距离只停留在水平方位直线的认识，那么学生对于这部分知识的概念建立是不完整的，也不利于后续对高的认识。为了避免学生将竖直线段与垂直线段弄混，我将例题中水平方向的小路调整为倾斜方向的小路，意在增加探究难度，凸显画垂直线段的价值。本节课主要围绕“找最短线段—垂直线段最短—垂直线段的长度是距离”的路径,通过层层递进的操作、判断、辨析等活动,帮助学生理解和掌握“距离”这一概念的本质。因此,这节课的教学目标如下:

1. 经历垂直线段的性质的探索过程,发现点到直线间垂直线段最短。

2. 会测量点到直线、平行线之间的距离,会利用垂直线段的性质解释一些生活现象。

3. 在探究过程中体会数与形的联系,发展空间观念,提高推理能力。

教学重点是经历画垂直线段的探究过程,理解垂直线段性质。教学难点是理解点到直线的距离的概念。

为了达成以上教学目标,我设计了如下教学过程。

## 说教学过程

### 一、创设情境,提出问题

1. 情境引入。

同学们,2019 年是中华人民共和国成立 70 周年。这 70 年来,我们国家发生了翻天覆地的变化,人民群众过上了幸福美好的生活。最近,温州又在沿海一带修建了一条最美高速公路(如图 4.26.1)。

图 4.26.1

2. 提出问题。

在这条最美高速公路的旁边还有一个幸福镇,如果我们把它看成一个点,把这条最美高速公路看成一条直线,你能帮助幸福镇设计一条通往最美高速公路的水泥路吗?(如图 4.26.2)

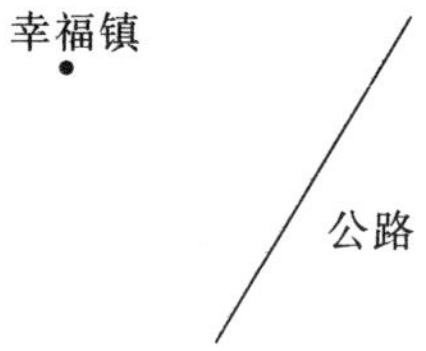


图 4.26.2

【教学思考】以生活实际问题引入,激发学生学习兴趣。感悟解决生活实际问题需要先把它数学化,将幸福镇和公路分别抽象成数学中的点和线,这一过程为后续的画图探究做好铺垫。

二、活动探究,掌握新知

(一)研究点到直线的距离

1. 画最短的线段。

师:画一条最短的路线,并量出长度。

(1)学生尝试画图,教师巡视指导。

(2)反馈交流。(按所画线段的长短,有序呈现学生的研究成果)(如图 4.26.3)

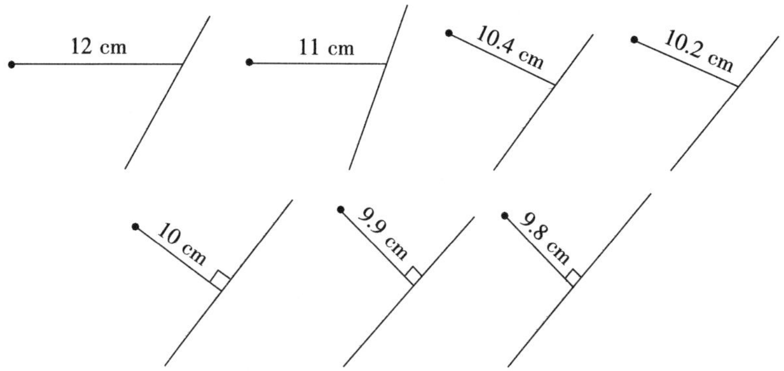


图 4.26.3

比较后,再提问画得最短的 3 位同学,说一说是怎么画的。

生:我用三角板的一条直角边对准这条直线,然后慢慢移动直到另一条直角边对准幸福镇这个点,再画下来,这条线段与这条直线就形成了直角。

师:这 3 位同学都利用了三角板的直角去画,所画的线段与这条直线都形成直角,但是为什么长度却不同?

生:测量时会有一点点误差。

师：到底有多长呢？我们请几何画板帮忙精准地测量(如图 4.26.4)。

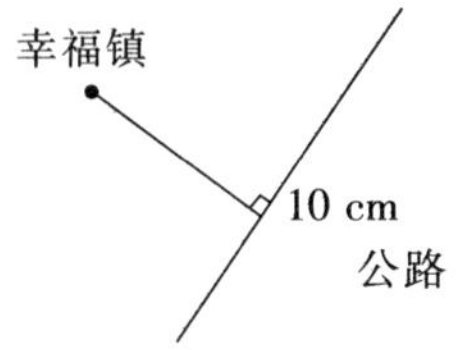


图 4.26.4

2. 找更短的线段。

设疑：能不能再找一条比 10 cm 更短的线段呢？

(1)学生尝试，没有发现更短的线段。

(2)借助几何画板验证，发现 10 cm 的这条线段最短，并且只有一条。(如图 4.26.5)

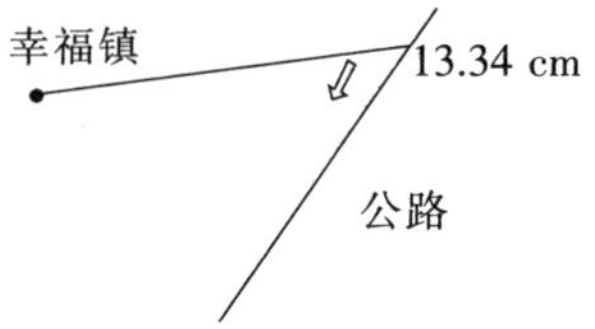


图 4.26.5

师：我们把这条线段叫做垂直线段，它的长度就是这个点到这条直线的距离。

3. 比较讨论。

垂直线段和其他几条线段有什么不同的地方？(如图 4.26.6)

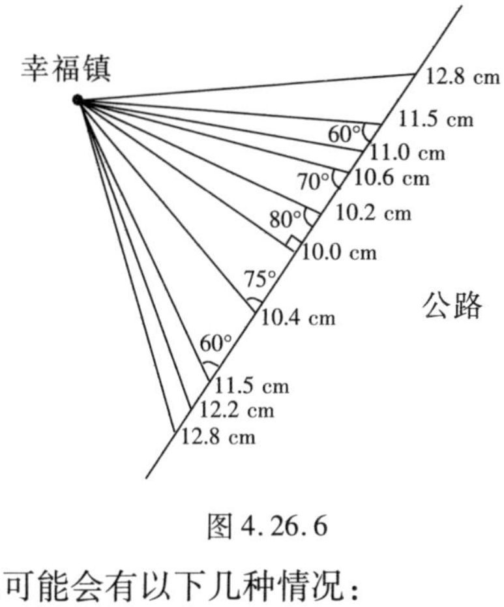


图 4.26.6

学生讨论交流，可能会有以下几种情况：

(1)它们的长度不同,垂直线段最短,其他线段都比它长。

(2)其他线段与这条直线形成的角度不同。角度越小,这条线段就越长。

(3)角度越接近90°,线段的长度就越短。

(4)垂直线段只能画一条,其他线段可以画无数条。

小结:从幸福镇到最美高速公路的所有线段中,垂直线段最短,垂直线段有且只有一条。

**【教学思考】**此环节通过“两次找”来规范、修正学生对垂直线段的认识。第一次找最短的长度,学生在寻找、比较过程中理解过直线外一点任意地画线段,可以画出无数条,其中垂直线段最短。第二次找异同点,学生进一步感悟过直线外一点画垂直线段有且只有一条。

4. 继续探究。

(1)设疑:如果点和直线的位置改变了,点到直线的所有线段中垂直线段还是最短吗?

(2)学生再次探究。(可用“快乐镇”材料研究,也可以自主设计研究)(如图4.26.7)

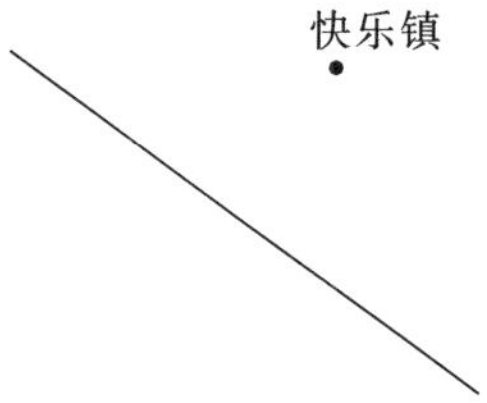


图4.26.7

(3)汇报交流。

生1:我从快乐镇这一点到这条直线画几条线段进行比较,它们的长度分别为6.5 cm、6.6 cm、7.2 cm,发现垂直线段的长度是最短的。(如图4.26.8)

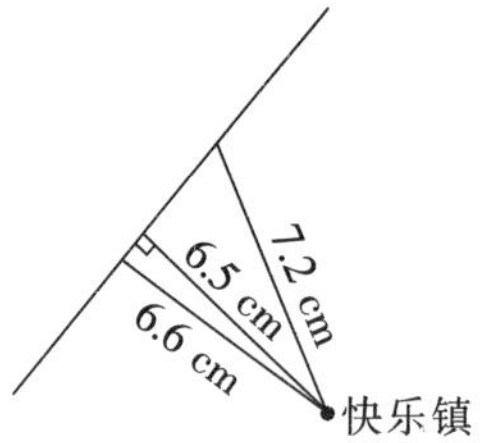


图4.26.8

生2:我自己设计了一个高兴镇(如图4.26.9),发现也是垂直线段的长度最短。

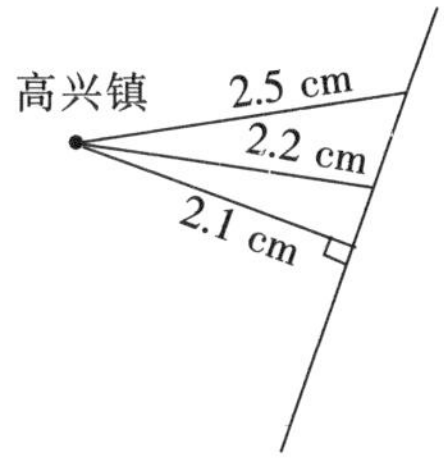


图4.26.9

生3:我研究的结果也是垂直线段的长度最短。(如图4.26.10)

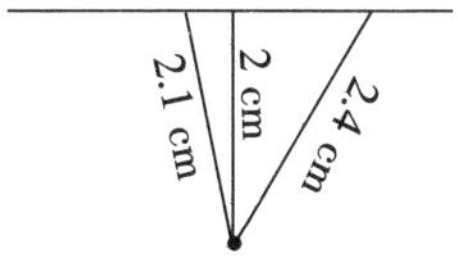


图4.26.10

小结:通过刚才的研究,我们发现点到直线所画的线段中,垂直线段最短。

**【教学思考】**变换点和直线之间位置,学生通过画、量、比、想再次经历"猜想—验证"的过程,依托大量的例子,归纳出"垂直线段最短"的性质,有利于培养严谨的科学态度。

**(二)研究两条平行线之间的距离**

1. 提出问题。

直线 $a$ 和直线 $b$ 分别代表这条公路的两条边,那么它们之间相距多宽呢?(如图4.26.11)

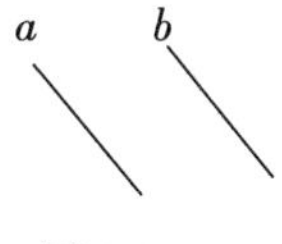


图4.26.11

2. 动手研究。

3. 反馈交流。

分两次呈现学生的研究成果。

(1)第一次呈现学生的研究成果。(如图4.26.12)

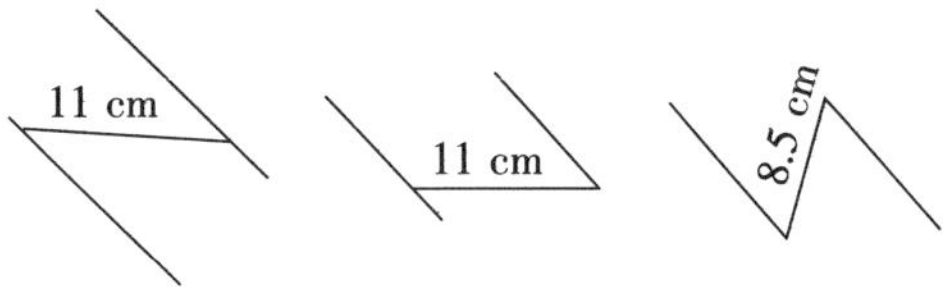


图 4.26.12

生:11 cm、8.5 cm 都不是它们之间的最短距离,因为它们都不是垂直线段。

(2)第二次呈现学生的研究成果。(如图 4.26.13)

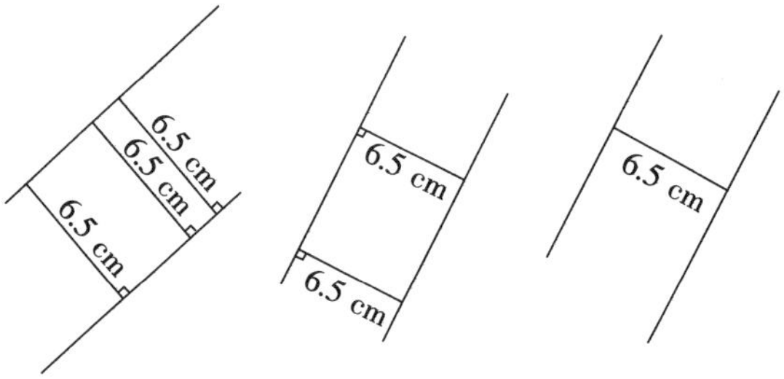


图 4.26.13

设疑:这两条平行线之间的距离到底是多少呢?

生:我们可以在其中一条直线上随便选几个点向对边画垂直线段,发现它们的长度都是 6.5 cm。

课件验证。(如图 4.26.14)

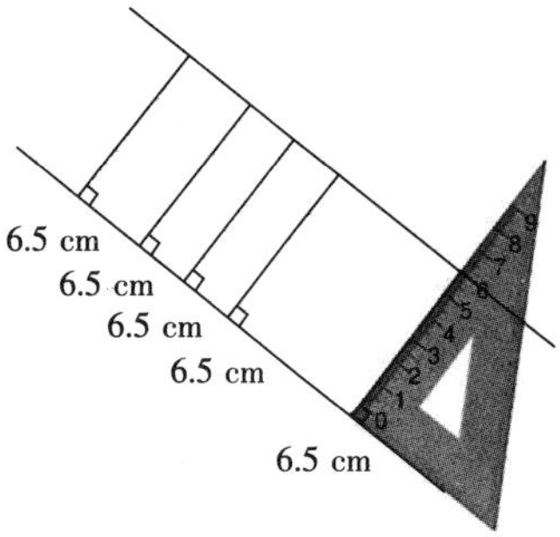


图 4.26.14

师:谁能用一句话概括一下我们刚才的研究成果?

小结:两条平行线之间的距离处处相等。

4. 判断比较。

下面各组中的两条直线是平行线吗?(如图 4.26.15)

(1)学生初步判断,发现它们都是平行线。

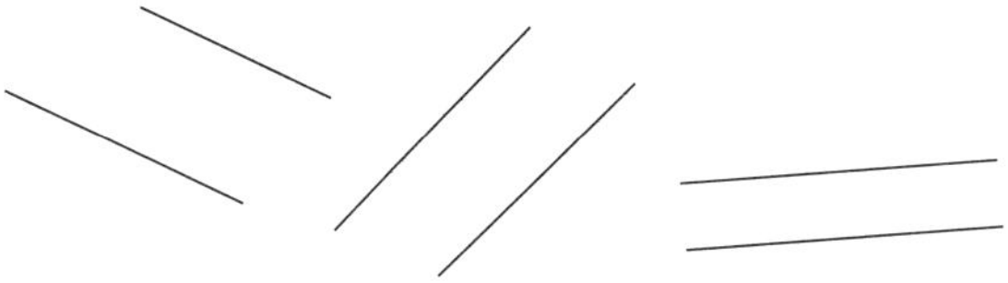

图4.26.15

(2)动手测量以上三组直线之间的距离,发现中间这组不是平行线,因为它们之间的距离不相等。

**【教学思考】**通过测量路宽这一生活问题,激发了学生对平行线之间距离性质的探究欲望。倾斜方向的平行线为学生提供了更为开放的自主探究空间,对比、辨析、实践论证,多种活动促使学生寻找垂直线段,发现两条平行线之间的规律。

**(三)在比较中建立联系**

设疑:为什么点到直线的垂直线段只有一条,而平行线之间的垂直线段却有无数条?(如图4.26.16)

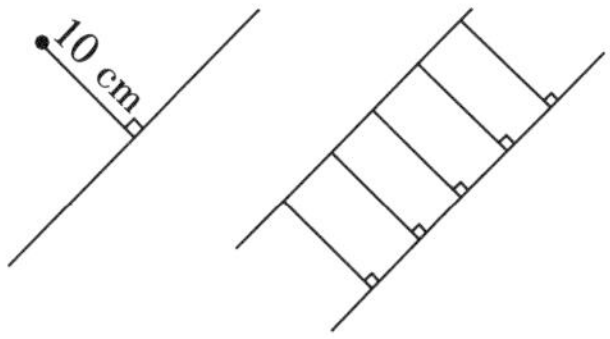


图4.26.16

生:直线外一点到这条直线画垂直线段只能画一条;但是两条平行线以其中的一条直线为准,另一条直线上有无数个点,都可以向这条直线画垂直线段,因此,可以画无数条。

师:如果有一些点距离这条直线都是10 cm,这些点的位置有什么关系?

生:它们都在一条直线上,连起来会与另一条直线平行。(如图4.26.17)

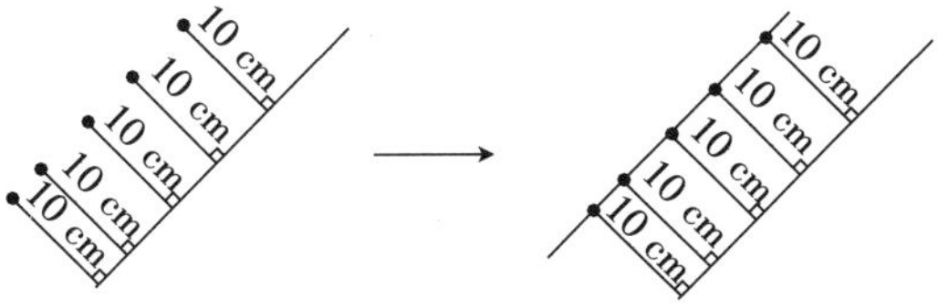


图4.26.17

### 三、生活应用，解决问题

1. 路线问题。

从点 $A$ 过斑马线，走哪条路最近？（如图 4.26.18）

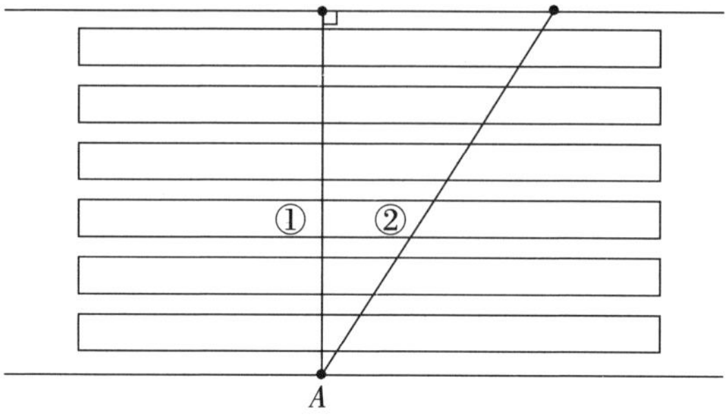


图 4.26.18

生：选择道路①最近，因为垂直线段最短。

2. 跳远问题。

测量跳远距离，哪种方式是正确的？（如图 4.26.19）

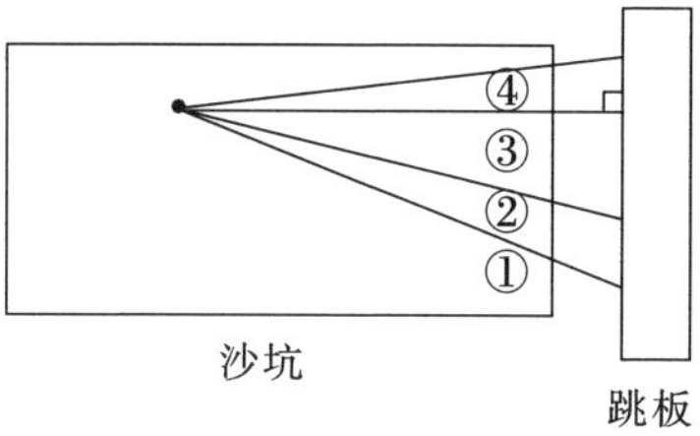


图 4.26.19

生：选③，测点到直线的距离。

3. 套圈游戏。

有 5 位同学站在一条直线上玩套圈游戏，你觉得公平吗？（如图 4.26.20）

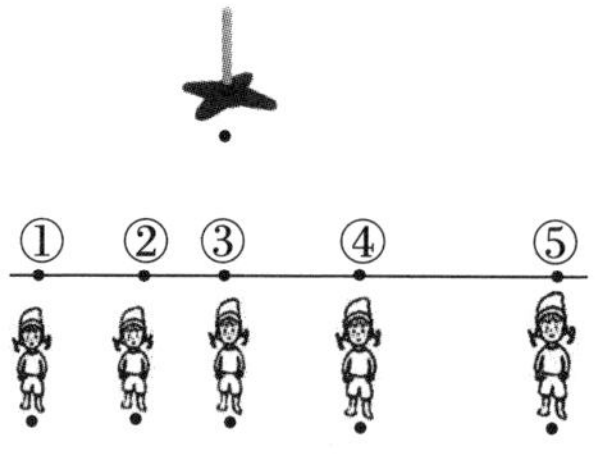


图 4.26.20

生：不公平，每个人到圈套的距离都不相同，③号与圈套之间的连线正好是垂直线段,距离最短。

师:怎样让套圈游戏公平呢?

学生可能会说可以画一个圆,每个人都站到圆上,距离就都相同了。

课件演示(如图 4.26.21):

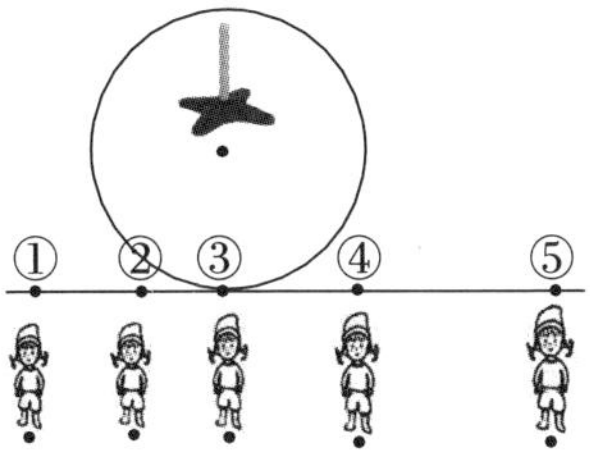


图 4.26.21

**【教学思考】**练习共有 3 道题,都指向点到直线的距离,且将练习与生活实际结合起来,将学生的视野从课堂拓宽到生活中。不仅促进了学生对概念的理解与应用,还让学生体会数学来自生活,又能应用于生活,增强数学应用意识。

**四、回顾总结,知识内化**

这节课的学习,对你最有启发的是什么?

## 板书设计

点到直线的距离

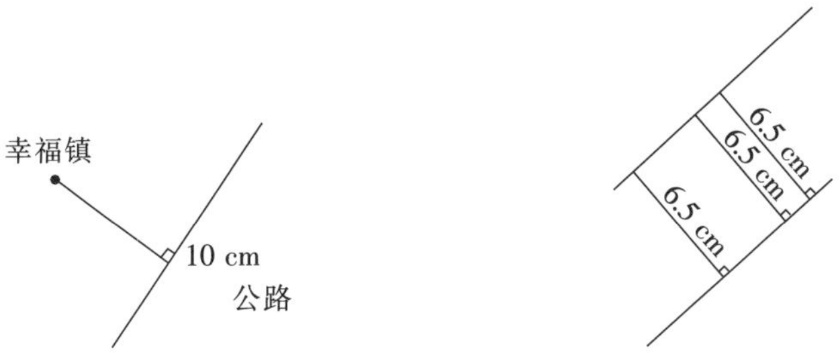


从直线外一点到这条直线所画的垂直线段最短,它的长度叫做这点到直线的距离。

与两条平行线互相垂直的线段的长度都相等。

# 27.《梯形的认识》说课稿

## 说教材

梯形的认识是在学生掌握了平行和垂直以及平行四边形特征等知识的基础上学习的，为以后学习多边形面积打下基础。教材先提供生活中的实例，然后通过分析、比较、抽象、概括得出梯形的特征，即只有一组对边平行的四边形叫做梯形。接下来给出了等腰梯形、直角梯形的定义和直观图，让学生在直观感知的基础上理解定义，同时形成对梯形的完整认识。本节课知识点较多，包括梯形的特征、梯形的各部分名称、等腰梯形和直角梯形的特殊性、画高以及沟通四边形之间的关系等。此前，学生对梯形已经有了初步的认识，但他们的认识还不够深刻，用简洁的语言概括怎样的图形叫梯形是有难度的。为此，从平行的角度加强梯形与平行四边形的比较显得尤为重要。因此，这节课的教学目标如下：

1. 认识梯形，掌握梯形的特征，能正确判断四边形是不是梯形，知道梯形的各部分名称，会画高。

2. 在画图操作、比较分析、抽象概括等活动中，发展空间观念。沟通梯形与四边形之间的联系，体会转化思想。

3. 体验数学与生活之间的密切联系，发展数学的应用意识。

教学重点是正确理解并掌握梯形的特征及各部分名称。教学难点是用语言概括梯形的概念及理解梯形概念的本质。

为了达成以上教学目标，我设计了如下教学过程。

## 说教学过程

### 一、引入课题，初步感知

1. 揭示课题。

这节课我们一起来认识梯形。（板书：梯形的认识）

2. 画梯形。

今天老师没有带梯形研究材料，你有什么办法解决？

学生会想到自己动手画一个。于是，老师给学生提供点子图，让学生在点子图上画一个梯形。

**【教学思考】**对于梯形，学生并不陌生，但他们已有的认知仅停留在表面上。为了研究方便，提供点子图让学生画图研究，体现学习材料的简单有效。

**二、深入探究，提炼特征**

1. 判断辨析。

为了研究方便，给学生作品编上序号。（如图4.27.1）

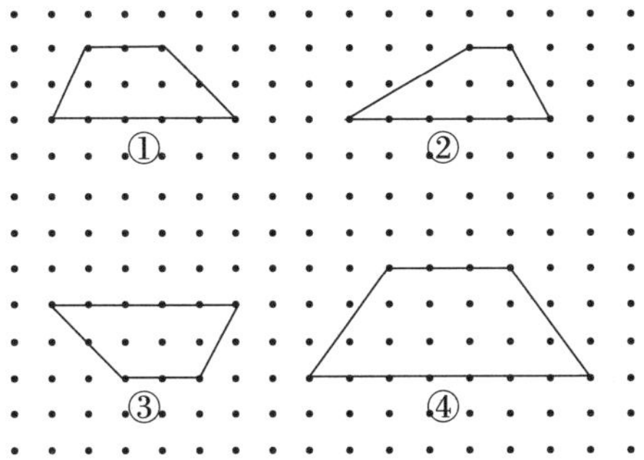


图4.27.1

（1）学生介绍：为什么画的四边形是梯形？

（2）观察比较：这些图形有什么共同特点？

都是四边形；一组对边平行，另一组对边不平行。

2. 讨论特殊的梯形。（如图4.27.2）

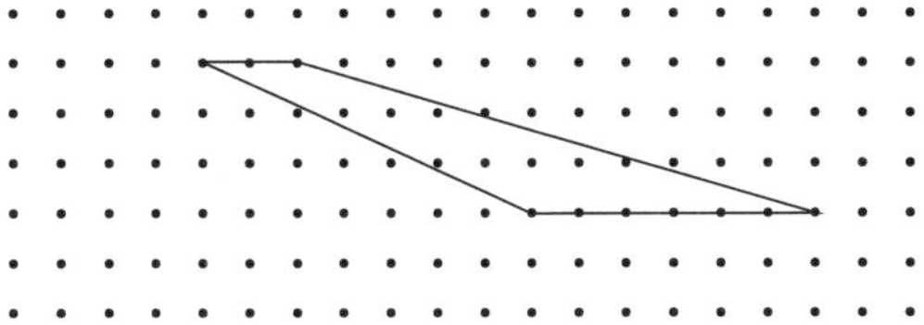

图4.27.2

教师呈现上述图形，提问：这个图形是梯形吗？

有的学生认为不是梯形，因为它不像梯子；有的学生认为是梯形，因为它有一组对边平行。在说理辨析中达成共识：这个图形也是梯形。

**【教学思考】**通过展现特殊的梯形，让学生明白：判断一个四边形是不是梯形，只要看这个四边形是不是符合梯形的本质特征，即只有一组对边平行，而不是看它的外形是否像梯子。

3. 学生再次画梯形。

师提出：请你再来画一个特殊的梯形，并与同桌说说特殊在哪里。

学生可能会画出斜置的梯形以及直角梯形和等腰梯形。（如图 4.27.3）

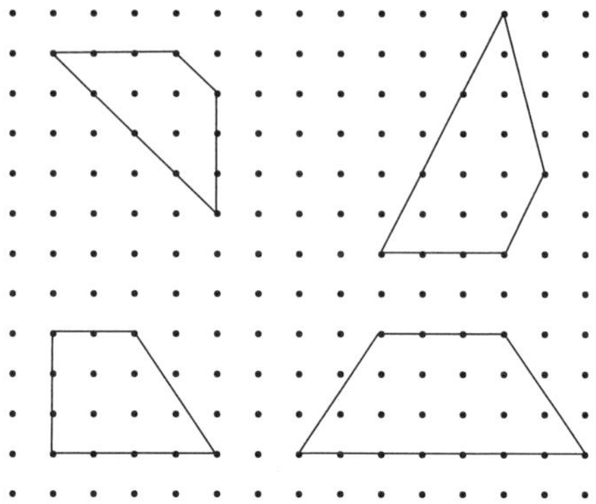

图 4.27.3

对于斜置的梯形，通过旋转让学生发现：虽然它们的位置变了，但还是符合梯形的特征，仍然是梯形。重点介绍下面两个梯形，让学生说说它们究竟特殊在什么地方。学生会说：左边的梯形有两个直角，右边的梯形不平行的两条边长度一样。此时，教师告知学生：像左边这样的梯形叫直角梯形，像右边这样的梯形叫等腰梯形。

4. 概括梯形的定义。

（1）在与平行四边形比较中，初步形成概念。

教师呈现一个平行四边形，提问学生：前面我们学过平行四边形，请同学们思考，梯形与平行四边形有什么不同？经过观察、对比，学生会得出：平行四边形有两组对边平行，而梯形只有一组对边平行。

（2）在与《几何原本》梯形概念的比较中，加深理解。

教师出示《几何原本》中梯形的概念：一组对边平行、另一组对边不平行的四边形称为梯形。引导学生用更简洁的语言概括。

（3）揭示概念：

只有一组对边平行的四边形，叫做梯形。

5. 自学梯形的各部分名称。

请学生带着以下问题自学课本第 66 页。

(1)什么叫梯形的高？梯形有几条高？这些高有什么特点？

(2)为什么平行线之间的距离叫高，不平行的两条腰之间就没有高呢？

(3)怎样画高？

6. 练习画高。

让学生在自己已经画好的梯形上画高，并针对典型的错误引导学生逐一展开辨析、交流。

**【教学思考】**充分利用学生生成的资源，通过比较、分析、抽象、概括，初步形成梯形的概念；在讨论特殊的梯形中，进一步完善梯形的概念，突破教学难点；在与平行四边形的比较中、在与《几何原本》梯形概念的比较中揭示概念，让学生深刻理解梯形的本质属性。让学生画一个特殊的梯形，倒逼其展开想象，画出直角梯形和等腰梯形，发展空间观念。

**三、练习巩固，拓展提高**

1. 找一找生活中的梯形。(如图4.27.4)

图4.27.4

为什么生活中有那么多地方用到梯形呢？

**【教学思考】**让学生将梯形与生活建立联系，培养数学应用意识。

2. 根据条件在平行线上找点作图。(如图4.27.5)

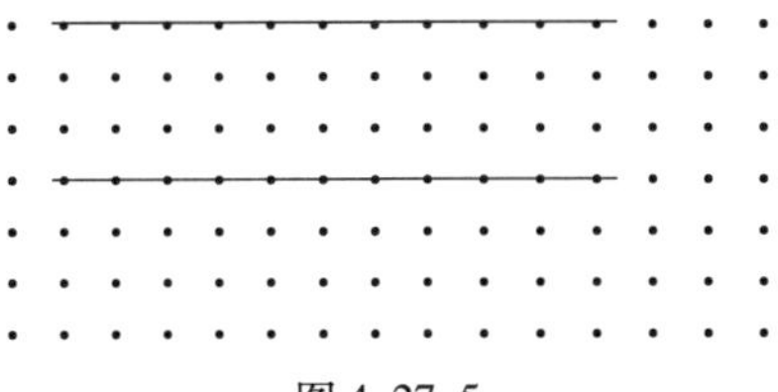

图4.27.5

思考：如果要画一个平行四边形，可以怎么画？如果要画一个梯形，又该怎么画？

**【教学思考】**让学生加深理解平行四边形和梯形的相同与不同之处，发展空间观念。

3. 拓展练习。(如图4.27.6)

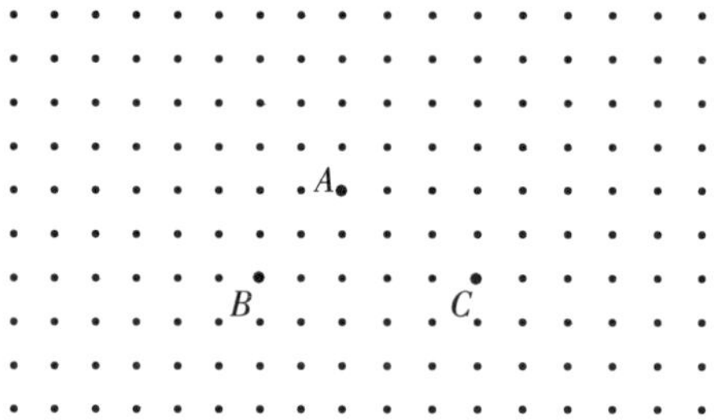


图 4.27.6

(1)请找一个点 $D$,使它和点 $A,B,C$ 组成一个梯形。

(2)请找一个点 $D$,使它和点 $A,B,C$ 组成一个直角梯形。

(3)请找一个点 $D$,使它和点 $A,B,C$ 组成一个等腰梯形。

**【教学思考】**这是一道开放性练习。通过练习,让学生进一步巩固梯形的概念等相关知识,发展空间观念。

**四、总结内化,构建网络**

1. 思考总结。

学习了这节课,你有什么收获?

2. 寻找关系。

回顾一下,到现在为止我们都学习了哪些四边形?请你用一幅图表示出它们之间的关系。在分析比较中得出四边形、平行四边形、长方形、正方形和梯形的关系图。

## 板书设计

梯形的认识

只有一组对边平行的四边形,叫做梯形。

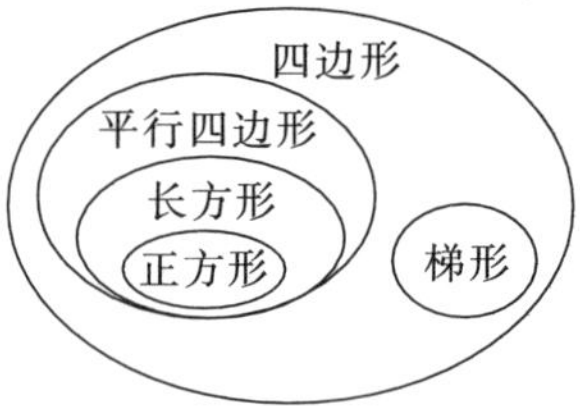

# 28.《三角形的认识》说课稿

## 说教材

三角形的认识是在四边形、周长以及垂直和平行等知识的基础上学习的,是系统学习三角形的开始,为接下来学习三角形的三边关系、三角形的内角和以及三角形的面积等知识打下基础。教材先通过“画一个三角形”的操作活动,唤起学生对三角形的回忆,使其进一步感知三角形的本质属性。接着,教材安排学生在动手操作的基础上,采用发生式定义方式介绍了三角形的概念,并引入了三角形的底和高。在画三角形高的过程中,进一步感受三角形的底和高是一组互相垂直的线段,体会底与高的相互依存性,为学习三角形面积的计算奠定基础。此前,学生已经认识了三角形,但不能正确说出为什么这样的图形是三角形,一般只停留在把三角形认为是有三条边、三个角的图形的水平。因此,这节课的教学目标如下:

1. 理解三角形的定义,会画三角形的高。

2. 在动手操作、分析比较、抽象概括等探究活动中,培养探究和归纳能力,发展空间观念。

3. 体验三角形与生活之间的联系,发展应用意识。

教学重点是理解三角形的定义,会画三角形的高。教学难点是通过探究活动概括出三角形的定义及掌握画高的技能。

为了达成以上教学目标,我设计了如下教学过程。

## 说教学过程

### 一、生活引入,回忆旧知

1. 直接揭题,课件呈现生活中的图片。(如图4.28.1)

图4.28.1

提问:你能从图片中找出隐藏的三角形吗?学生回答后隐去具体图形,

留下几个三角形。(如图4.28.2)

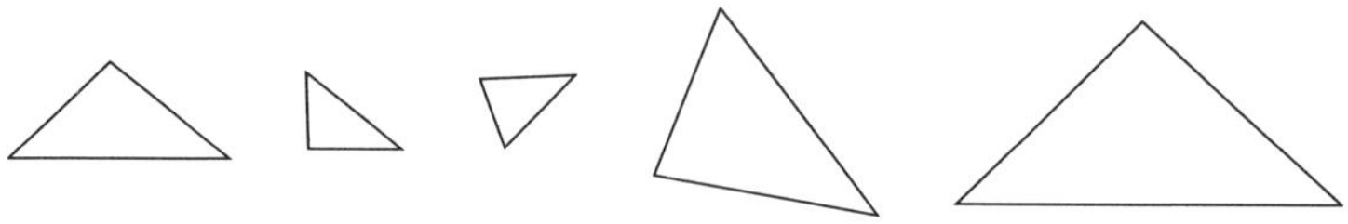

图4.28.2

2.说一说三角形的特征。

生:三条边、三个角、三个顶点。

3.尝试画一个三角形。

温馨提醒:画的时候想一想分几步,请用简洁的语言记录一下你画三角形的过程。

**【教学思考】**在具体实物图中寻找隐藏着的三角形,复习三角形的特征,为概括三角形的定义埋下伏笔。

**二、动手操作,掌握新知**

**(一)动手操作,形成概念**

1.画三角形。

2.交流汇报。

怎么画三角形的?可能会有以下几种情况。

第一种情况:先画一条线段,然后在这条线段的一个端点处画一条线段,最后连成一个三角形。(如图4.28.3)

图4.28.3

第二种情况:先画一个角,然后分别在这个角的两条边上各取一点,最后把这两个点用线段连起来,得到一个三角形。(如图4.28.4)

图4.28.4

第三种情况:在平面上画三个点,然后用线段依次将这三个点连在一起,得到一个三角形。(如图4.28.5)

图4.28.5

3. 比较分析。

这几种画法有什么相同的地方?

生:都画了三条线段,都画了三个顶点,都将三条线段首尾相连在一起。

**【教学思考】**呈现三种不同的画三角形的方法,特别是第二、三种画法,有利于学生直观认识到每相邻的两条线段首尾是相连的,有利于学生理解三角形是由三条线段"围成的"、是"封闭图形"等数学本质,从而更好地帮助学生理解三角形的定义。

4. 归纳概括。

(1)在画三角形的过程中,你有了什么新的认识?

(2)能不能用简洁的话,说一说什么样的图形是三角形。

学生回答,教师板书:由三条线段围成的图形(每相邻两条线段的端点相连)叫做三角形。

5. 认识三角形的各部分名称。

(1)认识三角形的各部分名称及记法。(如图4.28.6)

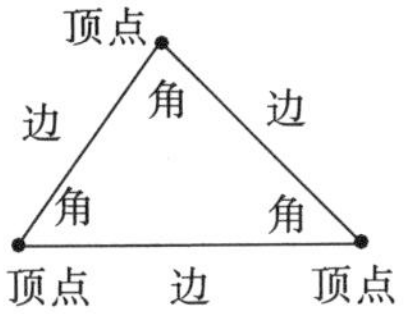


图4.28.6

(2)$AB$边所对的角是哪一个?所对的顶点呢?

**(二)通过画,掌握画高的技能**

1. 逐步呈现几个等底的三角形。问:你发现有什么变化?(如图4.28.7)

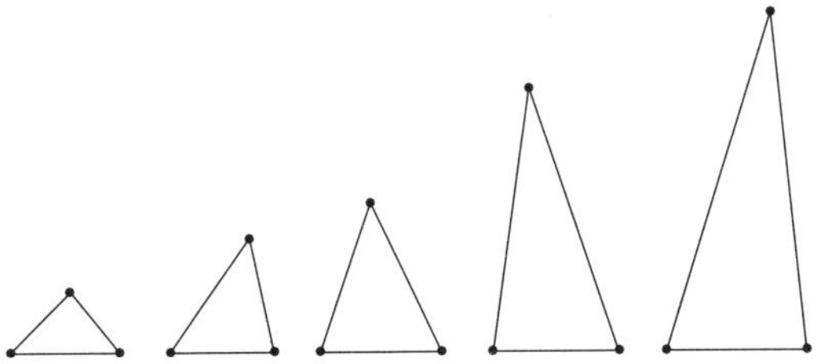

图4.28.7

生:越来越高了。

问:什么叫高?高指哪儿到哪儿?怎么看出越来越高了?

解释:为什么这条垂直下来的线段叫做高呢?(沟通联系生活语言中的高与三角形的高)(如图4.28.8)

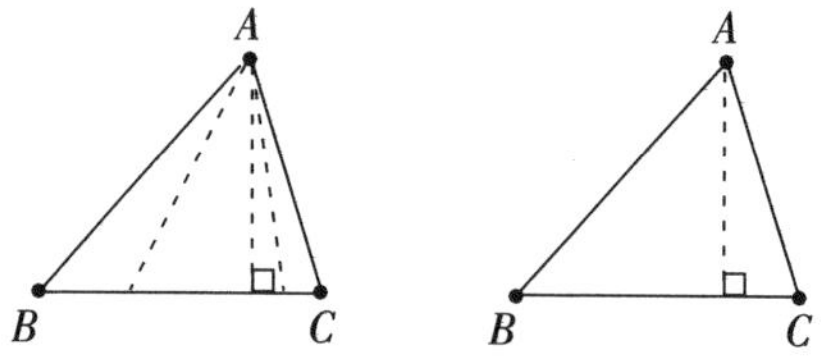


图4.28.8

2. 定义高。

师:你知道这条线段是怎么画出来的吗?

教师演示规范画法,然后再请学生在练习纸上画。通过课件沟通联系,发现画三角形的高与已知直线外一点画已知直线的垂线段是一样的。(如图4.28.9)

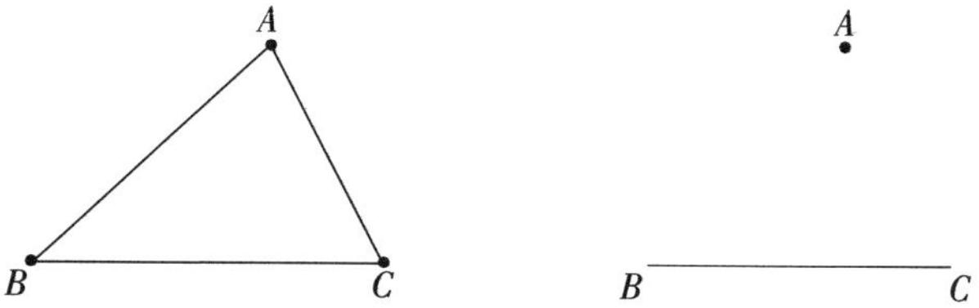


图4.28.9

3. 旋转三角形。

把这个三角形旋转一下,它还能被称为高吗?为什么?(说理凸显三角形高的本质)

4. 画高。

一个三角形有几条高?为什么?

先说一说怎么画另外两条高,再动手画一画。

观察发现:三角形的三条高会相交于一点。

**【教学思考】**借助学生已有的关于高的生活经验来理解三角形的高,但是三角形的高与学生生活经验中的高是有本质区别的。在教学中还要建立画三角形的高与经过直线外一点画已知直线的垂线段之间的联系,进而理解三角形的高实质上是点到对应边的距离。因此,它有三条高。

**三、练习巩固，拓展提高**

1. 在点子图上画一个三角形。(略)

2. 完成课本上的“做一做”。(说出每个三角形各部分的名称，并各画出一条高)

3. 观察发现：这些三角形有什么共同特点？(如图4.28.10)

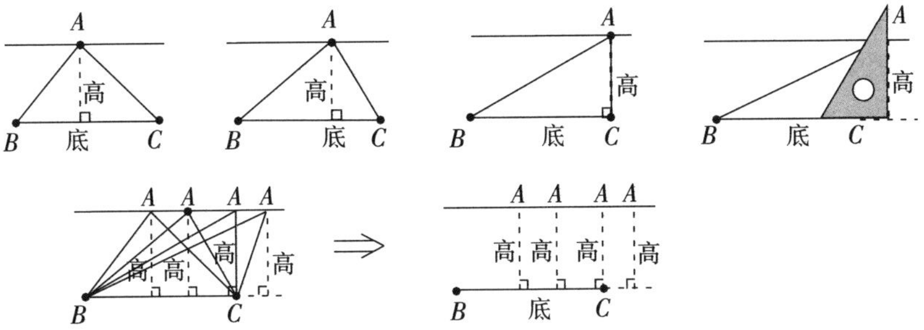


图4.28.10

**【教学思考】**巩固练习的第1题，让学生在画图中进一步理解三角形的定义；第2题，让学生在画图中进一步掌握三角形高的画法；第3题，让学生认识等底等高的三角形，为今后学习三角形的面积埋下伏笔。

**四、总结内化，课外拓展**

1. 总结内化。

静静地想一想，你有什么收获？

2. 课外拓展。

估计以后学习的四边形、五边形会怎么定义呢？

**板书设计**

三角形的认识

由三条线段围成的图形(每相邻两条线段的端点相连)叫做三角形。

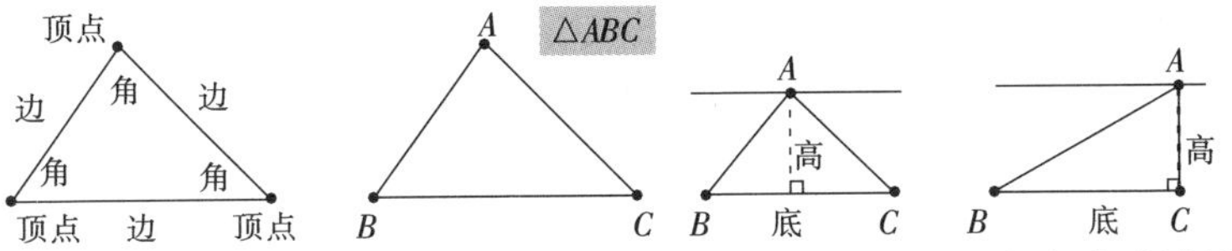

# 29.《三角形的三边关系》说课稿

## 说教材

三角形的三边关系是在三角形的认识等知识的基础上学习的，既体现几何的空间观念又渗透代数的逻辑推理。本节课的学习不是三角形三边关系结论的简单复制，而是理解为什么三角形任意两边之和大于第三边，在操作、分析、比较、讨论等活动中对三边关系进行探究。通过经历一次次的思辨，让学生对三角形三边关系的内涵和外延进行反复的建构、解构、重构，并借助几何画板验证，使其深刻理解三角形三边关系的内涵，发展与三边关系紧密相连的空间观念。

教材采用三边围的方法，以能否围成三角形为标准进行分类，引导学生在讨论中得出任意两边的和大于第三边的三根小棒才能围成一个三角形，体现数学的严谨性，也有助于提高学生全面思考数学问题的能力。因此，这节课的教学目标如下：

1. 理解三角形的三边关系，即任意两条边之和大于第三边。能根据三三角形两边的长度，求出第三边的长度范围。

2. 经历动手操作、实验探究三角形三边关系的过程，培养观察能力、推理能力，发展空间观念。

3. 能根据三角形三边关系解释生活中的现象，提高运用数学知识解决简单实际问题的能力，发展数学应用意识。

教学重点是理解三角形的三边关系。教学难点是理解任意两边之和要大于第三边的道理。

为了达成以上教学目标，我设计了如下教学过程。

## 说教学过程

### 一、创设情境，引入新课

1. 创设情境。

你能用 8 cm 和 5 cm 的两根小棒围成一个三角形吗？为什么？

生：不能，因为三角形有三条边，所以需要三根小棒。

2. 设疑。

如果再给你一根，它能和这两根小棒围成一个三角形吗？

有的学生认为能，有的学生认为不一定。

3. 揭示课题。

这节课我们就来学习研究三角形的三边关系。

**【教学思考】**三角形是由三条线段围成的封闭图形，因此，部分学生往往认为只要有三根小棒就一定能围成一个三角形。正是这种片面认识，成了教学的重要资源。通过创设情境，产生两种不同意见，引起冲突，激发学生探究的欲望与兴趣。

**二、探索研究，掌握新知**

1. 动手操作。

(1)操作材料：长度都是整厘米数的五根不同长度的小棒。(2)活动要求：同桌合作，分别用不同长度的蓝色小棒和这两根小棒拼一拼，把拼的结果记录下来。(如表4.29.1)

**表4.29.1 红、黄、蓝三根小棒围成三角形的情况记录**

| 红色小棒 | 黄色小棒 | 蓝色小棒 | 能否围成三角形<br>(可以的画√，不可以的画×) |
|---|---|---|---|
| 8 cm | 5 cm | 2 cm | |
| | | 3 cm | |
| | | 4 cm | |
| | | 5 cm | |
| | | 6 cm | |

**【教学思考】**给定两边寻找第三边，这种方法很简便，学生也容易接受，有利于学生学习。

2. 汇报交流。

生：用2 cm的小棒不能围成三角形。5 cm和2 cm这两边太短，加起来也没有第三边长(用数据说明问题：$5+2<8$)。

课件演示拼的过程，并追问：这两根小棒的端点会碰在一起吗？想象它

们拼在一起的样子。(如图 4.29.1)

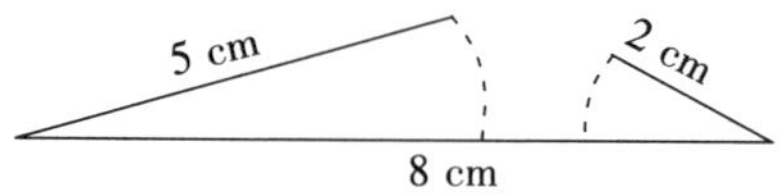


图 4.29.1

继续追问:蓝色小棒如果长 3 cm 呢? 猜想:这样的三根小棒能否围成一个三角形?

(1)学生猜想。有的学生认为可以,因为两边之和等于第三边,刚好可以围成一个三角形;有的学生认为不可以,因为两边的总长正好等于第三边,不能交叉成一个三角形。(总有个别学生认为是可以的,因此,还需要用课件清晰地演示)

(2)课件演示:短的两根小棒长度之和与长的小棒长度一样时,不能交叉成一个三角形。(如图 4.29.2)

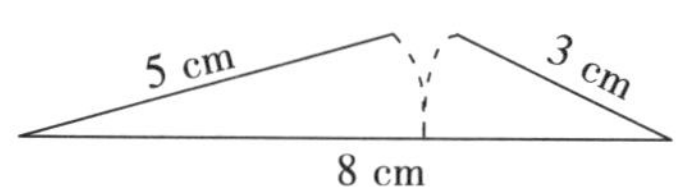


图 4.29.2

生:用 4、5、6 cm 的蓝色小棒分别与这两根小棒拼在一起可以围成三角形,因为 $5+4>8$,$5+5>8$,$5+6>8$。

3. 初步总结。

两边之和大于第三边,可以围成一个三角形。

4. 拓展思路。

蓝色小棒除了长为 4、5、6 cm 之外,还可以是几厘米?

学生回答:7、8、9、10、11、12。

随着蓝色小棒所代表的这条边越来越长,形状会怎么变? 想象下,三角形的形状可能是什么样子? (课件呈现)

小棒的长度都不一样,却为什么都能围成三角形呢? (学生感受到确实都是两边之和大于第三边)

5. 突破“任意”。

(1)设疑反思:蓝色小棒的长度可以是 13 cm 吗?

(2)再次探究。

生:5 +8 =13,所以不能围成三角形。

教师强调,我们不仅需要把 5 +13 和 8 比,还需要把 5 +8 和 13 比。也就是说不仅要把第二边和第三边的和与第一边比,还要把第一边和第二边的和跟第三边比。

提出:仔细看看这些算式,你觉得“两边之和”有什么要求吗?

①任意两边。其实是第一边加第二边大于第三边,第二边加第三边大于第一边,第一边加第三边大于第二边。以上几点都要满足,数学上用“任意”来表达。

策略优化:想一想,判断 5、8、13 这三条边能否围成三角形,一定要像这样比较三次吗? 有人只需要比较一次,你觉得会怎么比较呢?

②较短两边:较短的两边之和大于第三边。

6. 完善结论。

看来仅仅表述为两边之和大于第三边不够全面。(板书补充:任意或较短)

7. 想象范围。

蓝色小棒如果长 14 cm,可以吗?

生:5、8、14 cm 这三根小棒不能围成三角形,因为 5 +8 <14。

师:蓝色小棒既不能太短也不能太长,你觉得蓝色小棒所代表的这条边应该大于几? 小于几? (大于 3 cm,小于 13 cm)如果长为 3.1 cm 行不行呢? (突破整数的范围)

8. 验证结论:是不是所有三角形的三边都会有这样的关系呢? 学生随机报出 3 个数,利用几何画板验证。

**【教学思考】**学生在操作、分析、比较、讨论等活动中,得出两边之和大于第三边。接着,利用反例再启发学生思考:仅仅只要两边之和大于第三边就满足要求吗? 再次研究发现并补充“任意”或“最短”,并借助几何画板验证,让学生深刻理解三角形三边关系的内涵。

**三、练习巩固,拓展提高**

1. 判断。(如图 4.29.3)

(1)下面几组小棒,能不能围成一个三角形? 围成的三角形的形状是怎样的?

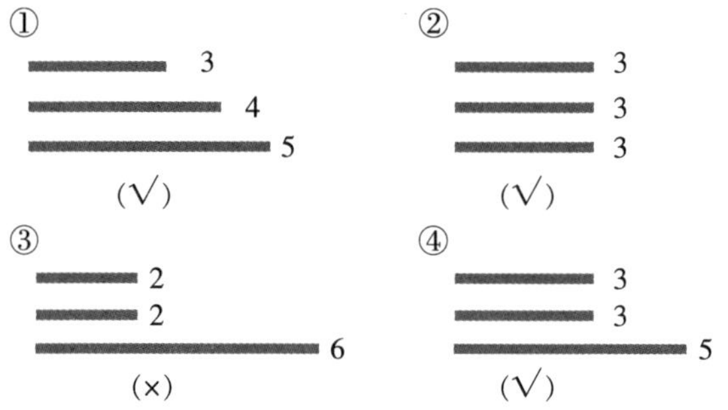


图 4.29.3

(2)把长度为 3、3、5 cm 中的 5 cm 小棒换掉,有哪些方法?把其中的 3 cm小棒换掉,有哪些方法?

2. 解决问题。

从小华家去学校有两条路可走,走哪条路最近,大概要走(　　)m。(如图 4.29.4)

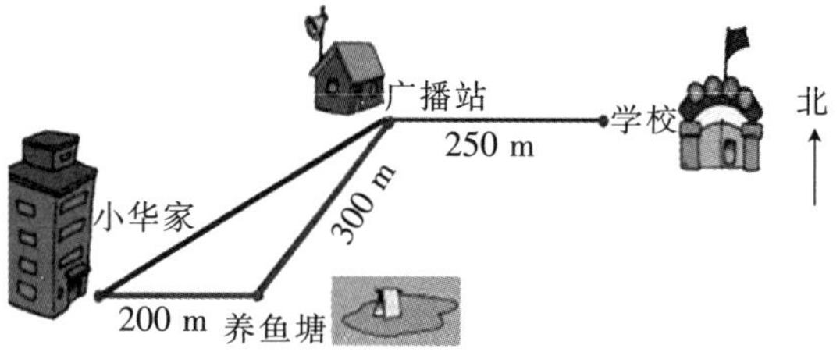


①750　　②800　　③650　　④350

图 4.29.4

3. 思维拓展。

将 20 cm 长的吸管剪成三段,然后围成一个三角形。第一刀该怎样剪?第二刀又该怎么剪?有什么窍门吗?

**【教学思考】**巩固练习环节共设计了 3 道题,第 1 题让学生进一步巩固三角形的三边关系,发展空间想象能力;第 2 题让学生运用所学知识,解决简单的生活实际问题,体验数学与生活之间的联系,发展数学应用意识;第 3 题是一道比较有趣的题目,其中蕴含着三角形的三边关系知识,引导学生灵活运用数学知识解决问题。

**四、总结内化,课外探索**

1. 总结内化。

通过这节课的学习,你有什么收获?

2. 课外探究。

你还想学习三角形的哪些知识?如有兴趣,可以研究三角形的分类及内角和等知识。

## 板书设计

三角形的三边关系

三角形的任意(较短)两边之和大于第三边。

能围成三角形　　　　不能围成三角形

5 + 4 > 8,5 + 5 > 8,5 + 6 > 8　　……　　5 + 13 > 8　5 + 8 = 13

# 30.《三角形的分类》说课稿

## 说教材

三角形的分类是在角的分类、三角形的认识、三角形的三边关系等知识的基础上学习的,为学习三角形的内角和等知识打下基础。教材先借助小精灵给出分类的标准,在分类的过程中,让学生发现有的三角形 3 个角都是锐角,有的三角形有 1 个钝角、2 个锐角,有的三角形有 1 个直角、2 个锐角。在此基础上,概括出锐角三角形、直角三角形、钝角三角形的概念,并了解每种三角形的特征。然后用集合图表示出它们之间的关系,培养学生的观察、比较、概括、判断、推理能力,发展学生的空间观念。在研究了三角形的分类之后,教材专门研究了直角三角形,给出了斜边、直角边的概念。通过量一量、比一比,发现斜边与直角边的关系——斜边大于任意一条直角边。之前,学生已经积累了一些关于角、三角形的知识与经验,具备了一定的空间观念和抽象能力。本节课可以在这些知识经验的基础上进一步认识三角形,通过探究发现不同标准下各类三角形的特征。因此,这节课的教学目标如下:

1. 认识锐角三角形、直角三角形、钝角三角形和等腰三角形、等边三角形。

2. 在观察分类、分析比较、表达交流等活动中，渗透分类思想，发展空间观念。

3. 在分类研究三角形的活动中，感悟数学的丰富内涵，体验研究的乐趣。

教学重点是能够正确辨认和识别锐角三角形、直角三角形、钝角三角形和等腰三角形、等边三角形。教学难点是弄清三角形按边分类或按角分类的标准。

为了达成以上教学目标，我设计了如下教学过程。

## 说教学过程

### 一、直接引入，呈现作品

1. 直接引入。

我们已经学习了三角形的认识、三角形的三边关系，这节课我们来学习研究三角形的分类。

2. 呈现作品。

课前老师已经布置任务让大家剪一个三角形，现在老师收集了其中一些同学的作品。为了研究方便，老师给它们标上序号。（如图 4.30.1）

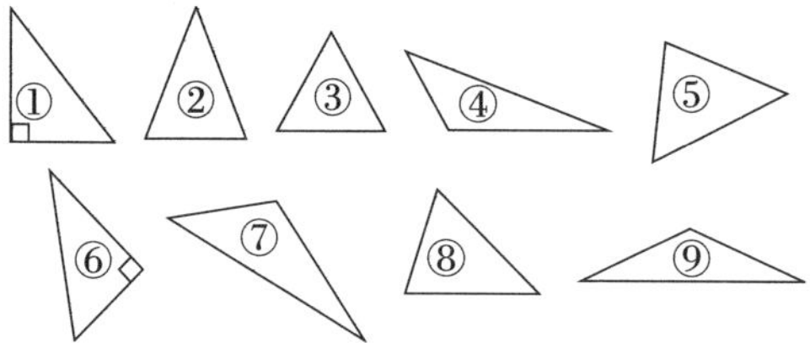


图 4.30.1

**【教学思考】**直接引入，展示课前学生剪的三角形作品，为接下来的分类打下基础。

### 二、按标准分类，辨析概念内涵

**（一）活动一：分类**

1. 请按一定的标准将这些三角形进行分类。

2. 学生分类。

3. 汇报交流。

一般会出现以下几种分法。

第一种:①⑥一类,有 1 个直角;④⑦一类,有 1 个钝角;⑤⑧一类,都是锐角;②⑨一类,两条边相等;③一类,三边相等。

第二种:①⑥一类,有 1 个直角;④⑦⑨一类,有 1 个钝角;②③⑤⑧一类,都是锐角。

第三种:②⑨一类,两条边相等;③一类,三条边相等;①④⑤⑥⑦⑧一类,三条边不相等。

4. 研究按角分类。

选取第一种分法进行交流评价:这种分法既有按边分的,又有按角分的,没有统一标准。如果按角分,②和③属于 3 个角都是锐角的一类,⑨属于有 1 个角为钝角的一类。

在纠正第一种分法并肯定第二种分法之后,教师提问:按角分类是不是还有三角形不属于这三类呢?让学生进行猜想。

可能的猜想如下:

第一种:2 个直角、1 个锐角。

第二种:1 个钝角、1 个直角、1 个锐角。

第三种:2 个钝角、1 个锐角。

第四种:3 个直角。

第五种:3 个钝角。

让学生进行想象,这几种情况是否有可能,并动笔画一画。

学生画图验证后,教师用几何画板验证 1 个钝角、1 个直角、1 个锐角的情况,让学生发现两个角的边不管是伸长还是缩短,始终没办法构成一个三角形。(如图 4.30.2)

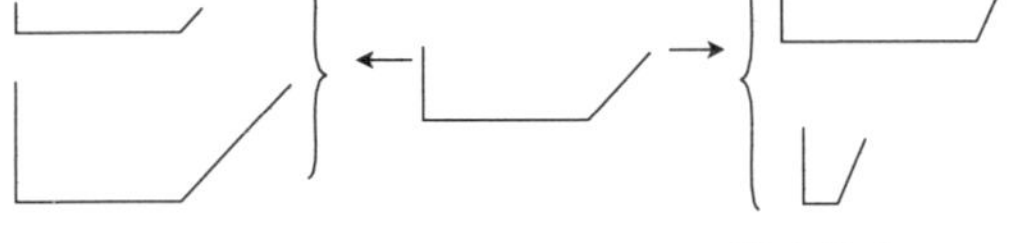


图 4.30.2

请学生想象,要想变成三角形该怎么办?学生可能会说,竖着的两条边向里

转,然后转动钝角的一条边,构成两个直角。师问:这样可能吗?(如图4.30.3)

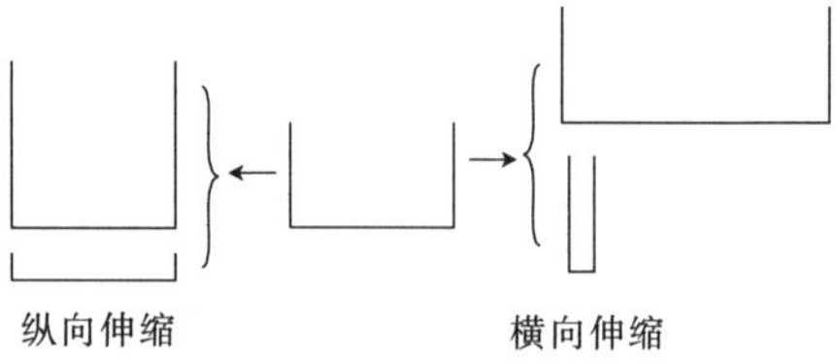


图4.30.3

学生发现两个直角的边不管是伸长还是缩短,也始终没办法组合成一个三角形。

追问:还有哪几种情况肯定也不行?

推断出3个直角肯定也是不可能的,2个钝角也是不可能的。再根据推理,排除3个钝角的情况。

师:所有三角形按角分类只可分为这三种,请给它们分别取一个名字。

得出:锐角三角形、直角三角形、钝角三角形。

小结:三角形按角分类可以分成锐角三角形、直角三角形、钝角三角形。(如图4.30.4)

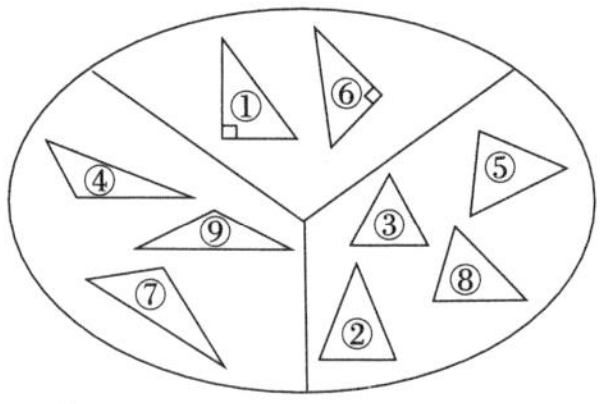


图4.30.4

**【教学思考】**直接呈现9个三角形让学生分类,不提供任何标准和提示,从而将学生容易出现的问题全部呈现出来,通过生生质疑和互动确定按角分类的标准。由于还没学习三角形的内角和,可以通过几何画板的辅助,让学生体验三角形分类的科学性和封闭性,培养学生的空间观念。

5.研究按边分类。

师:第三种分法(②⑨一类,两条边相等;③一类,三条边相等;①④⑤⑥⑦⑧一类,三条边不相等)是按什么标准分的?这样分对吗?

得出:是按边分的。并给出等腰三角形和等边三角形的概念,引导学生发现等边三角形是一种特殊的等腰三角形。

小结:按边分类可以分成等腰三角形(包含等边三角形)和一般三角形。

(如图4.30.5)

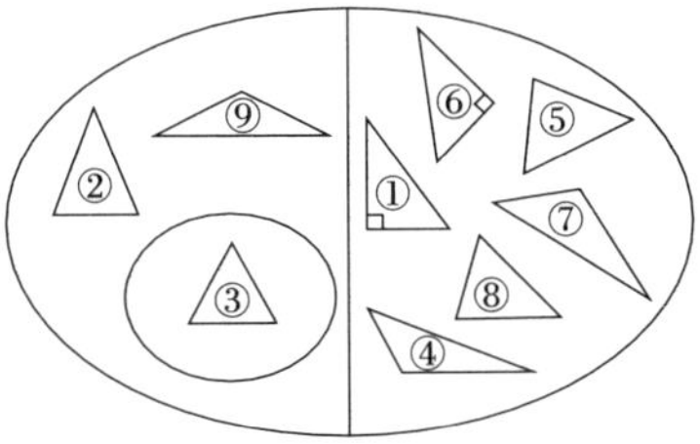


图4.30.5

师:量一量等腰三角形和等边三角形的各个角,你发现了什么?

生:等腰三角形除了两腰相等之外,两个底角也相等;等边三角形除了三条边相等之外,三个角也都相等。

**【教学思考】**学生在独立思考、合作交流中充分理解三角形的分类标准,在分类过程中逐步积累几何学习的活动经验,在汇报过程中不断强化分类思想。

**(二)活动二:内涵辨析**

1. 三角形可以分成锐角三角形、直角三角形、钝角三角形和等腰三角形、等边三角形这五类。

2. 等腰三角形可能是锐角三角形、直角三角形和钝角三角形。

3. 等边三角形只可能是锐角三角形。

**【教学思考】**通过对两种分类标准的对比结果分析,发现一个三角形按不同标准属于不同的类别。进一步明确分类的标准,分类标准不同,分得的结果也不同。

**三、多层次练习,提升学生素养**

1. 按要求画一画。

(1)在点子图上分别画一个锐角三角形、直角三角形、钝角三角形和等腰三角形。

(2)画一个三角形,要求它既是锐角三角形又是等腰三角形。

2. 猜一猜。(如图4.30.6)

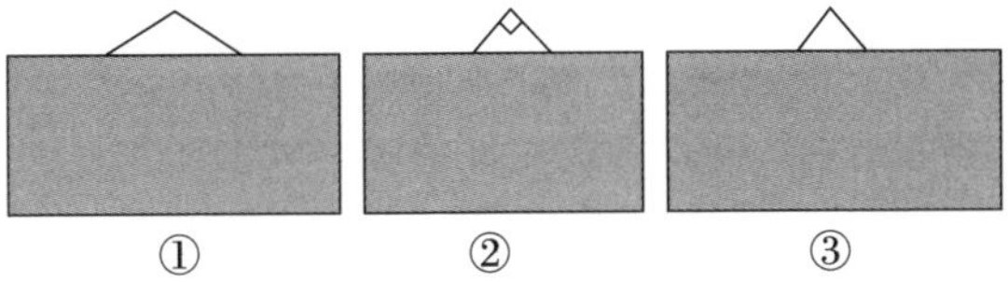


图4.30.6

先呈现图①,让学生猜一猜被遮住的可能是什么三角形。再呈现图②,最后呈现图③。学生回答后追问:如果图③的这个角是这个三角形中最大的角,那么它可能是什么三角形呢?

3. 想一想,说一说。

有 $A,B,C,D,E,F$ 六个点,想象一下 $A,B,C,D$ 分别与 $E,F$ 相连,会得到什么样的三角形?(如图 4.30.7)

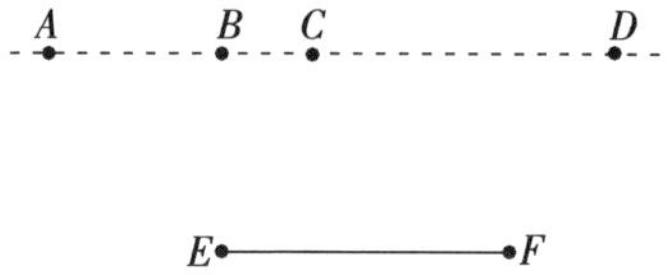


图 4.30.7

4. 蚂蚁爬圆:有一只蚂蚁,在圆内爬行至 $C$ 点,连接 $C$ 与 $A,B$ 两点会形成什么三角形?如果 $C$ 点在圆上呢?在圆外呢?(如图 4.30.8)

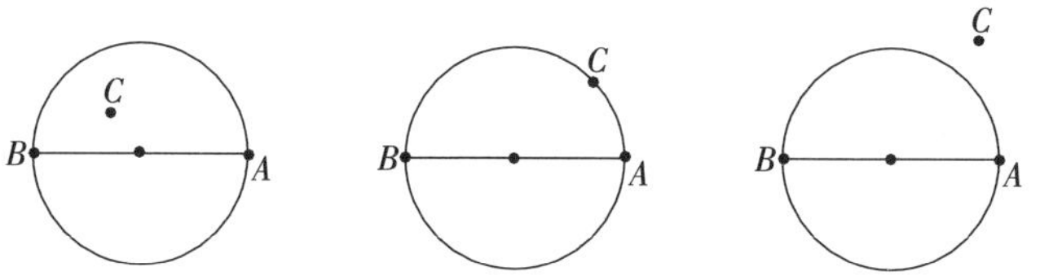


图 4.30.8

**【教学思考】**第 1 题进一步巩固了三角形的分类知识;第 2 题让学生发现按角分类,三角形的类型取决于它最大的角;第 3 题和第 4 题,巩固三角形分类的同时,培养学生的空间想象能力。

**四、回顾总结**

这节课你有什么收获?

## 板书设计

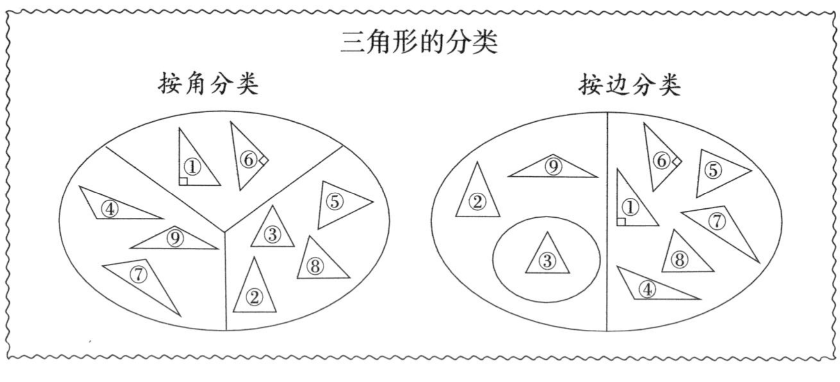

# 31.《三角形的内角和》说课稿

## 说教材

三角形的内角和是三角形的一个重要特征,是在角的度量、三角形的认识及分类等知识的基础上学习的。它又是进一步学习多边形内角和、图形的密铺等知识的基础。教材先让学生分别度量不同类型的三角形的内角度数,再算出每个三角形的内角和,初步感知大约都是 180°,再引导学生用剪、拼等实验方法验证得到三角形内角和为 180°。但在实际操作活动中经常会遇到这样尴尬的情况:学生已经知道了结论,操作时不自觉地用结论调整自己的测量,制造“伪结果”180°。用剪下来的三个角拼成一个平角的过程中也会出现不知道拼的是哪三个角的情况。由此,在教学活动中要重视学生操作活动的有效性,在活动中积累一些认识图形的经验和方法,逐步推理、归纳出三角形的内角和。因此,这节课的教学目标如下:

1. 认识三角形的内角,知道三角形的内角和为 180°;能根据三角形中两个内角的度数,求第三个内角的度数。

2. 经历三角形内角和的探究过程,渗透转化的数学思想,培养空间观念和推理能力。

3. 初步体验三角形的内角和等知识的研究与发展过程,渗透数学文化。

教学重点是认识三角形的内角,知道三角形的内角和为 180°。教学难点是如何利用已有的知识与经验探索三角形的内角和。

为了达成以上教学目标,我设计了如下教学过程。

## 说教学过程

### 一、动手操作,初探新知

1. 动手操作。

这节课我们继续学习三角形的有关知识,请同学们先测量下面 6 个角的度数。(如图 4.31.1)

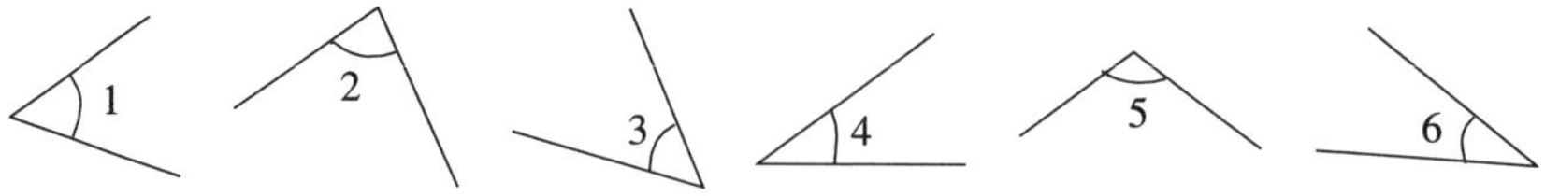

图 4.31.1

2. 揭示课题。

刚才测量的 6 个角分别是这两个三角形的内角(如图 4.31.2),并进行课件演示。接下来我们就来研究三角形的内角和。

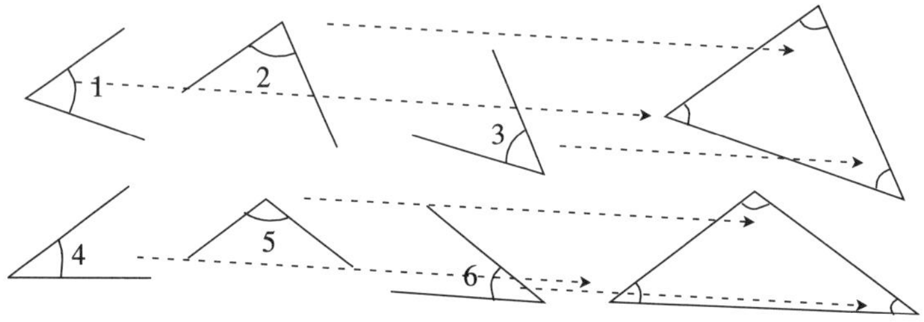

图 4.31.2

3. 动手计算。

三角形的内角和到底是多少度呢?我们来算一算这两个三角形的内角和。

4. 活动反思。

同样一个三角形,为什么量出的结果不一样?

学生反馈后小结:用测量的方法得到三角形的内角和是 180°确实会存在误差。那么,用什么方法验证三角形的内角和确实是 180°呢?当我们遇到这样的新问题时,一般先把它转化成我们学过的旧知识来解决。

**【教学思考】**研究三角形的内角和之前,多数学生已经知道了它的内角和为 180°。课程开始时,如果让学生直接通过测量的方法进行研究,一是学生不感兴趣,二是存在假测量现象,即只量出两个内角的度数,再通过计算得出第三个内角的度数。因此,在教学中,我先将两个三角形的 6 个内角分别剪下来,然后逐一测量其度数,最后告知学生,它们分别是两个三角形的内角。实际教学中,只有少部分学生测得 180°,这有利于学生理解测量存在误差。测量有误差,那如何验证结果呢?可以激发学生另辟蹊径。

## 二、深入探究,掌握新知

### (一)研究直角三角形的内角和

1. 寻找联系。

在我们学过的平行四边形、梯形、长方形、正方形中,哪种图形的内角和我们肯定是知道的?

生:长方形和正方形的4个内角都是直角,因此它们的内角和肯定是360°。

根据角的特点,想一想哪类三角形与长方形、正方形存在比较密切的关系?

2. 分层研究。

A层:请利用长方形或正方形的内角和,研究直角三角形的内角和。

B层:请在方格纸上先画一个长方形或正方形,再连接一组对角的顶点,分别得到两个什么图形?它们的内角和分别是多少度?

3. 汇报交流。

连接长方形或正方形的对角线,将它分成两个完全相同的直角三角形。长方形或正方形的内角和是360°,则其中一个直角三角形的内角和为180°。(如图4.31.3)

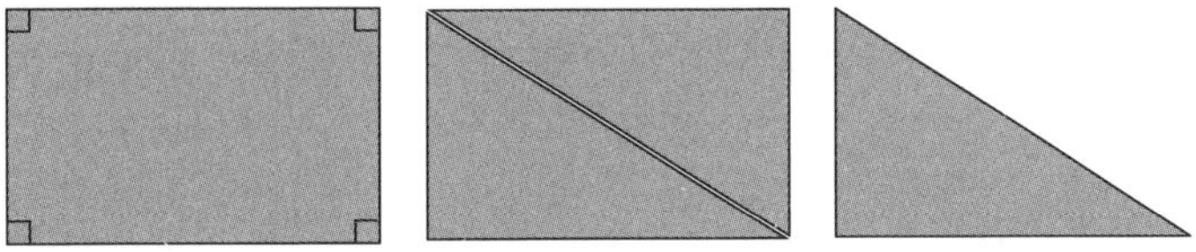

图4.31.3

4. 得出结论。

直角三角形的内角和是180°。

### (二)研究锐角三角形、钝角三角形的内角和

1. 激发思考。

通过刚才的研究,发现直角三角形的内角和是180°。那么,怎样研究钝角三角形与锐角三角形的内角和呢?

2. 分层研究。

A层:根据直角三角形的内角和为180°,请利用方格纸继续研究锐角三角形与钝角三角形的内角和。

B层:请在方格纸上先画一个锐角三角形或钝角三角形,再画出它的一条高,这条高把它分成两个什么图形?再想一想,这个三角形的内角和度数。

3. 汇报交流。

生:给锐角三角形或钝角三角形画一条高,它将这个锐角三角形或钝角三角形分成了两个直角三角形。每个直角三角形的内角和是180°,两个直角三角形的内角和是360°,但是还要减去两个直角的度数,即180°。因此,这个锐角三角形或钝角三角形的内角和也是180°。(如图4.31.4)

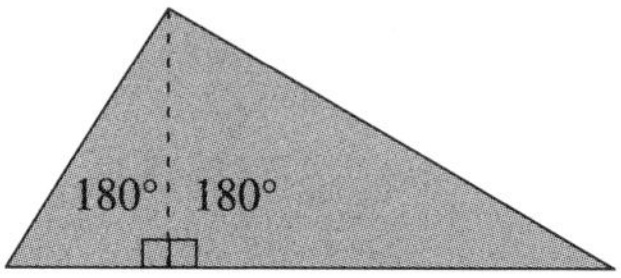


图4.31.4

师:把一个锐角三角形或钝角三角形分成两个直角三角形,那么锐角三角形或钝角三角形的内角和为什么不是180°+180°,即360°呢?

生:给三角形作高后,垂足这里多了两个直角,即180°,但它们不是原来锐角三角形或钝角三角形的内角,因此,要减掉180°。

4. 得出结论。

因为三角形按角分可分成锐角三角形、直角三角形与钝角三角形三类,而每一类三角形的内角和都为180°。所以,任意一个三角形的内角和都是180°。

**(三)演示总结**

1. 用几何画板验证三角形内角和。

(1)用几何画板画一个三角形并精确地测量出3个内角的度数,并算一算内角和。

(2)拉动其中的一个点形成不同的三角形,再算内角和。并启发学生思考:你觉得什么变了,什么没有变?

生:当顶角越来越大,底角就越来越小。当顶角接近180°时,底角就趋向于0°。当顶角越来越小,底角就越来越大。当顶角接近0°时,底角就趋向于90°。但是它们的内角和是不变的,都是180°。

2. 课件演示撕拼与折拼成平角的过程。

三角形的内角和是180°，如果把这3个内角拼在一起会成一个什么角呢？

【教学思考】此环节是本节课的最重要环节，引导学生利用已有的知识解决新问题。先利用长方形或正方形的内角和，研究得到直角三角形的内角和，再利用刚得到的结论研究锐角三角形或钝角三角形的内角和，整个教学过程渗透转化的数学思想。当研究得到三角形的内角和之后，再利用几何画板将三角形的3个内角撕拼成1个平角。

(四)渗透数学文化

数学家帕斯卡在无意中发现了直角三角形的内角和是180°。他发现任意矩形的4个角都是直角，它们的内角和等于360°，且都能分成两个完全相同的直角三角形，所以直角三角形的内角和为180°。接着他又发现任何三角形都可以分成两个直角三角形，这两个直角三角形去掉两个直角，就得到原三角形的内角和180°。

【教学思考】让学生了解自己的研究过程与数学家的研究过程类似，既可以了解数学家及数学发展史，又能体验研究成功带来的乐趣。

**三、练习巩固，拓展提高**

1. 填一填。

(1)在一个三角形中，∠1 = 140°，∠3 = 25°，∠2 = (　　)°；

(2)在一个三角形中，∠1 = 50°，∠2 = 65°，∠3 = (　　)°；

(3)一个直角三角形的一个锐角是65°，另一个锐角是(　　)°；

(4)一个等腰三角形的顶角是65°，它的一个底角是(　　)°。

2. 拼一拼。

一块三角尺的内角和是180°，用两块完全一样的三角尺拼成一个三角形，这个三角形的内角和是多少度？(如图4.31.5)

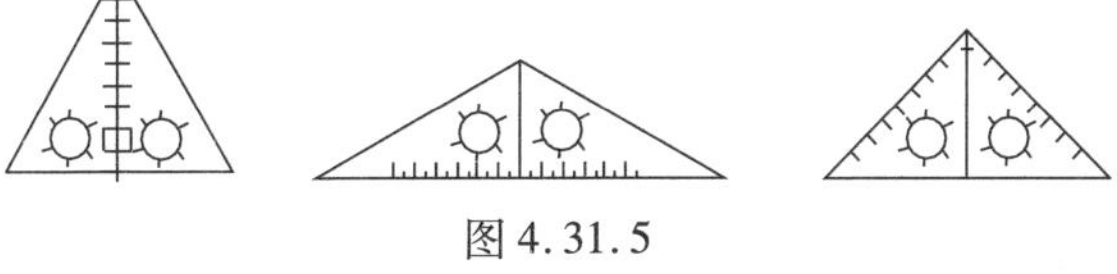

图4.31.5

3. 剪一剪。

把一个三角形剪掉一个40°的角，剩下图形的内角和是多少度？

（如图 4.31.6）

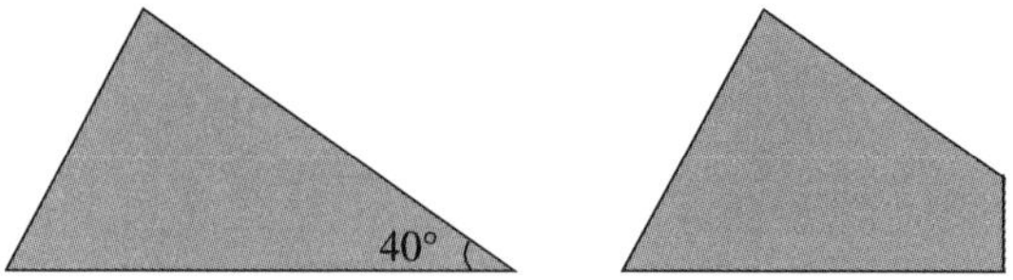


图 4.31.6

**【教学思考】**练习共设计了 3 小题。第 1 题让学生进一步掌握三角形的内角和；第 2 题主要针对学生容易出错的知识点进行设计，引导学生不但要知道拼成的大三角形内角和是 180°，而且还要知道为什么不是 360°；第 3 题克服学生的思维定式，答案并非 140°，而是要求学生再次利用转化的数学思想，将剩下的图形分割成两个三角形，求得内角和为 360°。

**四、总结整理，课外探究**

1. 总结整理。

我们是通过什么方法来研究三角形内角和的？你受到了什么启发？

2. 课外探究。

研究四边形、五边形、六边形等多边形的内角和度数，并记录不同的研究策略。

## 板书设计

三角形的内角和

∠1 =（　　）° ∠2 =（　　）° ∠3 =（　　）° 和：（　　）°

∠1 =（　　）° ∠2 =（　　）° ∠3 =（　　）° 和：（　　）°

∠4 =（　　）° ∠5 =（　　）° ∠6 =（　　）° 和：（　　）°

∠4 =（　　）° ∠5 =（　　）° ∠6 =（　　）° 和：（　　）°

直角三角形的内角和等于 180°
锐角三角形的内角和等于 180° } 任意一个三角形的内角和等于 180°
钝角三角形的内角和等于 180°

（转化）

# 32.《平行四边形的面积》说课稿

## 说教材

平行四边形的面积是在长方形和正方形面积等知识的基础上学习的，为接下来学习三角形、梯形及组合图形的面积等知识奠定基础。教材以比较两个花坛大小为切入点进行研究，借助小精灵的提示“用数方格的方法试一试”，旨在渗透度量单位的应用意识。围绕不数方格来计算平行四边形的面积，引导学生经历大胆猜想—动手实验—验证猜想—推导概括四个层次的探究活动。记录平行四边形的底、高、面积和长方形的长、宽、面积数据，并对所得的数据进行比较和分析，从中发现两个图形之间的内在联系，为顺利总结公式奠定基础。学生总结平行四边形的面积计算公式，并用字母表示公式。其中在用字母表示公式时，教材提供了一幅直观图，沟通字母与图形之间的对应关系，帮助学生掌握面积计算公式。例1指导学生应用计算公式解决实际问题，同时验证计算公式的正确性。教师应提醒学生在解答过程中注意书写格式的规范，培养良好的学习习惯，渗透用字母表示的代数思想。因此，这节课的教学目标如下：

1. 掌握平行四边形面积的计算公式，能运用公式正确地计算平行四边形的面积。

2. 经历平行四边形面积计算公式的探究过程，渗透转化思想，发展空间观念，培养推理能力。

3. 运用所学知识解决简单的实际问题，体验数学与生活之间的联系，发展数学应用意识。

教学重点是经历平行四边形面积的探究过程，掌握平行四边形的面积计算公式。教学难点是理解邻边相乘计算平行四边形面积错误的原因。

为了达成以上教学目标，我设计了如下教学过程。

## 说教学过程

### 一、揭示课题，动手操作

1. 揭示课题。

这节课我们来学习研究平行四边形的面积。

2. 动手操作。

请先用尺子量一量，再算一算平行四边形的面积。（如图 4.32.1）

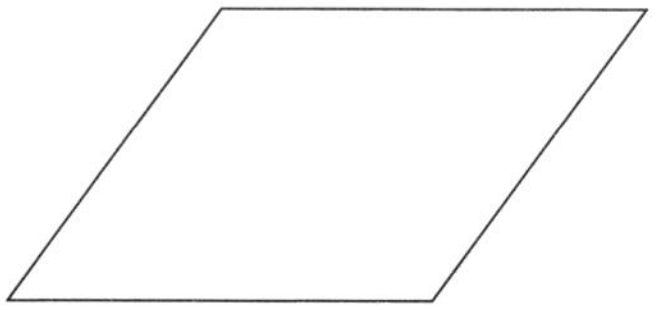

图 4.32.1

**【教学思考】**平行四边形的面积需要学生花费大量的时间在动手操作中学习。在教学过程中，我们要为学生提供足够的探究时间与空间。因此，教师需开门见山揭示课题，明确学习内容。同时，提供一个没有数据的平行四边形，让学生直接用尺子量一量，再算一算，具有挑战性，充分展示学生的思维过程。

### 二、探索研究，掌握新知

1. 尝试求平行四边形的面积。

学生可以独立尝试，先做完的学生可以和同桌互相交流。然后呈现学生的想法，分别如下：$(6+5)\times2$，$6\times5$，$6\times4$。

第一种是求平行四边形的周长，显然是错误的。第二种与第三种，学生争论不休。坚持第二种的学生认为根据长方形的面积计算公式，平行四边形的面积计算也应该是相邻两边相乘。坚持第三种的学生认为可以将平行四边形转化成长方形，因此，平行四边形的面积应该是 $6\times4$，即 24 $cm^2$。

2. 用数方格的方法进行验证。

将这个平行四边形放到边长为 1 cm 的方格图中，通过数方格进行验证。（如图 4.32.2）

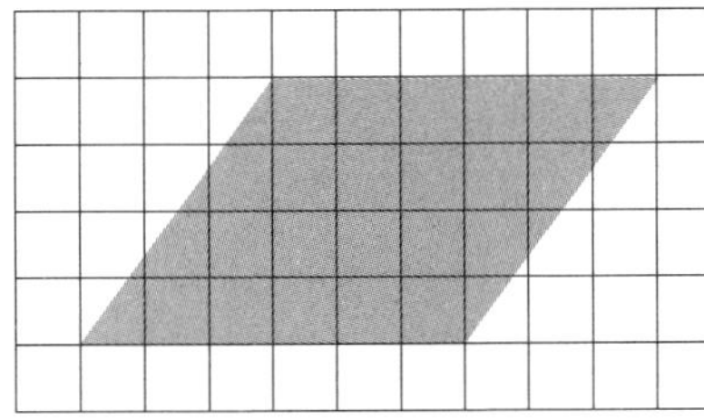

图4.32.2

数方格的方法有多种,但归结起来有这样的两种:一是两次及以上割补,二是一次割补。然后引导学生对这两种不同的数方格方法进行比较、优化,得到一次割补的方法较简便。这种方法巧妙地将平行四边形转化成长方形,然后根据长方形的面积计算公式算出平行四边形的面积,不必一个一个地数方格。(如图4.32.3)

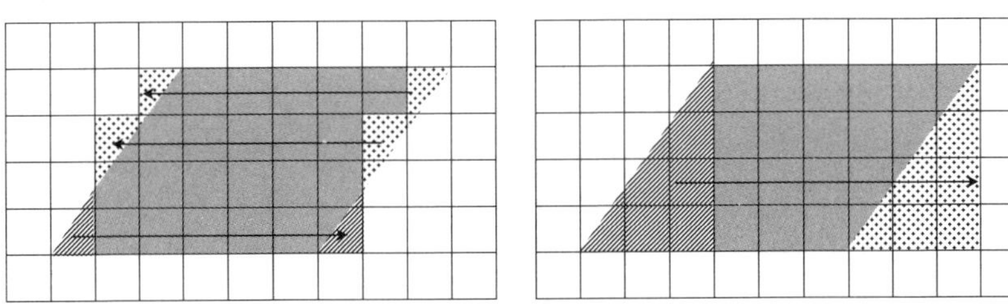

图4.32.3

**【教学思考】**通过验证,学生发现平行四边形的面积是 24 $cm^2$,不是 30 $cm^2$,即平行四边形邻边相乘的积并不是它的面积。

3. 深入分析底乘高的面积计算方法。

为什么可以用 $6\times4$ 来计算平行四边形的面积?(如图4.32.4)

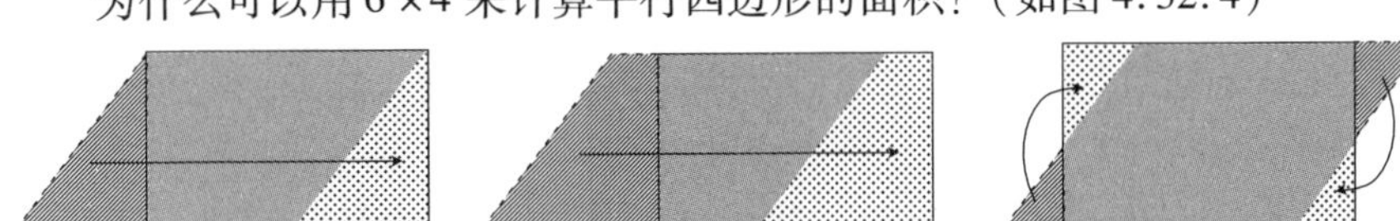

图4.32.4

学生可能说都是沿着高将平行四边形分成两部分,然后通过平移得到一个长方形,也就是将平行四边形转化成长方形。此时引导学生重点关注:在转化过程中什么变了,什么没变;长方形和原先的平行四边形又有什么关系。通过观察、对比,发现平行四边形的底等于长方形的长,平行四边形的高等于长方形的宽,长方形的面积等于长乘宽,因此,平行四边形的面积等于底乘高。

4. 再次研究验证。

在方格图上画一个平行四边形，请试着算出面积，并说明理由。

学生研究后汇报，如：

(1)底为 4 cm，高为 3 cm，面积是 12 $cm^2$。

(2)底为 5 cm，高为 4 cm，面积是 20 $cm^2$。

(3)底为 6 cm，高为 3 cm，面积是 18 $cm^2$。

……

**【教学思考】**学生一般都将平行四边形转化成长方形来计算面积，即底乘高。研究后归纳概括平行四边形的面积计算公式，并用字母表示。平行四边形面积计算公式的探索研究过程，充满了挑战，渗透了转化的数学思想，有助于发展学生的空间观念、培养学生推理能力。学生不仅知其然，更知其所以然。

5. 教学例 1。

平行四边形花坛的底是 6 m，高是 4 m，它的面积是多少？

**【教学思考】**学生推导出平行四边形的面积计算公式后，教师须安排相应的练习，让学生在解决简单的实际问题中体验数学与生活之间的联系，发展数学应用意识。

**三、练习巩固，拓展提高**

1. 计算下列各平行四边形的面积。

(教材第 89 页“练习十九”第 2 题；强调底与高相对应)

2. 你能画一画、量一量，再写出计算面积的算式吗？(如图 4.32.5)

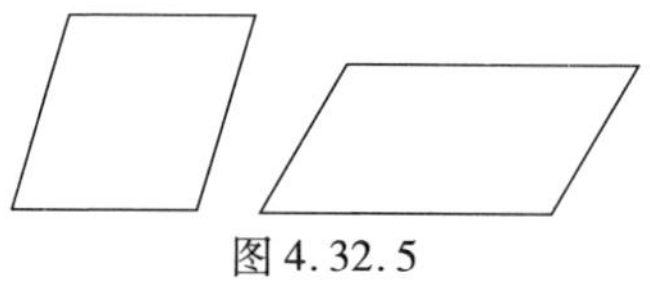

图 4.32.5

3. 下列各图能用 6×5 来计算它们的面积吗？为什么？(如图 4.32.6)

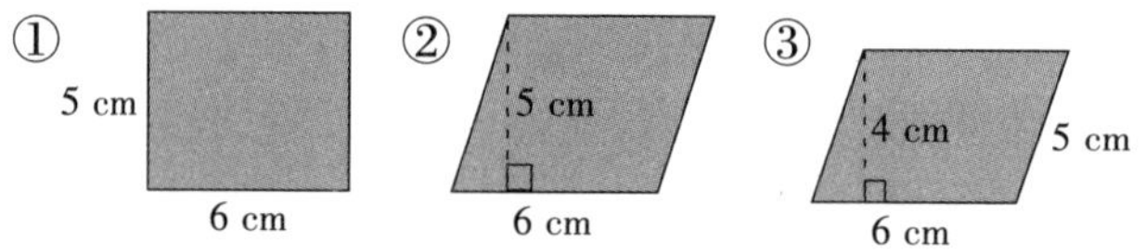


图 4.32.6

此题分两个层次教学。

第一层：学生研究后发现图①和②可以用 6×5 计算它们的面积，但图③

不行,因为它与前两个图等底,所以我们把图①的长方形,拉一拉就可以得到图③中的平行四边形,结果发现它的面积变小了,然后继续拉,得到更多不同的平行四边形,发现它们的面积越来越小。(如图4.32.7)

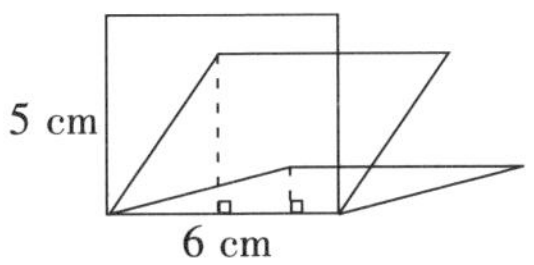


图4.32.7

第二层:教学等底、等高的平行四边形面积相等。(如图4.32.8)

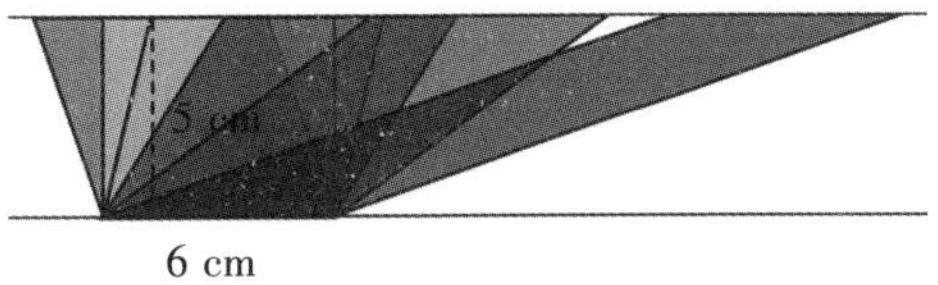


图4.32.8

**【教学思考】**第1题让学生进一步巩固平行四边形的面积计算公式;第2题让学生测量后算面积,运用所学知识解决问题;第3题让学生进一步理解平行四边形的面积并非相邻两边相乘的积,又使其认识到等底、等高的平行四边形的面积相等,为学习等底、等高的三角形面积相等埋下伏笔。

**四、总结内化,课外探究**

1. 总结内化。

这节课我们是怎么研究的?给你们的最大启发是什么?

2. 课外探究。

如果有一个平行四边形,你能求出它的面积吗?

## 板书设计

平行四边形的面积

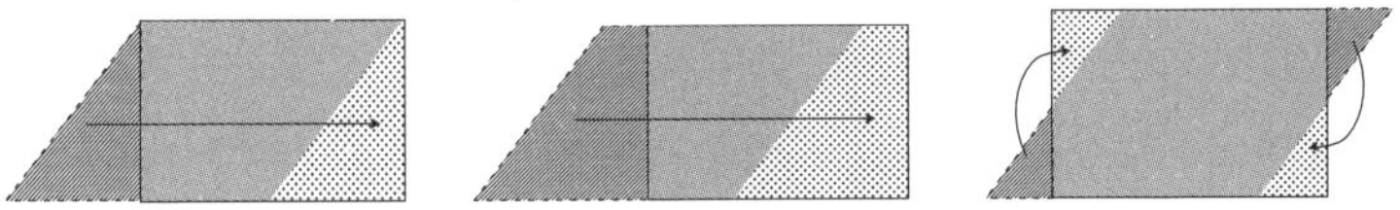

方法:割补法

$6\times4=24(cm^2)$

$4\times3=12(cm^2)$

$5\times4=20(cm^2)$

$6\times3=18(cm^2)$

长方形的面积 = 长 × 宽

转化 ‖ ‖ ‖

平行四边形的面积 = 底 × 高

等底、等高的平行四边形面积相等。

# 33.《三角形的面积》说课稿

## 说教材

三角形的面积是在长方形和正方形面积、平行四边形面积等知识的基础上学习的，为接下来学习梯形的面积、组合图形的面积等知识奠定基础。教材安排了两部分内容：一是推导三角形的面积计算公式，教材以实际问题“怎样算出红领巾的面积?”为载体，以小组合作的形式展现学生探索交流的过程，呈现学生操作活动的多样性。与此同时，教材暗含着根据平行四边形面积计算公式推导的方法把三角形也转化成已学过的图形来解决的思路。二是运用三角形的面积计算公式解决简单的实际问题。此前，学生已经积累了将新图形转化成已知图形推导面积计算公式的经验。因此，这节课的教学目标如下：

1. 掌握三角形的面积计算公式，并能正确地进行计算。

2. 经历三角形面积计算公式推导的研究过程，渗透转化的数学思想，培养推理能力，发展空间观念。

3. 运用知识解决简单的实际问题，发展数学应用意识。

教学重点是理解三角形的面积计算公式。教学难点是理解用不同的方法推导三角形的面积计算公式。

为了达成以上教学目标，我设计了如下教学过程。

## 说教学过程

### 一、回顾旧知，引入新课

1. 复习平行四边形的面积计算公式。

呈现一个平行四边形，计算它的面积。(如图 4.33.1)

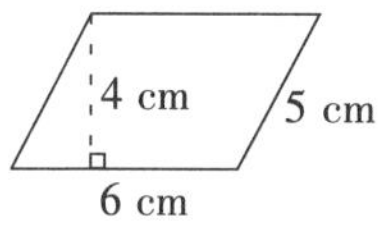


图 4.33.1

根据“平行四边形面积 = 底 × 高”，列式计算：$6 \times 4 = 24(cm^2)$。

回顾平行四边形面积计算公式的推导过程：通过割补法，把平行四边形转化成长方形，面积的大小不变，平行四边形的底等于长方形的长，平行四边形的高等于长方形的宽，长方形的面积 = 长 × 宽，所以平行四边形的面积 = 底 × 高。（如图 4.33.2）

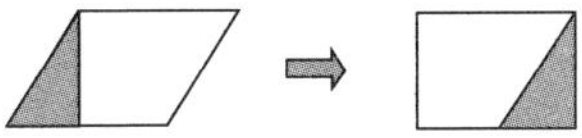

平行四边形的面积=底 × 高

‖ ‖ ‖

长方形的面积=长 × 宽

图 4.33.2

2. 揭示课题。

这节课我们继续用转化的数学思想来学习三角形的面积。

**【教学思考】**三角形面积计算公式的推导过程与平行四边形面积计算公式推导过程类似，都要将其转化成已知图形来推导。因此，复习平行四边形面积计算公式的推导，可为学习新知打下基础，方便教师找准认知停靠点。

**二、探索研究，掌握新知**

1. 画三角形。

在方格图中画一个底是 6，高是 4 的三角形。

反馈并呈现学生画的三角形。（如图 4.33.3）

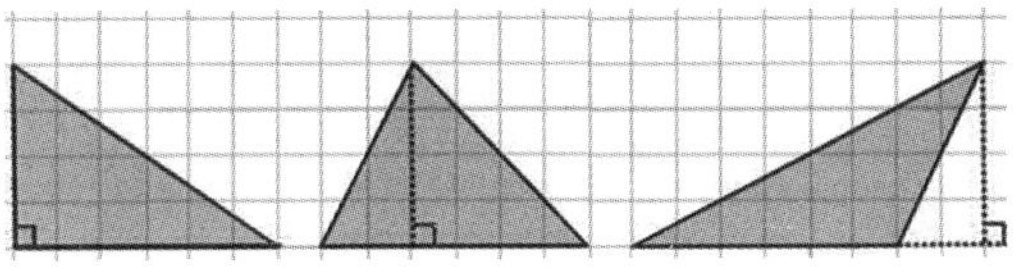

图 4.33.3

观察发现：所画的三角形形状、类型虽不一样，但是底都是 6，高都是 4。

2. 提出猜想。

问：你觉得三角形的面积计算公式是怎样推导的？

学生可能会有以下几种情况。

（1）用两个完全一样的三角形拼成一个平行四边形进行推导。

（2）可以把三角形沿着高剪开，拼成一个平行四边形进行推导。

(3)可以用割补法,把它剪拼成一个长方形进行推导。

3. 再画一个完全一样的三角形推导面积计算公式。

师提出:如果用两个一样的三角形拼成一个平行四边形来推导面积计算公式,现在只有一个三角形,怎么办?

生:再画一个完全一样的三角形。

师追问:该怎么画呢? 请先想象再画。

学生操作后反馈。(如图4.33.4)

(1)两个完全一样的直角三角形能拼成一个长方形,直角三角形的底和高分别是长方形的长和宽,一个三角形的面积是长方形面积的一半。

(2)两个完全一样的锐角三角形能拼成一个平行四边形,锐角三角形的底和高分别是平行四边形的底和高,一个三角形的面积是平行四边形面积的一半。

(3)两个完全一样的钝角三角形也能拼成一个平行四边形,钝角三角形的底和高分别是平行四边形的底和高,一个三角形的面积是平行四边形面积的一半。

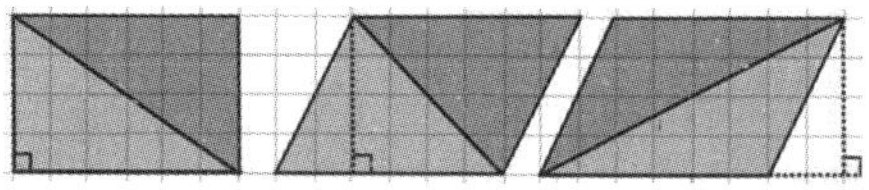

图4.33.4

小结:看来用两个完全一样的三角形拼成平行四边形,确实能推导出三角形的面积计算公式。如果面积用 $S$ 表示,底用 $a$ 表示,高用 $h$ 表示。那么三角形的面积计算公式可表示为:$S=ah\div2$。

**【教学思考】**推导三角形的面积计算公式有拼摆与割补的方法。拼摆的方法是学生最容易理解的,因此,先让学生探索用两个完全相同的三角形推导面积计算公式,确保所有学生至少能掌握一种方法。

4. 只用一个三角形推导面积计算公式。

操作活动后反馈。(如图4.33.5)

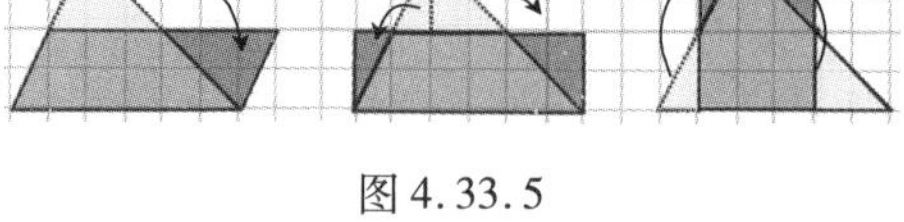

图4.33.5

（1）将三角形转化成一个平行四边形，转化后的平行四边形的底等于三角形的底，平行四边形的高等于三角形高的一半。所以，三角形的面积 $S=a(h\div2)=ah\div2$。

（2）将三角形转化成一个长方形，转化后的长方形的长等于三角形的底，长方形的宽等于三角形高的一半。所以，三角形的面积 $S=a(h\div2)=ah\div2$。

（3）将三角形转化成一个长方形，转化后的长方形的长等于三角形的底的一半，长方形的宽等于三角形的高。所以，三角形的面积 $S=(a\div2)h=ah\div2$。

5. 比较不同方法的异同点。

（1）相同点：推导三角形的面积计算公式都是将其转化为我们学过的图形。

（2）不同点：用两个完全一样的三角形转化成平行四边形或长方形，原来三角形的底和高就是转化后图形的底和高，再除以2就是一个三角形的面积；用一个三角形割补后转化成平行四边形或长方形，原来三角形的底或高变为原来的一半后，也能推导出三角形的面积计算公式。

6. 小结。

刚才用几种不同的方法推导出了三角形的面积计算公式，不管采用的是哪种方法，推导出来的三角形的面积都等于底乘高除以2。

**【教学思考】**用割补的方法推导三角形的面积计算公式是学生比较难理解的，因此，给足时间让学生独立进行探索研究，更有利于其从不同的角度推导三角形的面积计算公式，收获成功的体验，从而使教学效果扎实有效。

7. 变化中的三角形。

思考1：三角形的形状都不一样，但是面积都是12，为什么？（如图4.33.6）

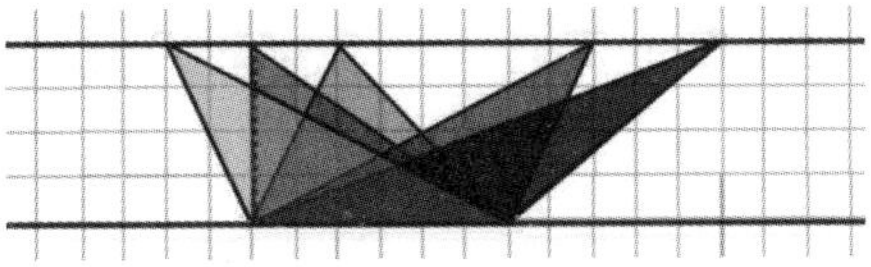

图4.33.6

观察发现：这些三角形等底、等高。

思考2：底不变高变长或者高不变底变长，面积有变化吗？（如图4.33.7）

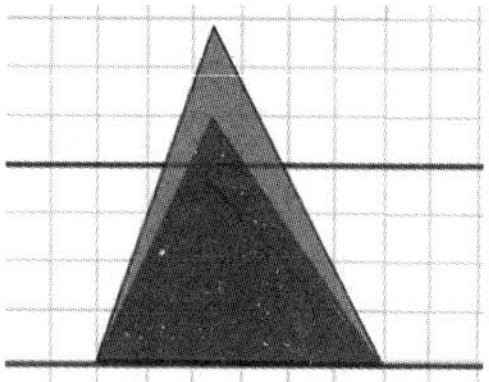

图 4.33.7

观察发现：高或底变化，面积也随着变化。

**【教学思考】**在等底、等高的三角形面积相等的基础上，让学生认识到底或高的变化都将引起面积的变化。

**三、巩固练习，拓展提高**

1. 计算下列各三角形的面积。（如图 4.33.8）

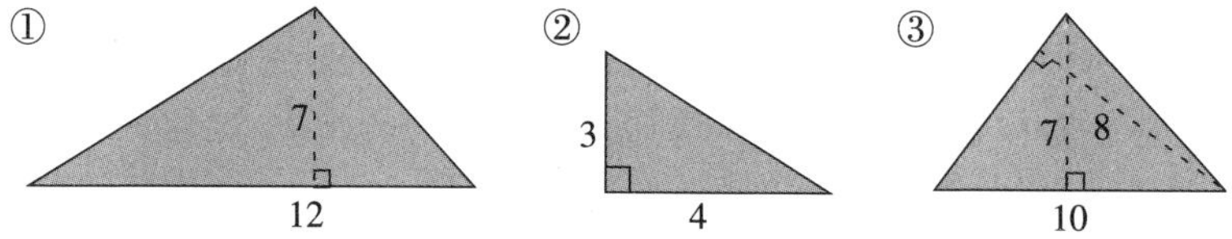


图 4.33.8

**【教学思考】**此题为基本练习，旨在让学生进一步掌握三角形的面积计算公式。计算图③的面积时，着重强调三角形的面积等于底乘与之对应的高除以 2。

2. 想办法计算三角形的面积。（如图 4.33.9）

图 4.33.9

**【教学思考】**先测量再计算面积，让学生感受利用公式计算面积的简便性。

3. 利用平行四边形面积，求三角形的面积。

平行四边形 $ABCD$ 的面积是 12 $cm^2$，从这个平行四边形中你能知道哪些三角形的面积？（如图 4.33.10）

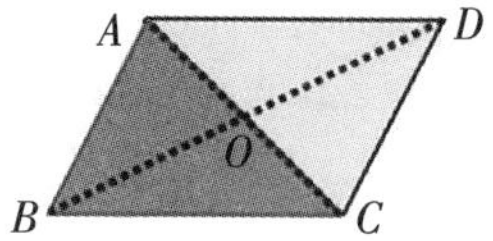


图 4.33.10

**【教学思考】**利用对角线把平行四边形分割成若干个三角形，渗透等底、等高，等底、半高等三角形的面积关系。

**四、总结内化，巧妙渗透**

1. 总结孕伏。

回顾整理一下，今天我们又将三角形转化成了平行四边形和长方形来进行面积计算公式的推导。接下来我们还要学习梯形面积，又可以怎么进行转化呢？

2. 数学文化渗透。

我国古代数学家刘徽利用出入相补原理来计算平面图形的面积。出入相补原理就是通过把一个图形分割、移补，面积保持不变，来计算它的面积。（如图4.33.11）

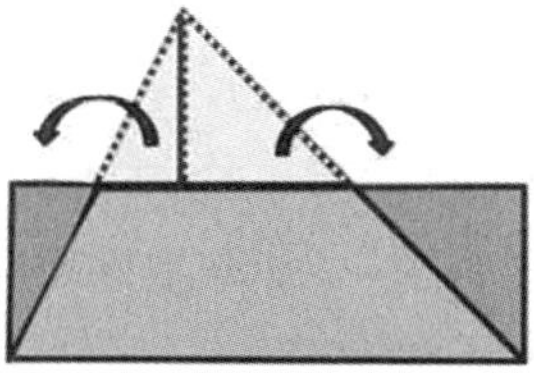

图4.33.11

## 板书设计

三角形的面积

三角形$\xrightarrow{\text{转化}}$长方形、平行四边形

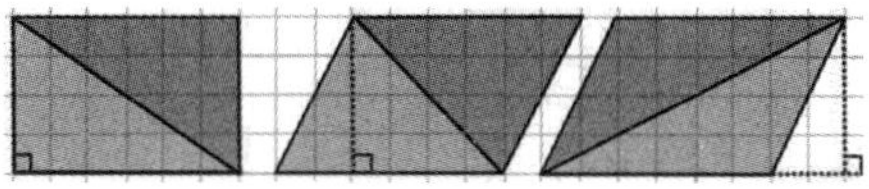

三角形的面积 = 底 × 高 ÷ 2

$S = ah \div 2$

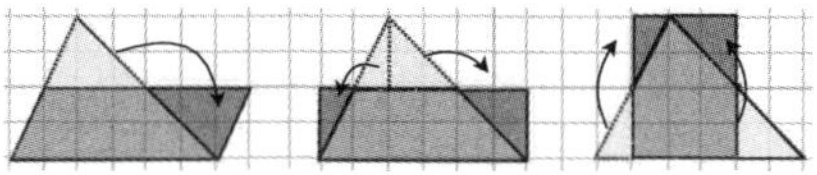

$S = a(h \div 2) = ah \div 2$　$S = a(h \div 2) = ah \div 2$　$S = (a \div 2)h = ah \div 2$

等底、等高的三角形面积相等。

# 34.《梯形的面积》说课稿

## 说教材

梯形的面积是在学生学习了平行四边形和三角形面积的基础上进行学习的,为接下来学习组合图形的面积等知识打下基础。多数学生学习了平行四边形和三角形面积计算之后,会通过各种不同的渠道获取梯形面积计算公式,但多数学生还是不清楚梯形面积计算公式是怎样推导出来的。此前,学生经历了平行四边形和三角形面积计算公式推导过程的学习,已经知道了要把梯形转化为已经学过的图形进行推导。那么,用什么材料和方法引导学生进行探究呢?不同教师采用的处理方法也不同。基于学习材料准备简单有效的考虑,我采用让学生先在方格图里“画一画”,然后再推导梯形面积计算公式的教学策略。因此,本节课的教学目标如下:

1. 在参与操作探究的过程中,发现并掌握梯形的面积计算方法,培养再创造能力与空间观念。

2. 结合数学再发现过程,培养观察、分析、比较、判断、概括、推理等思维能力,渗透知识间的类比迁移、转化等思想方法。

3. 体验数学再发现的乐趣,让学生获得个性化的数学发展。

教学重点是引导学生参与探索梯形面积计算公式推导的全过程。教学难点是理解不同的面积计算公式的推导方法。

为了达成以上教学目标,我设计了如下教学过程。

## 说教学过程

### 一、温故引新,尊重起点

1. 回顾旧知,整理方法。

回顾三角形面积计算公式的推导过程,一般有以下四种方法:

(1)用两个完全一样的三角形拼成一个平行四边形,推导面积计算公式。

(2)沿着三角形两边中点的连线剪开,拼成一个平行四边形,推导面积计算公式。

(3)沿三角形两边中点向底边作垂线再剪下来,拼成一个长方形,推导面积计算公式。

(4)用折叠的方法,把三角形折成一个长方形,推导面积计算公式。

**【教学思考】**复习的目的是让学生在回忆中明白,推导一个图形的面积计算公式时,要把它转化成已经学过的图形。

2. 出示课题,了解起点。

今天我们继续用转化的方法来研究梯形的面积,谁知道梯形的面积计算公式?

梯形面积 =(上底 + 下底)× 高 ÷2

$S_{梯形}=(a+b)h\div2$

**【教学思考】**学习了平行四边形的面积、三角形的面积,多数学生会翻看之后学习的内容,从而获取梯形的面积计算公式。因此,在教学中,我们不能当学生"不知道",而是直面现实,直接呈现面积计算公式,让学习聚焦于公式的推导过程。

**二、操作探究,探索新知**

1. 猜想梯形面积计算公式的推导过程。

(1)用两个完全一样的梯形拼成一个平行四边形进行推导。

(2)将一个梯形转化成平行四边形、三角形或长方形进行推导等。

2. 提供材料,操作探究。

(1)用两个完全一样的梯形推导梯形面积计算公式,但是老师今天只准备了一个梯形,怎么办?(如图4.34.1)

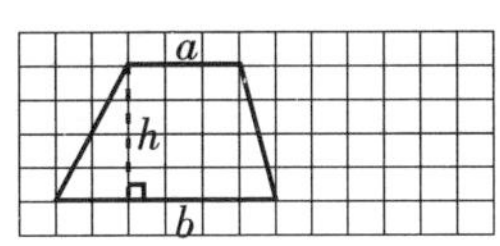


图4.34.1

生:再画一个。

学生自主探究,然后汇报交流。

用两个完全一样的梯形拼成一个平行四边形,这个平行四边形的底等于梯形的上底与下底的和,平行四边形的高等于梯形的高,每个梯形的面积等于这个平行四边形面积的一半。所以,梯形的面积 =(上底 + 下底)×

高 ÷2。(如图4.34.2)

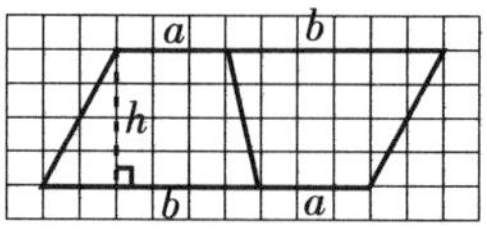


图4.34.2

(2)用一个梯形推导梯形面积计算公式。

学生小组合作探究,然后汇报交流。

①沿着梯形两腰中点的连线将梯形剪开,转化成一个平行四边形,平行四边形的底等于梯形的上底与下底的和,平行四边形的高只有梯形高的一半。(上底 + 下底) ×(高 ÷2)求出的是这个平行四边形的面积,也就是梯形的面积。因此,梯形面积 =(上底 + 下底) × 高 ÷2。(如图4.34.3)

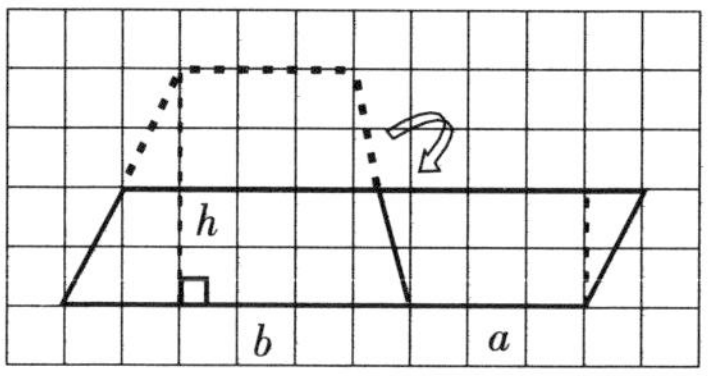


图4.34.3

②我们沿着梯形一个顶点和一条腰的中点进行分割,把它转化成一个三角形,三角形的底等于梯形的上底与下底的和,梯形的高等于三角形的高,因此,梯形面积 =(上底 + 下底) × 高 ÷2。(如图4.34.4)

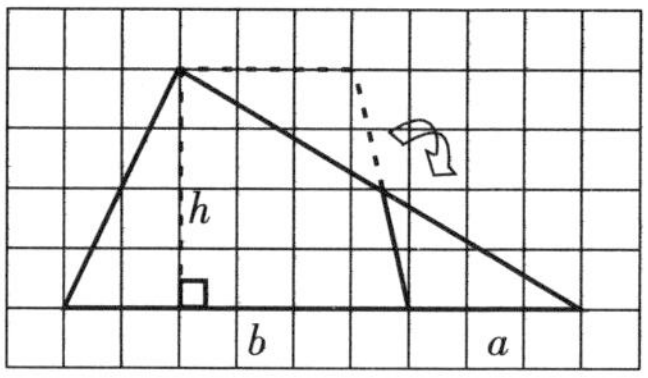


图4.34.4

③把梯形转化成长方形进行推导,沿着梯形两腰中点作垂线,把旁边两个小三角形进行分割、旋转,拼成一个长方形。这个长方形的长等于梯形上底与下底和的一半,宽等于梯形的高,因此,也能推导出梯形面积计算公式。(如图4.34.5)

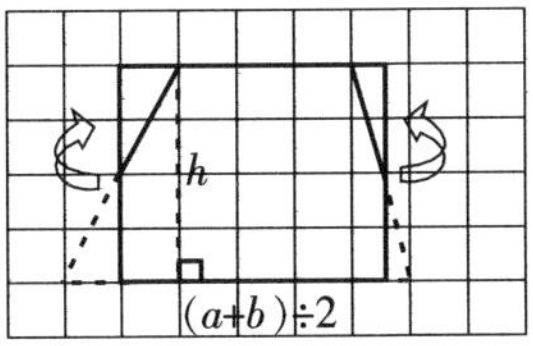


图 4.34.5

④把梯形分割成两个三角形，这两个三角形的面积分别为，上底×高÷2 和下底×高÷2，合并起来得到，梯形面积＝（上底＋下底）×高÷2。（如图 4.34.6）

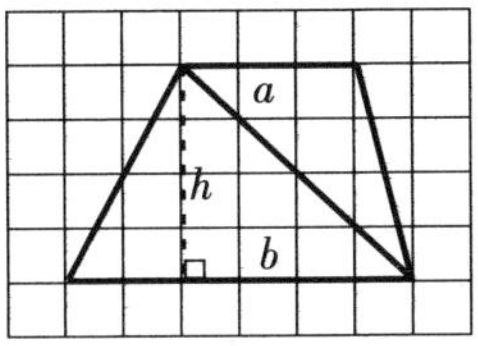


图 4.34.6

⑤把梯形分割转化成平行四边形，也能推出梯形的面积计算公式。（如图 4.34.7）

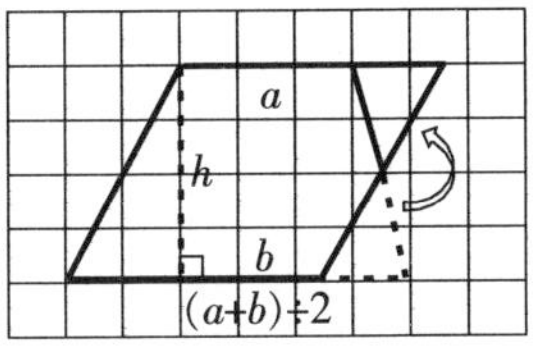


图 4.34.7

**【教学思考】**第一，各种版本教材都把拼摆法放在了首要位置，其原因是这种方法简单，便于理解，而其他方法却要视学生的实际情况而定，在组织学生学习时需要教师适当的引导。因此，把梯形面积推导过程分为两个层次进行教学：先引导学生用两个完全相同的梯形进行推导，让全班学生都掌握这种推导方法；再引导学生用一个梯形进行推导，真正做到“下要保底，上不封顶”。第二，为了简便有效地准备学习材料，我没有制作一些梯形纸片让学生拼摆，而是让学生自己画图推导。考虑到学生在画图时要用尺子量，且测量具有误差大、速度慢等缺点。因此，采用方格图帮助学生理解，排除了一些不必要的干扰因素。更重要的是，学生在画前先要进行想象，比直接让学生拼摆更具挑战性，更有利于发展学生的空间观念。

3. 比较推导方法的异同点。

(1)相同点:将梯形转化成已学过的图形推导面积计算公式。

(2)不同点:可以用两个完全相同的梯形拼摆推导面积计算公式,也可以用一个梯形割补推导面积计算公式。

**三、练习提高,拓展延伸**

1. 计算下面每个梯形的面积。(单位:cm)(如图 4.34.8)

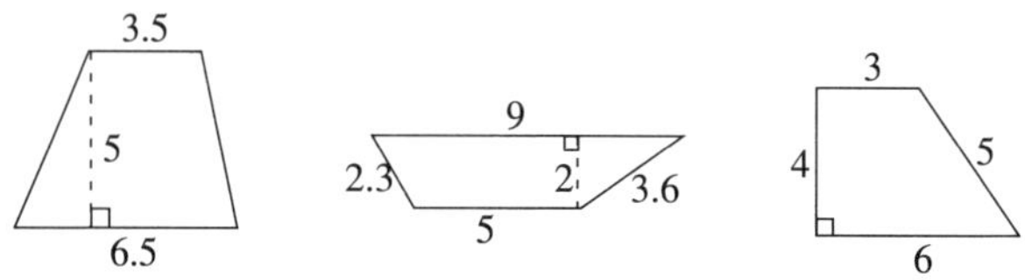


图 4.34.8

**【教学思考】**本题为基本练习,目的是让学生进一步巩固掌握梯形的面积计算公式,并能对其正确地进行计算。

2. 观察梯形的变化,发现规律(利用几何画板教学)。(如图 4.34.9)

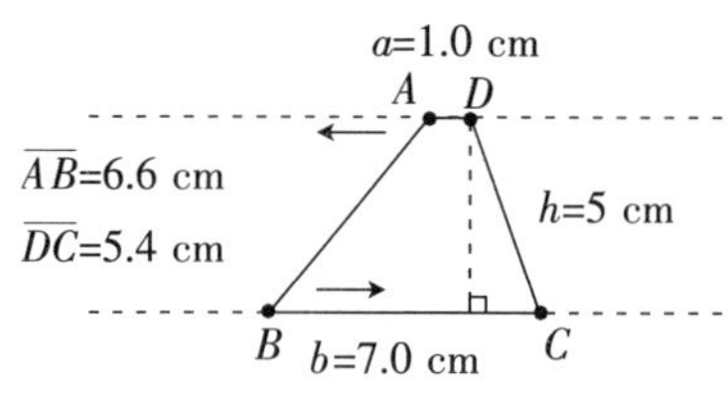


图 4.34.9

说明:点 $A$、$B$ 分别朝不同的方向以同样的速度运动。

(1)得到一个平行四边形,它的面积是 $4 \times 5 = 20(cm^2)$ 或 $(4+4) \times 5 \div 2 = 20(cm^2)$。

(2)得到一个三角形,它的面积是 $8 \times 5 \div 2 = 20(cm^2)$ 或 $(8+0) \times 5 \div 2 = 20(cm^2)$。

小结:看来,利用梯形的面积计算公式还可以计算平行四边形、三角形的面积。

**【教学思考】**此题把梯形面积与平行四边形、三角形的面积进行了巧妙沟通,让学生理解它们之间的内在联系,同时把新知纳入学生原有的认知结构中进行同化。

**四、回顾整理，沟通联系**

## 板书设计

梯形的面积

梯形 $\xrightarrow{\text{转化}}$ 长方形、平行四边形、三角形

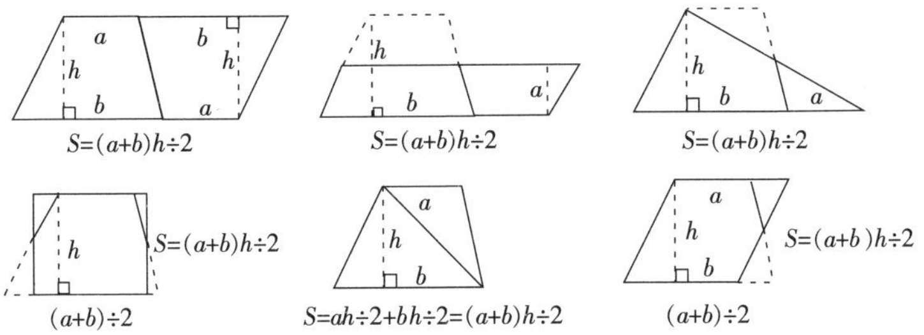


# 35.《组合图形的面积》说课稿

## 说教材

组合图形的面积是《多边形的面积》这一单元的最后一课时，是在平行四边形、三角形和梯形面积等知识的基础上学习的。计算组合图形的面积，有利于学生综合运用平面图形面积计算知识，进一步发展空间观念。教材先从生活实物中抽象出平面图形，发现这些平面图形是由几个基本图形组成，从而揭示组合图形的概念；然后要求学生在自己的身边找一找组合图形，以巩固对组合图形的认识。例 4 以房屋侧面墙的面积计算为例，让学生学习组合图形面积的计算方法。不同的分割方法，导致面积计算方法也有所不同。教学时要提供充分的探究时间与空间，从而使学生正确地计算面积。因此，这节课的教学目标如下：

1. 了解组合图形的基本形状，掌握割补、等积变形等多种方法正确求解组合图形的面积。

2. 经历组合图形面积计算的探究过程，渗透转化的数学思想，发展空间

观念,培养推理能力。

3. 感受数学与生活之间的联系,发展数学应用意识和创新意识。

教学重点是掌握割补、等积变形等多种方法正确求解组合图形的面积。教学难点是根据组合图形的特点,选择最简便的方法计算面积。

为了达成以上教学目标,我设计了如下教学过程。

## 说教学过程

### 一、复习旧知,渗透转化

师:我们已经学习了多边形面积,请说一说这些图形的面积计算公式。

学生回答,形成表格(如表 4.35.1):

表 4.35.1　不同图形的面积计算公式

| 图形 | 面积计算公式 |
|---|---|
| 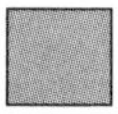 | $S=a^2$ |
|  | $S=ab$ |
|  | $S=ah$ |
| 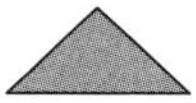 | $S=ah\div 2$ |
|  | $S=(a+b)h\div 2$ |

师:这些平面图形的面积计算公式是怎么推导出来的呢?

板书:转化。(未知→已知)

**【教学思考】**尊重学生认知起点,帮助学生回忆旧知,为新知学习做好充分准备。

### 二、探索研究,掌握新知

1. 认识组合图形。

谈话:上表中的这些图形也叫做基本图形。在实际生活中,我们会经常遇到由基本图形组合而成的图形。

如图 4.35.1,这是我们生活中经常见到的图案,它的里面有哪些我们学习过的基本图形?

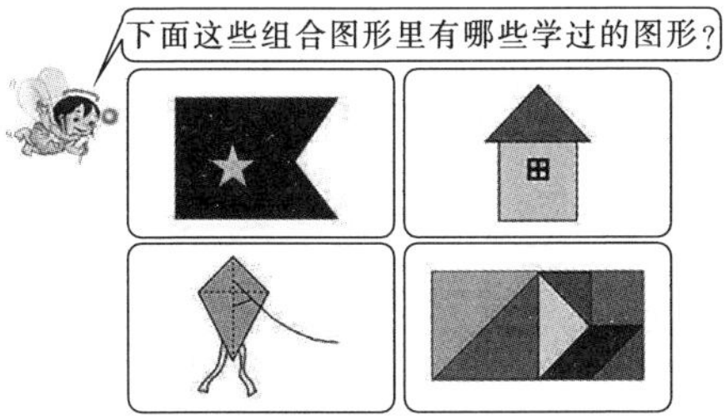


图 4. 35. 1

学生回答后，揭示组合图形的概念。

2. 计算组合图形的面积。

如图 4. 35. 2，提问：怎么才能求出它的面积？需要测量哪些数据呢？请每位学生拿出尺子量出需要的数据并进行计算。

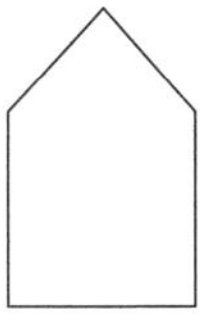

图 4. 35. 2

学生动手操作后，交流反馈：

方法一：分割成三角形和正方形。（如图 4. 35. 3）

生：先量出正方形的边长、三角形的高，再求面积。算式：$5\times5+5\times2\div2=30(\text{cm}^2)$。

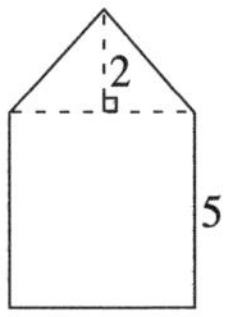


图 4. 35. 3

方法二：分割成两个梯形。（如图 4. 35. 4）

生 1：先分割成两个梯形，再量出梯形的上底、下底和高，最后算出面积。算式：$(5+7)\times2.5\div2\times2=30(\text{cm}^2)$。

生 2：可以将这两个梯形拼成一个长方形，它的长是 $(5+7)$ cm，宽是 2. 5 cm，面积就是 $(5+7)\times2.5=30(\text{cm}^2)$。

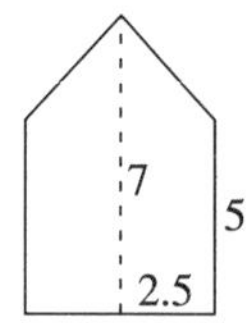


图 4.35.4

方法三:先补成长方形,再减去两个小三角形。(如图 4.35.5)

生:先补成长方形,再减去两个小三角形。算式:$5\times7-2.5\times2\div2\times2=30(cm^2)$。

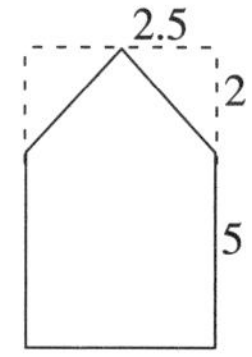


图 4.35.5

3. 分析比较。

比较:以上这三种方法有什么相同点与不同点?

相同点:这三种方法都先将组合图形转化成基本图形,再算面积。

不同点:第一、二种方法都是将组合平面图形分割成几个基本图形,先求出各自的面积,然后再求和;第三种方法是先求转化后的总面积,然后再减去补上的面积。

4. 介绍等积变形。

将组合图形分割成三角形和正方形,上面的三角形通过等积变形,与下面的正方形组成一个梯形。算式:$(5+7)\times5\div2=30(cm^2)$。(如图 4.35.6)

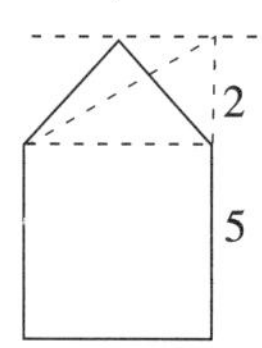


图 4.35.6

提问:这样的方法谁能看懂,同桌之间先交流一下。

比较:这种方法跟上面的三种方法比,有什么相同点和不同点?

相同点:都是用转化的方法求面积。

不同点:采用割补的方法求面积,要测量的数据比较多;采用等积变形的方法要测量的数据相对较少。等积变形的方法将组合图形转化成了一个梯形,直接求面积,更简单。

**【教学思考】** 放手让学生去探究解题思路和方法,量出自己需要的数据,充分发挥学生学习的主动性。对比三种不同的方法,提炼相同点和不同点,让学生进一步掌握转化的数学思想方法。拓展呈现等积变形的方法,打开了学生的思路,以更加多样的方法去解决问题,更重要的是要让学生意识到解决问题应灵活地选择方法,培养思维的灵活性。

5. 尝试练习。

一面中国少年先锋队中队旗的面积是多少?你能想出几种算法?(如图4.35.7)

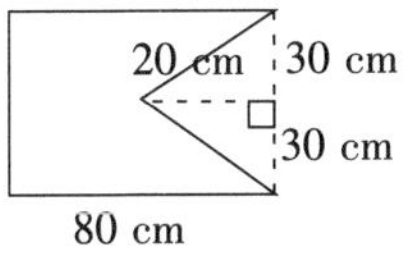


图4.35.7

学生可能会出现以下几种方法,如图4.35.8。

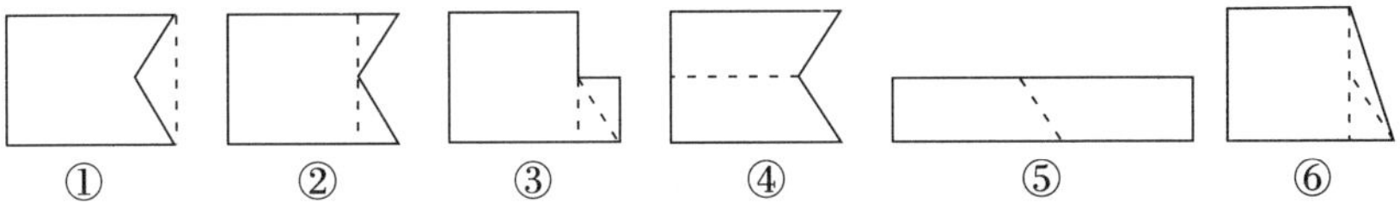


图4.35.8

方法①:用长方形面积减去一个三角形面积,算式:$80\times(30+30)-(30+30)\times20\div2=4200(cm^2)$。

方法②:将它分割成一个正方形和两个三角形计算面积,算式:$(80-20)\times(30+30)+30\times20\div2\times2=4200(cm^2)$。

方法③:将它分割成一个正方形和一个长方形计算面积,算式:$(80-20)\times(30+30)+30\times20=4200(cm^2)$。

方法④:将它分成两个一样的梯形计算面积,算式:$(80+80-20)\times30\div2\times2=4200(cm^2)$。

方法⑤: 将它分成两个一样的梯形,再拼成一个长方形计算面积,算式:$(80+80-20)\times30=4200(cm^2)$。

方法⑥:将它转化成一个梯形计算面积,算式:$(80+80-20)\times(30+$

30）÷2＝4200（$cm^2$）。

**【教学思考】**此题能进一步激发学生思考的积极性，进一步巩固组合图形面积的求解方法，体验解题策略的多样性，培养学生思维发散性与创新意识。

### 三、巩固练习，拓展提高

1. 下面是一块底面是正方形的空心地砖（中间的空心也为正方形底面），它实际的占地面积是多少？（如图4.35.9）

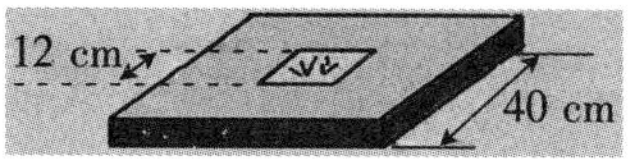


图4.35.9

2. 下面的计算方法正确吗？（单位：cm）（如图4.35.10）

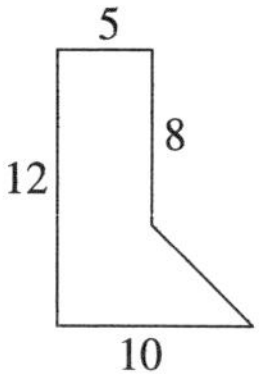


图4.35.10

算式：$5\times8\div2+10\times12\div2=80$（$cm^2$）

3. 计算下图的面积。（如图4.35.11）

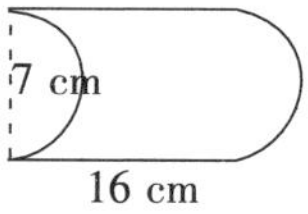


图4.35.11

**【教学思考】**第1题帮助学生巩固本节课所学的知识；第2题是判断练习，这是学生经常出错的分割方法；第3题在学生还没有学习圆的面积等知识的情况下，让他们尝试用转化的方法解决问题，体验成功的快乐。

### 四、总结内化，挑战衔接

1. 总结内化。

这节课学习了什么内容？有什么新的启发？

2. 挑战衔接。

(1)求阴影部分的面积。(如图 4.35.12)

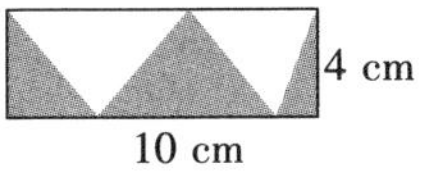


图 4.35.12

(2)好书链接:《测来测去——长度、面积和体积》《逃不出的怪圈——圆和其他图形》等。

## 板书设计

组合图形的面积

组合图形 —转化（割补、等积变形）→ 基本图形

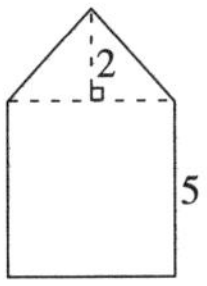


$5\times5+5\times2\div2=30(\text{cm}^2)$

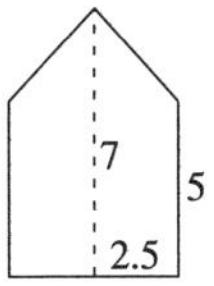


$(5+7)\times2.5\div2\times2=30(\text{cm}^2)$

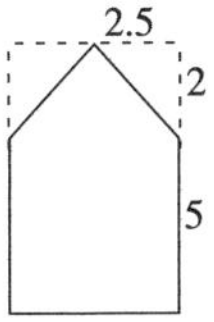


$5\times7-2.5\times2\div2\times2=30(\text{cm}^2)$

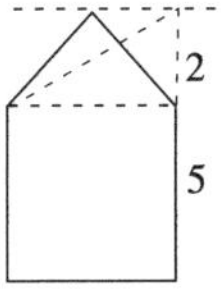


$(5+7)\times5\div2=30(\text{cm}^2)$

# 36.《长方体的认识》说课稿

## 说教材

长方体的认识是建立在低年级直观认识长方体和正方体的基础上学习的,主要引导学生探索研究长方体和正方体的特征。它是学生系统学习立体图形的开始,为接下来学习长方体和正方体的表面积、体积等知识打下基础。教材通过主题图引导学生在观察长方体、正方体形状的建筑物和生活

用品中,抽象出几何直观图,并介绍长方体各部分名称。例1通过看一看、量一量、比一比、数一数等方式引导学生从面、棱、顶点三个角度去观察、分析,从而初步概括出长方体特征。例2让学生在制作长方体的框架中进一步认识长方体的特征。学生在低年级已经直观认识了长方体和正方体,知道长方体和正方体是由长方形或正方形围成的立体图形。学生的学习从面到体,这是认识上的飞跃。教学时,需要让学生在活动中体验,逐步从直观感性认识上升到理性认识。因此,本节课的教学目标如下:

1. 认识长方体的面、棱、顶点,理解长、宽、高的概念,掌握长方体的特征。
2. 在分析比较、归纳概括等探究过程中,培养推理能力,发展空间观念。
3. 体验数学与生活之间的联系,发展数学应用意识。

教学重点是掌握长方体的特征。教学难点是在探究活动中培养空间观念。

为了达成以上教学目标,我设计了如下教学过程。

## 说教学过程

### 一、揭示课题,认识面、棱、顶点

1. 揭示课题。

动画演示点动成线—线动成面—面动成体的过程,揭示这节课学习的内容。

2. 生活举例。

生活中哪些物体的形状是长方体?在我们带过来的一些包装盒中,哪些包装盒的形状是长方体?

3. 操作演示。

呈现一个土豆,怎样把它切成一个长方体?

教师按照学生的回答将土豆切成一个长方体,在切的过程中,教学面、棱、顶点的概念。

**【教学思考】**通过动画演示,让静态的知识动态呈现,让学生直观认识长方体,初步感知面的特征;在切土豆的过程中,帮助学生直观地认识面、棱、顶点,发展空间观念。

### 二、探索研究,掌握特征

1. 搭一个长方体的框架。

(1)介绍材料。

红、黄、蓝三种颜色的小棒，分别为7 cm、10 cm、12 cm，接头(顶点)。如果三种小棒不够，老师还可以提供14 cm长的白色小棒。

(2)学生以4人为一组，填写材料申领单。

**表4.36.1 材料申领单**

| | | | | | |
|---|---|---|---|---|---|
| 小棒 | 颜色 | 红色 | 黄色 | 蓝色 | 白色 |
| | 长度 | 7 cm | 10 cm | 12 cm | 14 cm |
| | 数量 | | | | |
| 接头 | 共领取(　　)个接头 | | | | |

(3)动手制作，并思考：长方体的棱、顶点有什么特征？

(4)汇报交流，可能会有以下几种情况。

①选了三种小棒，每种小棒4根，一共12根小棒。

②选了两种小棒，一种8根，一种4根，一共12根小棒。

③只选了一种小棒，一共12根。

(5)分析比较：长方体的棱与顶点分别有什么特征？

学生可能会有以下几种观点。

①长方体有12条棱，有4条棱长度是一样的。

②长方体有12条棱，有4条棱长度是一样的，还有8条棱长度是一样的。

③如果长方体的12条棱长度都是一样的，就成了正方体。

④长方体有8个顶点。

师追问：长方体有4条棱长度是一样的，这4条棱都搭在哪里？学生回答并板书：相对的4条棱长度相等。

(6)相交于一个顶点的棱有三条，这三条棱分别叫做这个长方体的长、宽、高。(如图4.36.1)

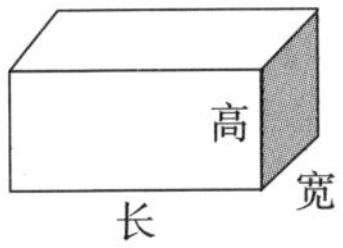


图4.36.1

**【教学思考】**在搭长方体框架的过程中，学生不断地试误，感悟长方体的棱与顶点的特征。当然，在教学中更要重视棱的特征的教学，因为它可以分为两种情况：一是三种颜色的棱各4根；二是两种颜色的棱分别为8根与4根。

2. 给长方体配上面。

(1)仔细观察自己搭的长方体框架，如果给它配上面，这些面分别有多大？请记录下来，再领取材料。

材料(单位:cm)：有 $7\times10$、$7\times12$、$10\times12$ 的长方形；有边长分别为7、10与12的正方形。

(2)学生领取材料并制作。

(3)汇报交流，可能有两种情况。

①每种长方形各领取2个，分别张贴在这个长方体的上下、左右和前后。

②一种长方形领取4个，一种正方形领取2个。

(4)通过制作活动，发现长方体的面的特征。

①长方体有6个面，相对的面完全相同。

②长方体的6个面都是长方形，也有可能是4个长方形、2个正方形。

**【教学思考】**给长方体配面之前，要重视引导学生先观察搭成的长方体框架中各个面的长与宽，再选择相应的面进行制作。学生既认识了长方体的面的特征，又为接下来学习长方体的表面积打下基础。

**三、练习巩固，拓展提高**

1. 猜一猜。

(1)一个长、宽、高分别是30 cm、25 cm、15 cm的长方体物体，它可能是(　　)。

A. 铅笔盒　　　　B. 电冰箱　　　　C. 鞋盒

注意：学生根据生活经验判断出是鞋盒后，追问铅笔盒和电冰箱的长、宽、高分别大约是多少。

(2)一个长、宽、高分别是29 cm、20 cm、0.01 cm的长方体物体，你猜这是什么物品？

注意：学生发现高只有0.01 cm，这会是什么物品呢？最后推测得知是一张长方体纸片。让学生感受原来一张纸也是一个长方体。

2. 选一选。

一个长方体礼盒的长为8 dm，宽为5 dm，高为2 dm，哪种包装方法需要的彩带多，多多少？(如图4.36.2、图4.36.3)

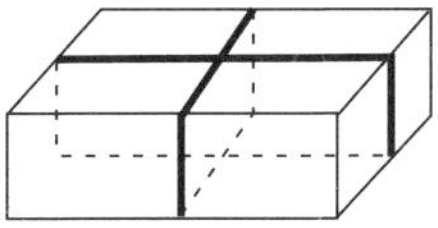

图 4.36.2

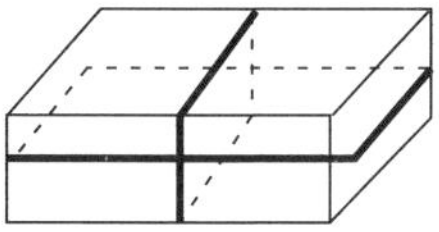

图 4.36.3

3. 想一想。

（1）一个长方体的长、宽、高分别为 10 cm、5 cm、4 cm，请你想象一下它长什么样，再出示图，请说出各个面的长、宽及面积。（如图 4.36.4）

（2）一个长方体的长、宽、高分别为 10 cm、5 cm、5 cm，请你想象一下它长什么样，再出示图，请说出各个面的长、宽及面积。（如图 4.36.5）

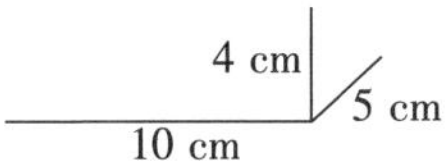


图 4.36.4

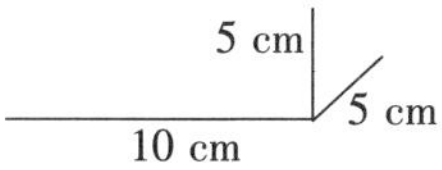


图 4.36.5

**【教学思考】**练习设计围绕长方体的特征进行，第 1 题是结合生活经验估计长方体的大小，发展数感；第 2 题侧重培养应用意识，体会数学来源于生活；第 3 题，先让学生想象，再说出长方体各个面的长、宽及面积，学生需要根据已知三条棱的长度还原长方体，既发展了空间观念，同时也明白了长、宽、高的长度决定了长方体的大小，又为后续学习表面积、体积等知识打下基础。

**四、总结内化，质疑提问**

1. 总结内化。

这节课学习了什么？我们是怎样学习的？

2. 质疑提问。

对今天的学习，你们还有什么疑问吗？接下去，你们还想学什么？

3. 课后作业。

找一个长方体或正方体盒子，将它剪开摊成一个平面。

## 板书设计

长方体的认识

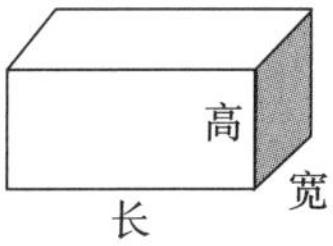


棱：12 条棱，相对的 4 条棱长度相等

顶点：8 个

面：6 个，每个面都是长方形（也可能有 2 个面是正方形）

相对的两个面完全相同

# 37.《长方体和正方体的体积》说课稿

## 说教材

长方体和正方体的体积是在长方体和正方体的特征、表面积及体积和体积单位概念认识等知识的基础上学习的，为接下来学习容积、求不规则物体的体积以及圆柱、圆锥体积等知识打下基础。同时，它的学习也有助于学生进一步理解体积的意义。教材以“用体积为 1 $cm^3$ 的小正方体摆成不同的长方体”为任务展开活动，并通过对长方体长、宽、高，小正方体数量，长方体体积等相关数据的分析，帮助学生理解长方体的体积就是长方体所含体积单位的数量，再引导学生找出长方体中所含体积单位的数量与它的长、宽、高之间的关系，从而总结出长方体体积的计算公式。多数学生在学习该内容之前，已经知道了长方体和正方体的体积计算公式，但是对于为什么要这样计算，却不是很清楚。因此，本节课的教学目标如下：

1. 掌握长方体和正方体的体积计算方法，并能正确地进行计算。

2. 参与长方体和正方体体积计算公式的探究与推导过程，培养推理能力，发展空间观念。

3. 在比较沟通中，发现数学知识之间的内在联系及本质。

教学重点是参与体积公式的探究过程，掌握长方体和正方体的体积计算方法。教学难点是参与长方体和正方体体积计算公式的探究与推导过程。

为了达成以上教学目标，我设计了如下教学过程。

## 说教学过程

### 一、创设情境，方法渗透

呈现一个长方体（外面用白色包装纸包好），问：你知道这个长方体里面有几个小正方体吗？（生：不知道）

师提出：把包装纸拿掉一个面（生：还不能数），你能数出什么？（底层一行有 4 个小正方体的面，有 3 行，共有 12 个面，也就是 12 个小正方体）

生:只知道一层的个数还不够,还需要知道有几层。

追问:还要拿掉几个面呢?(1 个面)

教师再拿掉 1 个面,学生很快就能数出总个数:4 ×3 ×4 =48(个)。

呈现用小正方体拼成的长方体,提问:谁能快速地数出一共有多少个小正方体?(如图 4.37.1)

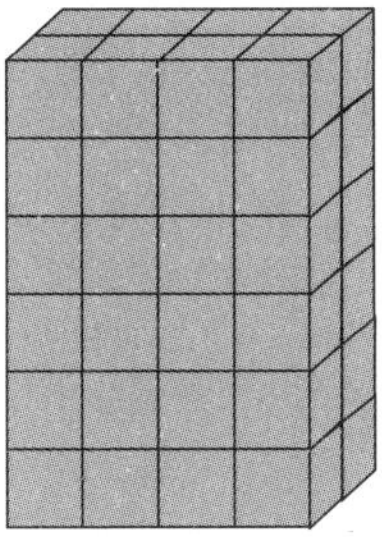

图 4.37.1

一行有 4 个,有 2 行,有 6 层,总个数为 4 ×2 ×6 =48(个)。

**【教学思考】**出示已经包装的长方体让学生数小正方体的个数,而且要求快速地数,逼着学生要讲究数的方法,即每行个数乘行数再乘层数,为推导长方体的体积计算公式埋下伏笔。

## 二、动手操作,理解掌握

### (一)探究长方体和正方体的体积计算公式

1. 动手操作。

利用小正方体,快速地拼一个长方体,自己数一数。

2. 操作后汇报。

一行有几个,有几行,有几层?一共有几个小正方体?结果可能如下:

| 每行个数 | 行数 | 层数 | 小正方体个数 |
|---|---|---|---|
| 4 | 2 | 3 | 24 |
| 5 | 2 | 2 | 20 |
| 2 | 2 | 2 | 8 |
| 5 | 3 | 2 | 30 |
| 7 | 2 | 1 | 14 |
| 3 | 3 | 3 | 27 |

3. 直观想象。

呈现下图,问:想象一下大长方体里可装多少个小正方体?(如图4.37.2)

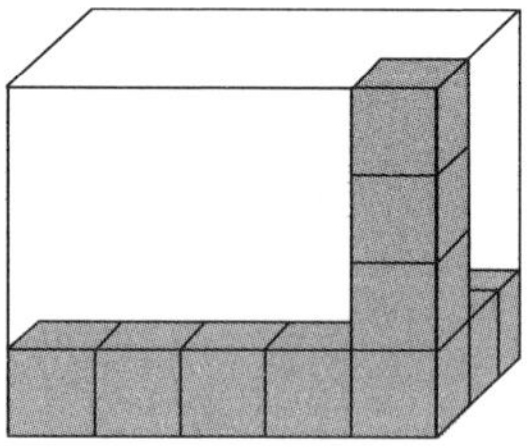

图4.37.2

$5\times3\times4=60$(个)。

师提出:看来同学们都会数小正方体的个数,但是你们有没有思考过,老师为什么让你数小正方体的个数?

学生可能回答:为了求长方体的体积,小正方体的个数是几,体积就是几。

**【教学思考】**让学生利用小正方体拼一个长方体,然后数出小正方体的个数,即长方体的体积。此环节很开放,学生呈现的答案也是多种多样。数小正方体个数的活动有利于学生归纳长方体的体积计算公式。

4. 分析归纳。

刚才我们是通过数的方法来求长方体或正方体的体积。但在实际生活中,如求冰箱、洗衣机等物体的体积,还能用这样的方法去求吗?(生:不能)因此,我们要找到一种简单而又科学的计算方法。想一想,怎样求一个长方体的体积呢?

生:长方体的体积=长×宽×高($V=abh$)。

追问:为什么把长、宽、高相乘就得到了体积呢?

生:长相当于一行小正方体的个数,宽相当于行数,高相当于层数,总个数相当于体积。

师提问:怎样计算正方体的体积呢?

生:正方体的体积=棱长×棱长×棱长($V=a^3$)。

5. 沟通内联。

(1)刚才我们通过先数一行小正方体的个数、行数、层数,再把这三个数出来的数连乘,算出小正方体的总个数,从而求出长方体的体积。其实这样的方法,我们在以前的学习中就遇到过,你能举例吗?

学生可能举例:求鸡蛋的总个数与牛奶瓶数等。随后教师出示(如图4.37.3、图4.37.4):

$5\times3\times4=60$(个)

图4.37.3

$6\times4\times3=72$(瓶)

图4.37.4

(2)呈现一个长方体,问:如果求它的体积,我们要测量哪些数据?(生:长、宽、高)

由长6 cm,你能想到什么?由宽4 cm,你又能想到什么?由高3 cm,你又能想到什么?因此,这个长方体的体积为$6\times4\times3=72(cm^3)$。(如图4.37.5)

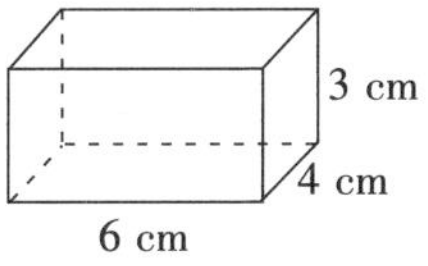


图4.37.5

追问:如果一个长方体的底面积是15 $cm^2$,又会想到什么?

计算体积还要测量什么?(如图4.37.6)(生:高)因此,长方体的体积还可以怎样算?长方体(或正方体)的体积=底面积×高($V=Sh$)。你能从刚才的体积计算公式中找到底面积吗?(长×宽;与一层的小正方体个数相等)

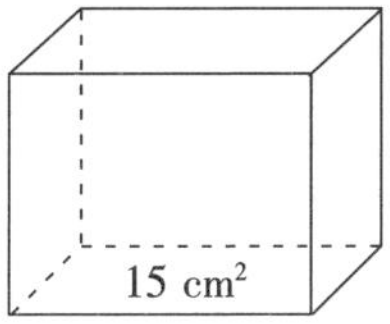


图4.37.6

6.分析比较。

(1)求体积与求面积有什么不同?(乘高与不乘高;测量单位不同:求体积用体积单位去度量,求面积用面积单位去度量)

(2)有什么相同?(都是求含有几个这样的面积单位或体积单位)

**【教学思考】**教学了长方体的体积计算方法,引导学生把新知纳入原有的认知结构中同化，找出它与旧知之间的联系；同时引导学生进行逆向思考，根据长方体的长、宽、高或底面积，想象它是怎样拼成的，并在与面积的比较中，渗透单位思想。

**三、巩固练习，拓展提升**

1. 体积的变化。（如图 4.37.7）

（1）算出第一个长方体的体积为 $3\times1\times1=3(cm^3)$；如果宽扩大 2 倍，先想象一下会得到怎样的长方体。然后呈现第二个长方体，思考：体积怎么变？

（2）算出第三个长方体的体积为 $3\times2\times3=18(cm^3)$，与第一个长方体比较，有什么变化？

（3）如果把第三个长方体的长、宽、高都扩大 2 倍，则体积扩大多少倍？为什么？计算验证后课件演示。

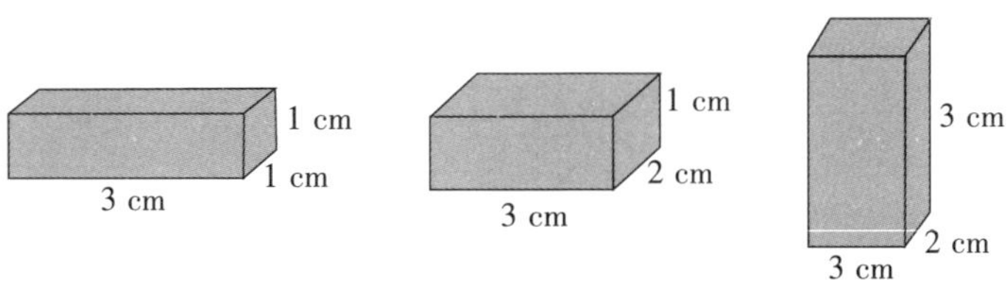


图 4.37.7

2. 计算需要的小正方体个数。

请接着继续拼，将其拼成完整的长方体，至少还需要多少个小正方体？为什么？（如图 4.37.8）

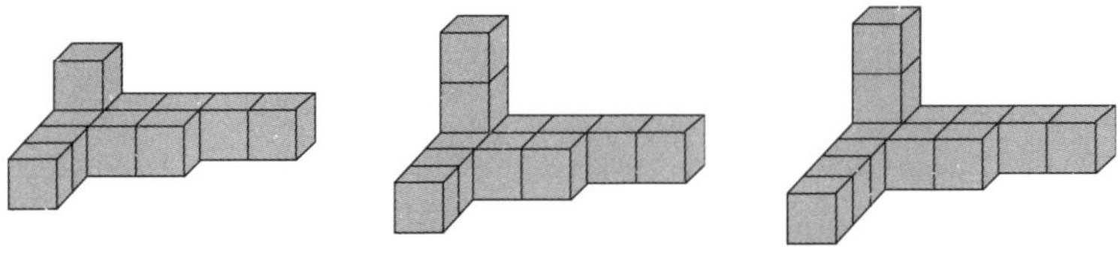

图 4.37.8

师：从左向右依次观察上图，我们可以想象，拼成的长方体长为 5、宽为 4、高为 2（课件演示）。如果高增加一个小正方体呢？在此基础上，如果宽再增加一个小正方体呢？为什么增加的小正方体的个数不同呢？如果接着拼成一个正方体，至少共需要多少个小正方体？如果把这个正方体推倒，重新拼成一个长方体，你会拼成怎样的一个长方体呢？（$125\times1\times1$ 或 $25\times5\times1$）

**【教学思考】**第 1 题属于基本练习，既进一步巩固长方体的体积计算方法，又渗透长、宽、高的变化与体积的变化规律；第 2 题属于发展性练习，重点在于培养学生的空间观念。

**四、总结内化，课外探索**

1. 总结内化。

这节课学习了什么？我们是怎样学习的？

2. 课外探索。

如果有一块不规则的铁块、石头或一个水果等，怎样计算它们的体积？这个问题留给同学们课外探究。

## 板书设计

长方体和正方体的体积

| 每行个数 | 行数 | 层数 | 小正方体个数 |
|---|---|---|---|
| 4 | 2 | 3 | 24 |
| 5 | 2 | 2 | 20 |
| 2 | 2 | 2 | 8 |
| 5 | 3 | 2 | 30 |
| 7 | 2 | 1 | 14 |
| 3 | 3 | 3 | 27 |

长方体的体积 = 长 × 宽 × 高　　$V = abh$

正方体的体积 = 棱长 × 棱长 × 棱长　　$V = a^3$

# 三、统计与概率领域

## 38.《复式统计表》说课稿

### 说教材

复式统计表是在简单的统计表的基础上学习的，为今后学习复式条形统计图、复式折线统计图等知识奠定基础。学生在日常生活中经常见到复式统计表，教材例1以调查学生熟悉的六项日常活动为素材，通过统计本班同学最喜欢的活动情况（每人从看书、踢球、看电视、画画、跳绳、玩电子游戏中限选一种），分别得到男生、女生最喜欢的活动的简单统计表，然后引导学生观察、寻找两个单式统计表的共同点，通过讨论发现可以用更简洁的形式来表达。接着，由小精灵提出合并表格的任务，明确解决问题的方向。因此，这节课的教学目标如下：

1. 认识复式统计表及复式统计表的优点，能根据统计表中的数据提出并回答简单的问题，并能进行简单的分析。

2. 经历数据的收集、整理、分析及将两张简单统计表合成一张复式统计表的过程，培养数据分析观念。

3. 体验统计表知识与生活之间的密切联系，激发学习兴趣，发展数学应用意识和创新意识。

教学重点是认识复式统计表及其优点，能正确读表。教学难点是经历将两张简单统计表合成一张复式统计表的过程。

为了达成以上教学目标，我设计了如下教学过程。

## 说教学过程

### 一、调查复习，以旧引新

1. 调查了解。

男生、女生分开调查，每人限选其中一项。（如图 4.38.1）

图 4.38.1

2. 将调查数据分别填入统计表内。（如表 4.38.1、表 4.38.2）

表 4.38.1　男生最喜欢的活动

| 活动 | 看书 | 踢球 | 看电视 | 画画 | 跳绳 | 玩电子游戏 |
|---|---|---|---|---|---|---|
| 人数 | | | | | | |

表 4.38.2　女生最喜欢的活动

| 活动 | 看书 | 踢球 | 看电视 | 画画 | 跳绳 | 玩电子游戏 |
|---|---|---|---|---|---|---|
| 人数 | | | | | | |

提问：从上面的表中，可以知道哪些信息？

3. 揭示课题。

这两个表都是以前学习的简单统计表，这节课我们将继续学习统计表的有关知识。

**【教学思考】**让学生充分经历统计表上数据的收集、整理以及分析的过程，体验数学与生活之间的密切联系。既复习了简单的统计表，又为学习复式统计表打下基础，找准了认知停靠点。

### 二、探索研究，理解新知

1. 观察比较。

从这两个表格中，你还有什么发现？有什么建议吗？

学生讨论交流，观点如下。

观点一：除了最喜欢的活动的人数有所不同之外，表格内调查的项目都是一样的。

观点二：没有必要制作两个表格，可以合成一个表格。

2. 合并成复式统计表。

思考讨论：怎样将两个简单的统计表合成一个复式统计表呢？

想法一：将两张表简单地合并在一起。（如表4.38.3）

**表4.38.3　男女生最喜欢的活动项目人数统计（一）**

| 活动 | 看书 | 踢球 | 看电视 | 画画 | 跳绳 | 玩电子游戏 |
|---|---|---|---|---|---|---|
| 人数 | | | | | | |
| 活动 | 看书 | 踢球 | 看电视 | 画画 | 跳绳 | 玩电子游戏 |
| 人数 | | | | | | |

教师引导学生评价，学生发现这样简单地合并在一起，看起来太复杂。许多地方有重复，且男生、女生人数分不清楚。

想法二：在男生最喜欢的活动项目下面增加一行，并删去其下面的内容。（如表4.38.4）

**表4.38.4　男女生最喜欢的活动项目人数统计（二）**

| 活动 | 看书 | 踢球 | 看电视 | 画画 | 跳绳 | 玩电子游戏 |
|---|---|---|---|---|---|---|
| 人数 | | | | | | |
| 人数 | | | | | | |

学生发现比表4.38.3好一些，不会出现许多重复的现象，但是男生、女生人数还是分不清。

想法三：将人数分别改为男生人数、女生人数。（如表4.38.5）

**表4.38.5　男女生最喜欢的活动项目人数统计（三）**

| 活动 | 看书 | 踢球 | 看电视 | 画画 | 跳绳 | 玩电子游戏 |
|---|---|---|---|---|---|---|
| 男生人数 | | | | | | |
| 女生人数 | | | | | | |

学生发现表格的最左上角一格，与下面的人数不统一。

想法四：修改表头，具体如下。（如表4.38.6）

**表4.38.6　男女生最喜欢的活动项目人数统计（四）**

| 人数 活动<br>性别 | 看书 | 踢球 | 看电视 | 画画 | 跳绳 | 玩电子游戏 |
|---|---|---|---|---|---|---|
| 男生 | | | | | | |
| 女生 | | | | | | |

3. 认识复式统计表。

(1)命名:像这样的统计表,叫做复式统计表。

(2)读表:从这个统计表中,你发现什么?(引导学生理解表头表示的意思)

(3)比较:与两个简单的统计表比较,它有什么优势?

**【教学思考】**将两个简单的统计表合成一个复式统计表,对学生来说并不是一蹴而就的,而是在比较分析中逐步完成的。此环节是学生思维的展开点,应充分展示学生的想法,让学生经历复式统计表的形成过程,并引导学生正确读表,突出统计的意义。

4. 调整表格。

刚才的统计结果是三(1)班的,如果老师还要统计三(2)班、三(3)班……三(6)班的总体情况(不分性别),在调查并将数据整理后,应该填在什么地方?

**【教学思考】**统计要求的改变让学生意识到,复式统计表的表头也要做出适当的调整("性别"调整为"班级");统计表不仅仅只有两行数据,还可能是三行、四行、五行,甚至更多。

**三、巩固练习,提高能力**

1. 下列哪种情况用复式统计表更为合理?

(1)调查我们班男、女生的视力情况。

(2)调查我们班同学一年级时的视力情况。

(3)调查我们班同学一年级和二年级视力的变化情况。

(4)三(4)班学生去年、今年身高调查。

2. 看复式统计表,回答下面的问题。(如表4.38.7)

**表4.38.7 饮料店4~5月份饮料销售统计表**

| 销售量(瓶) 品种 / 月份 | 热奶茶 | 雪碧 | 矿泉水 | 合计 |
|---|---|---|---|---|
| 4月 | 31 | 20 | 27 | 78 |
| 5月 | 12 | 32 | 50 | 94 |

(1)4月份销售量最大的是(　　)瓶。

(2)5月份销售的矿泉水比4月份销售的多(　　)瓶。

(3)请你分析一下,4 月份和 5 月份热奶茶、矿泉水销售量变化情况及产生这种变化的原因可能是什么?

3. 你在哪里见到过复式统计表?

学生交流后,呈现班级同学考勤记录表,成绩登记表,课本上、报纸上的复式统计表,等等。

**【教学思考】**练习设计由浅入深,由易到难。第 1 题考查学生是否理解在何种情况下用复式统计表更合适。第 2 题考查学生的读表能力,培养学生分析、推理能力;第 3 题寻找生活中的复式统计表,进一步加深学生对复式统计表的认知。

**四、全课总结,课外探究**

1. 回顾总结。

通过这节课学习,你最大的收获是什么?

2. 课外探究。

每人拿一枚硬币抛向空中,看一看落下来时是正面朝上还是反面朝上,每人抛 20 次,并把结果记入下表。(如表 4.38.8)

**表 4.38.8 抛硬币结果记录表**

| 姓名<br>次数<br>情况 | 小明 | 小花 | 小丽 | 小红 |
|---|---|---|---|---|
| 正面朝上 | | | | |
| 反面朝上 | | | | |

比较:观察抛出正面朝上的总次数和反面朝上的总次数,你发现了什么?

## 板书设计

复式统计表

多个简单的统计表 —(简洁、便于比较;设计表头)→ 一个复式统计表

# 39.《平均数》说课稿

## 说教材

平均数学习的内容是求简单的算术平均数,它能反映统计对象的一般水平,在生产和生活中经常用到。教材安排了两个例题,例 1 用象形统计图呈现了 4 位学生收集到的矿泉水瓶的数量,通过“移多补少”的方式让学生直观理解什么是平均数,再利用平均分的意义,使学生明白:求几个数据的平均数,就相当于把这些数据的总和平均分成几份。由此,总结出求平均数的一般方法。例 2 教学平均数的意义,通过用平均数比较两个队的踢毽成绩,让学生理解平均数的含义,体会平均数在统计学上的价值。

通过学习,让学生理解平均数概念蕴含着丰富的、深刻的统计与概率的背景,认识到平均数在生活中的应用价值,感受统计对决策的作用,为今后系统学习统计知识打下基础。因此,这节课的教学目标如下:

1. 在教学活动中,理解平均数的实际意义,掌握求平均数的方法。

2. 经历平均数的产生以及运用平均数解决问题的过程,培养数学应用意识。

3. 体验数学与现实生活的密切联系,体会数学的趣味和作用,树立学好数学的信心。

教学重点是初步理解平均数的意义与掌握求平均数的方法。由于学生年龄小,缺乏生活经验,认知水平不高,因此,教学难点是经历平均数的产生及运用平均数解决问题的过程。

为了达成以上教学目标,我设计了如下教学过程。

## 说教学过程

### 一、激趣引新,尝试解决

1. 呈现信息。(如表 4.39.1)

表4.39.1 四年级(1)班两个小组收集矿泉水瓶情况

| 组别 | 总个数 |
|---|---|
| 第一小组 | 52 |
| 第二小组 | 55 |

提问:请比较一下这两个小组收集的矿泉水瓶个数,你觉得老师该表扬哪个小组?

多数学生认为,老师应该表扬第二小组,因为第二小组收集得多。可能也有少数学生认为不一定,因为这两个小组的总人数可能不同。

2. 出示表格。(如表4.39.2)

表4.39.2 四年级(1)班两个小组10位学生收集矿泉水瓶情况

| 个数 学生 组别 | 1号 | 2号 | 3号 | 4号 | 5号 | 总个数 |
|---|---|---|---|---|---|---|
| 第一小组 | 14 | 12 | 11 | 15 | | 52 |
| 第二小组 | 11 | 11 | 17 | 7 | 9 | 55 |

有的学生认为:应该表扬第一小组,因为每个人收集的瓶子个数都比10多。有的学生认为:要表扬第二小组,因为收集瓶子个数最多的同学在第二小组。有的学生认为:两小组的总人数不同,比总数不合理、不公平。(引起了争论)个别学生提出:比平均数可能更好。

小结:生活中有很多事情,在比总数不合理时,就需要用比平均数的方法来解决。

**【教学思考】**学生学习平均数之前,很少用平均数来解决问题,一般都是比总数。教学时,就可引导学生进入比总数的“死角”,制造“矛盾”冲突,再出示实际情况,激发学生寻求解决问题的新策略,很自然地过渡到采用平均数解决问题。

3. 尝试解决。

(1)$(14+12+11+15)\div 4=13$(个)

$(11+11+17+7+9)\div 5=11$(个)

(2)还可用“移多补少”的方法,把数量多的补给数量少的,也能求出它们的平均个数。

呈现书本上的象形统计图,让学生上台移一移。(如图4.39.1)

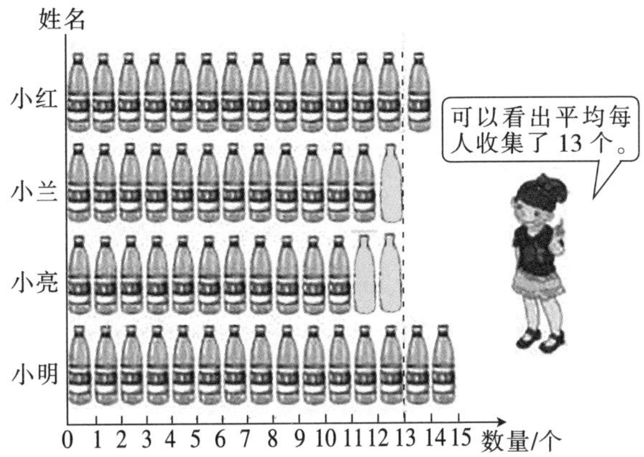


图 4.39.1

第一小组平均数 13 个是怎么得来的？第二小组平均数 11 个，跟这组 1 号同学、2 号同学的 11 个意思一样吗？

引导学生理解平均数既不是全组数据里最多的，也不是最少的。它反映一组数据的整体趋势，代表的是整体的一般水平，隐藏在数据背后。当人数不同时，可以用平均数比较，更具公平性。

**【教学思考】**选择学生熟悉的事例进行研究，激发学生的探究动力。学生在解决问题和信息解读的过程中，发现求平均数的方法。平均数的教学不能脱离生活实际，要赋予平均数现实的情境，让学生感受平均数在生活中的广泛应用，从而培养数学应用意识。

**二、提炼方法，深化理解**

1. 快速说出各组数的平均数。

(1)93　94　95

(2)27　13　8

(3)3803　3801　3807　3809　3810

练习后交流算法，并指出求平均数一般把总数除以份数，但也可用其他方法求得，解答时可根据数据特点，灵活选择。

**【教学思考】**这一环节，主要引导学生通过不同解题策略的比较，进一步掌握求平均数的方法，体会解决问题策略的多样性，培养先认真观察数据的特点，再灵活选择方法的习惯。

2. 生活举例。

生活中还有哪些地方要用到平均数？

求平均身高、平均体重，求平均用水量、用电量，求平均速度……

3.解决实际问题。

提问：怎样计算全班同学的平均身高？要知道全校、全省，乃至全国四年级同学的平均身高，怎么办呢？怎样选代表研究呢？

出示表4.39.3，以四(1)班同学身高为例，选6名代表研究。

表4.39.3　四(1)班部分学生身高统计表

| 身高/cm 小组数 排数 | 第一组 | 第二组 | 第三组 | 第四组 | 第五组 | 第六组 |
|---|---|---|---|---|---|---|
| 第一排 | 128 | 127 | 129 | 130 | 127 | 125 |
| 第二排 | 129 | 131 | 130 | 130 | 129 | 131 |
| 第三排 | 133 | 131 | 133 | 133 | 130 | 132 |
| 第四排 | 135 | 133 | 137 | 135 | 133 | 135 |
| 第五排 | 140 | 138 | 143 | 137 | 139 | 140 |
| 第六排 | 145 | 146 | 143 | 144 | 145 | 143 |

学生认为可以任选一组，也可沿着对角方向选。提问：为什么不选第一排或最后一排的6位同学呢？

引导学生理解：选取的样本要具有多层面的代表性，不能只选最矮的或最高的。

**【教学思考】**此环节利用生动真实的生活情境，巧妙地渗透统计中抽样的思想，让学生体会平均数蕴含着丰富的、深刻的统计与概率的背景，为以后进一步系统学习有关统计知识打下扎实的基础。

提问：求平均数时一般先要估计一下平均数的范围，请以第一组为例，估计他们的平均身高大约是多少？（如图4.39.2）

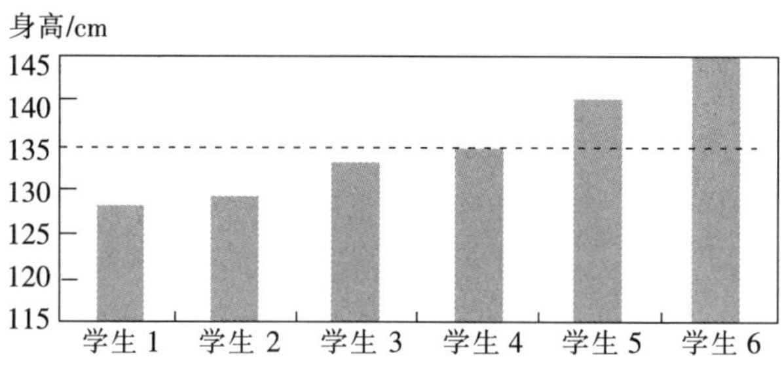


图4.39.2

有的学生认为大约是 134 cm，有的学生认为应该在 128 cm 和 145 cm 之间。

此时，追问：平均身高为 126 cm 可能吗？146 cm 呢？学生在讨论交流中感悟到，一组数据的平均数比其中最小的要大，比最大的要小。因为平均数是通过“移多补少”得到的。

学生独立列式，验证。

(128 + 129 + 133 + 135 + 140 + 145) ÷ 6 = 135(cm)

课件显示：在统计图 135 cm 处画上一条虚线。

**【教学思考】**先让学生了解平均数产生的背景及现实意义，再让学生练习（快速求出各组数的平均数），通过不同解题策略的比较，让学生进一步掌握求平均数的方法，体会解决问题策略的多样性。

**三、实践运用，解决问题**

1. 下面有一些平均数，你能说说对它们的理解吗？

(1) 某镇居民平均年收入为 70000 元。

(2) 西部地区农民平均年收入为 12000 元。

(3) 该镇平均每天产生垃圾 220 吨。

2. 解决问题。

小红、小兰、小亮、小明参加环保实践活动，他们分别收集了 14、12、11、15 个矿泉水瓶，平均每人收集了多少个？

3. 小王被骗了吗？

某公司在招聘会上打出广告：本公司人员平均每月工资 3600 元。小王去应聘后，每个月只领到了 2800 元。小王被骗了吗？你能用今天学习的知识回答这个问题吗？

**【教学思考】**第 3 题教学，先出示标题“小王被骗了吗？”激起学生了解事情真相的欲望，从而激发学习的积极性、主动性，然后再出示题目内容。让学生各抒己见，形成本节课的高潮，达到课已尽、趣犹存的效果，培养学生用数学眼光分析生活实际问题的能力。

**四、自主评价，完善认知**

你今天最大的收获是什么？还有什么问题吗？

**【教学思考】**本节课注重引导学生先在解决生活问题中提炼出平均数，再用平均数解决生活问题，体现数学教学生活化的同时也处理好了其与数学专业化之间的关系。突出数学的本质，最终达到提升数学思维、发展数学素养的目的。

## 板书设计

平均数

不一样多 $\xrightarrow{\text{移多补少}}$ 同样多

总数÷份数=平均数（代表整体的一般水平）

$(14+12+11+15)\div4=13$（个）

$(11+11+17+7+9)\div5=11$（个）

$(128+129+133+135+140+145)\div6=135$（cm）

# 40.《折线统计图》说课稿

## 说教材

折线统计图是在统计表、条形统计图等知识基础上学习的，为接下来复式折线统计图的学习奠定基础。学习本节课之前，学生已经掌握了收集、整理、描述、分析数据的基本方法，会用统计表和条形统计图来表示统计结果，并能根据统计图表解决简单的实际问题。本节课学生需要了解单式折线统计图的特点，能根据折线的变化情况对数据进行简单的分析，了解统计在现实生活中的意义和作用，形成数据分析意识。教材以中国青少年机器人大赛为题材，呈现了2006～2012年此项比赛参赛队伍的数据。既能激发学生参加科普活动的兴趣，又能让学生根据统计表中的数据与条形统计图，回顾条形统计图的特点。在此基础上，初步感知数据的变化情况，引出折线统计图，并认识折线统计图的特点；在折线统计图与条形统计图的比较中，进一步认识折线统计图的特点。因此，这节课的教学目标如下：

1. 认识单式折线统计图，会看折线统计图，了解折线统计图既可以表示数量的多少，又可以体现数据增减变化趋势的特点。

2. 根据折线统计图数据变化的趋势，对数据的变化进行简单的分析和预测;能够根据数据分析的需要选择合适的统计图。

3. 经历观察、收集、整理、描述、分析数据等研究过程,培养数据分析观念与合理推测及发现并提出问题的能力。

教学重点是认识折线统计图并了解折线统计图的特点。教学难点是根据折线统计图数据变化的趋势,对数据的变化进行合理的预测。

为了达成以上教学目标,我设计了如下教学过程。

## 说教学过程

### 一、复习条形统计图,体会统计的必要性

1. 谈话引入。

我国改革开放以来,各项事业都取得了伟大的成就。比如科技领域,可以说是日新月异,进步十分迅速,这也使得广大人民群众的生活得以不断改善。当然,这与国家的重视是分不开的。呈现统计表(如表4.40.1):

表4.40.1 中国青少年机器人大赛参赛队伍统计表(2006~2012年)

| 年份 | 2006 | 2007 | 2008 | 2009 | 2010 | 2011 | 2012 |
| --- | --- | --- | --- | --- | --- | --- | --- |
| 参赛队伍/支 | 426 | 394 | 468 | 454 | 489 | 499 | 519 |

2. 复习条形统计图。

除了用统计表来表示,还可以用统计图来表示。呈现条形统计图(如图4.40.1):

图4.40.1

(1)从图中获取了什么信息？你是怎么看出来的？

(2)条形统计图有什么特点？

学生发现：条形越高，数据越大；条形越低，数据越小。条形统计图能清楚地表示出各部分数量的多少。

**【教学思考】**阅读中国青少年机器人大赛参赛队伍统计表，感受国家与社会各界对科技工作越来越重视，然后将统计表中的数据以条形统计图的形式呈现，让学生更直观地了解各年份参赛队伍的支数，借机复习条形统计图的特点，为接下来学习折线统计图服务。

**二、认识折线统计图，读懂折线统计图**

**(一)学习折线统计图**

1. 从条形过渡到点。

(1)导学：如果2006年的参赛队伍数量不用条形表示，而用一个点来表示，这个点应该画在哪儿？

课件演示：横轴和纵轴的交叉点—隐去条形—只剩点。(如图4.40.2)

中国青少年机器人大赛参赛队伍统计图
(2006~2012年)

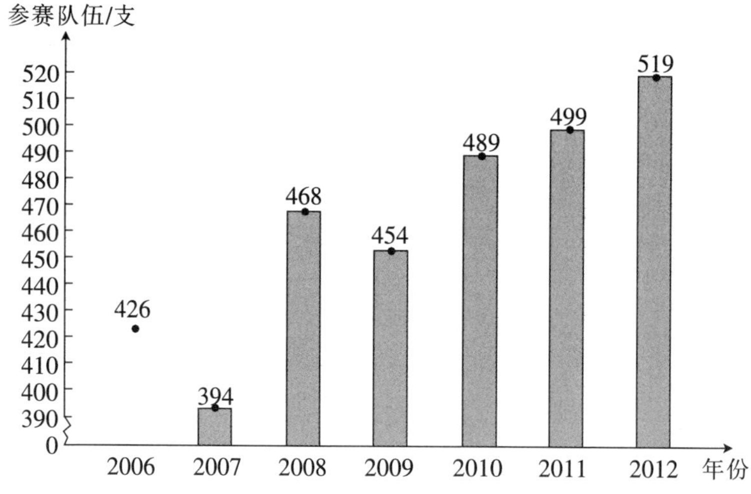


图4.40.2

(2)问题：点为什么不画在其他地方？点在这个位置上表示什么？

(3)把所有的条形改成点，并提问：这些不同位置上的点能否清楚地表示出各部分数量的多少？

【教学思考】在学习过程中,学生往往将条形统计图与折线统计图割裂开来,没有找到两者之间的内在联系。因此,应引导学生经历由条形过渡到点的过程,帮助其找到两者之间的内在联系,即条形的长度与点的高度都能表示数量的多少。

2. 连线。

(1)导学:刚才我们把条形改变了一下,用点来表示,请你猜一猜,接下来可能会怎么变?

学生猜测:用线连起来。

追问:为什么要用线连起来呢?(如图4.40.3)

中国青少年机器人大赛参赛队伍统计图
(2006~2012年)

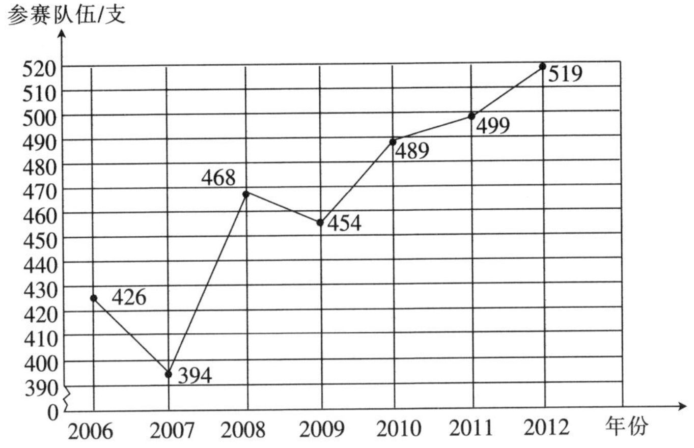


图4.40.3

(2)命名:这种统计图叫什么呢?

(3)描述:你能用语言描述一下2006~2012年中国青少年机器人大赛参赛队伍数量的变化情况吗?

(4)手势表示:能不能用手势把这种变化趋势表示出来呢?

(5)小结:线的起伏,可以帮助我们更清楚地看出各部分数量的增减变化。

【教学思考】在条形统计图的基础上,将条形改成点,然后再连线,形成了比较完整的折线统计图。既让学生初步感受到条形统计图与折线统计图之间的联系与区别,又让学生参与到折线统计图的形成过程中来,为画折线统计图埋下伏笔。

3.解读。

(1)哪个时间段增长最快?你是怎么看出来的?用手势比画一下。

汇报一:线越长,增长越快。

汇报二:线的斜度越大变化越快。

评价:有道理,如果像山坡一样陡峭,说明变化快。

(2)从整体上看,参赛队伍数量呈现怎样的变化趋势?尽管当中有细小的下降变化,但不影响整体的变化趋势。请你推测一下2013年及以后年份的参赛队伍数量。

(3)呈现2013～2018年的有关数据,让学生阅读后谈想法。(如表4.40.2)

**表4.40.2　2013～2018年中国青少年机器人大赛参赛队伍统计表**

| 年份 | 2013 | 2014 | 2015 | 2016 | 2017 | 2018 |
|---|---|---|---|---|---|---|
| 参赛队伍/支 | 526 | 222 | 502 | 497 | 513 | 554 |

**【教学思考】**根据折线的整体变化情况,学生一般会预测2013年及以后参赛的队伍数量呈增长趋势。呈现数据后,学生发现并不一定是这样的,也有可能某一年参赛队伍数量下降,比如2014年参赛队伍数量明显减少,激发学生寻找背后的原因,即2014年在新疆举办,举办地处于祖国的大西北,交通不便,造成参赛队伍数量下降。同时,感受国家西部大开发的重要性。

**(二)画折线统计图**

1.出示信息。

2006年参赛人数为24万,2008年参赛人数为30万,2010年参赛人数为36万,2012年参赛人数为60万。

师:你能根据以上参赛人数,画出折线统计图吗?并说说你的发现。

2.画折线统计图,概括画法并读图。

(1)先确定横轴、纵轴,再找点,接着连线,最后标数。(如图4.40.4)

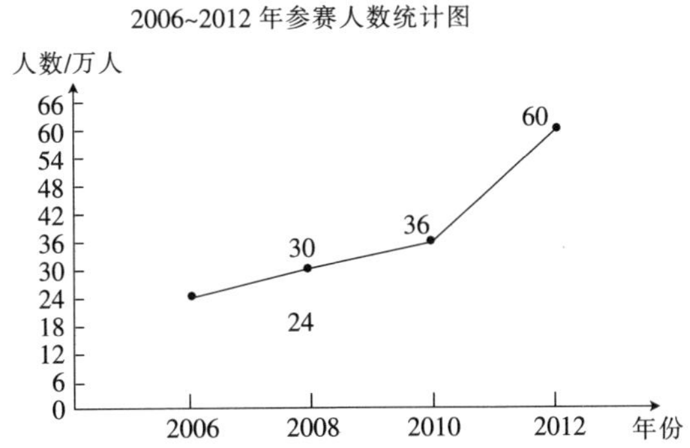


图4.40.4

(2)观察、发现:参赛人数总体呈上升趋势。

3.预测对比。

(1)根据折线的变化情况,让学生猜一猜2007、2009、2011年参赛人数。以2007年为例,学生一般会认为2007年参赛人数为27万,因为它是24万与30万的平均数。

(2)呈现2007、2009、2011年参赛人数,分别为18万、36万、54万,再引导学生与预测数据进行比较。

4.小结。

根据折线的变化情况,我们可以进行推测,虽然实际的数量可能与之不完全相同,但可能在其附近。

**【教学思考】**这幅折线统计图中的年份是间隔的。让学生根据折线的变化趋势,预测当中缺少年份的参赛人数,特别是2006~2008年,虽然总的趋势是增长的,但是2007年却是下降的,只有18万人。由此,让学生感悟实际数量与之会有出入,从而克服思维定式。

**(三)列举生活中的折线统计图并读图**

你在日常生活中见过折线统计图吗?在哪里见过?

学生举例后,课件呈现并重点读图。

1.小明身高情况统计图。

看图说明小明身高增长趋势。提问:小明身高会一直长吗?会快速下降吗?(如图4.40.5)

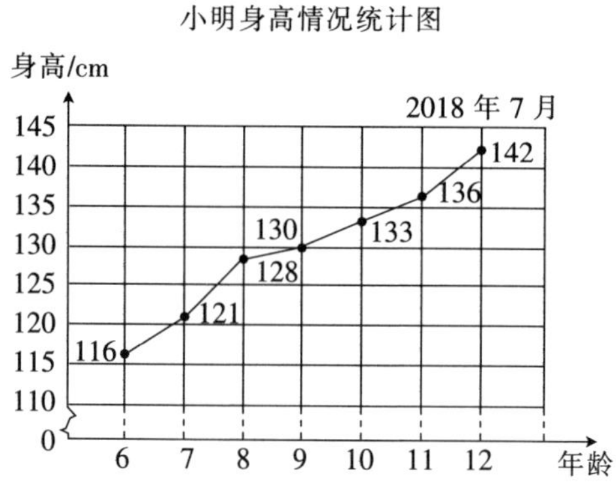


图 4.40.5

2. 平均气温变化统计图。

2018 年 1 ~ 12 月全国平均气温变化趋势是怎样的？（手势表示）请预测 2019 年的气温变化趋势。（如图 4.40.6）

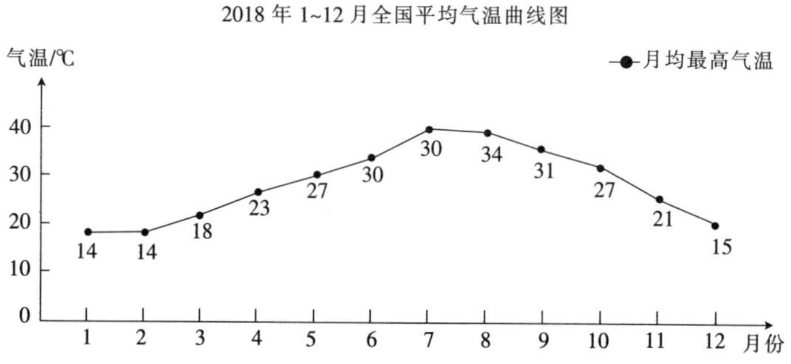


图 4.40.6

3. 毛衣和衬衣销售比较。

（1）哪幅图是关于毛衣的？哪幅图是关于衬衣的？

（2）如果你是销售经理，在进货时会有什么考虑？如果你是消费者，又有什么打算？（如图 4.40.7、图 4.40.8）

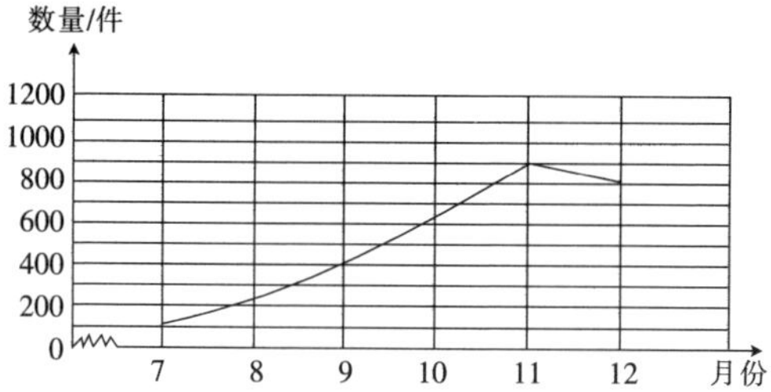


图 4.40.7

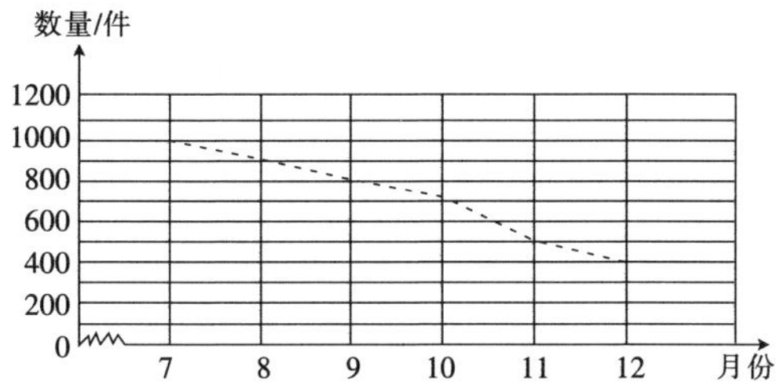


图4.40.8

小结:看来折线统计图会对我们的生活、工作起到很好的指导作用。

**【教学思考】**这3题不仅会让学生进一步认识生活中的折线统计图,感受数学与生活之间的密切联系,更会让学生读懂数据背后的问题,为决策服务。

**(四)进一步认识折线统计图**

比较:折线统计图和条形统计图有什么相同点和不同点?

相同点:标题、横轴、纵轴,都能清楚地表示出数量的多少。

不同点:条形、折线(可以表示出数量的增减变化);条形是分开看的,折线是连起来看的。

小结:条形统计图能更直观地反映各部分数据的多少;而折线统计图更能反映数据的增减变化趋势。

**【教学思考】**先让学生认识并阅读一些折线统计图,积累感性经验,再让学生进行比较,进一步认识折线统计图的特点,最后进行概括则是水到渠成。

## 三、紧扣特点练习,提高读图能力

1. 判断。

如果要统计四(2)班5位同学的体重情况,你认为用(　　)统计图表示比较合理。

如果要表示其中1位同学近五年的体重变化情况,你认为用(　　)统计图比较合理。为什么?(想一想:我们的生活中还有什么事例用折线统计图比较好)

2. 分析下面的折线统计图,说说你的发现。(如图4.40.9)

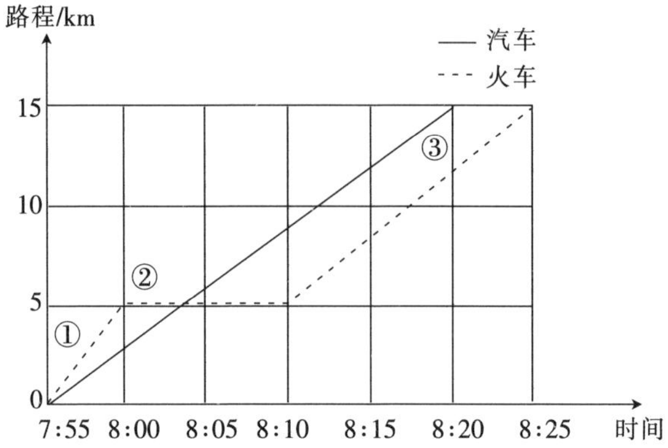


图 4.40.9

**【教学思考】**练习的第 1 题是让学生根据实际情况，选择合适的统计图；第 2 题，则是让学生在分析中进一步认识折线统计图的特点。

**四、全课总结，课外链接**

1. 你今天最大的收获是什么？

2. 介绍用 Excel 软件画折线统计图。

## 板书设计

折线统计图

条形的长短<u>各部分数量的多少</u>点的位置高低

______平缓不变 / 增加 \ 下降

折线统计图不仅可以清楚表示数量的多少，而且能反映数量的增减变化趋势。

画法：1. 确定横轴、纵轴；2. 找点；3. 连线；4. 标数。

# 41.《扇形统计图》说课稿

## 说教材

扇形统计图是在条形统计图、折线统计图、分数乘除法、百分数及圆的认识等知识的基础上学习的。扇形统计图与条形统计图、折线统计图有所不同，虽然不能清楚地看出各部分数量的多少，但能够看出各部分与总数之间的关系。教材例题呈现了六(1)班同学最喜欢的运动项目的人数，让学生先计算喜欢每种运动的人数各占全班人数的百分比，再用扇形统计图表示出各部分的占比，最后思考并解决三个问题：各个扇形的大小与什么有关？整个图表示什么？用这样的统计图有什么好处？因此，这节课的教学目标如下：

1. 认识扇形统计图，知道扇形统计图可以直观地反映各部分数量占总数的百分比，能正确解读扇形统计图。

2. 经历观察、比较、分析、判断等探究过程，渗透数形结合的思想，培养数据分析能力。

3. 感受统计的价值，培养数学应用意识。

教学重点是认识扇形统计图的特点及作用，能正确解读扇形统计图中的信息。教学难点是利用扇形统计图中的信息进行决策。

为了达成以上教学目标，我设计了如下教学过程。

## 说教学过程

### 一、复习旧知，引入新课

1. 呈现信息(如表 4.41.1)：

表 4.41.1　六(1)班同学最喜欢运动项目的情况统计表

| 项目 | 乒乓球 | 足球 | 跳绳 | 踢毽 | 其他 |
|---|---|---|---|---|---|
| 人数 | 12 | 8 | 5 | 6 | 9 |

如果将它绘制成一幅统计图，选择哪种统计图更合适？为什么？

生:选择条形统计图,它能清楚地表示各部分数量的多少。

追问:为什么不选折线统计图?

生:因为折线统计图能清楚地表示数量的增减变化,而这里没有要求反映喜欢这几项运动项目人数的增减变化。

2. 揭示课题。

**【教学思考】**小学阶段学习的只有条形统计图、折线统计图与扇形统计图。前两种统计图已经学习过了,只剩下扇形统计图没学。虽然扇形统计图与另两种统计图有很大的差别,但是各种统计图之间是有内在联系的。因此,复习旧知,可为学习新知服务。

**二、探索研究,掌握新知识**

1. 欣赏生活中的扇形统计图(如图 4.41.1、图 4.41.2、图 4.41.3)。

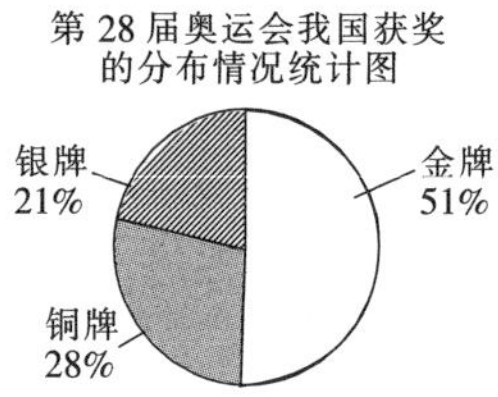


图 4.41.1

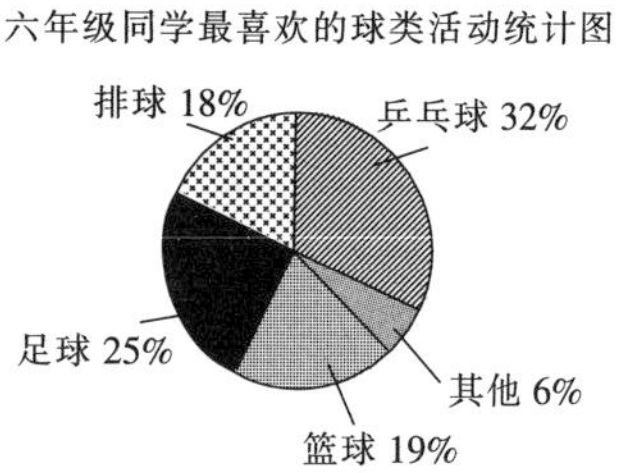


图 4.41.2

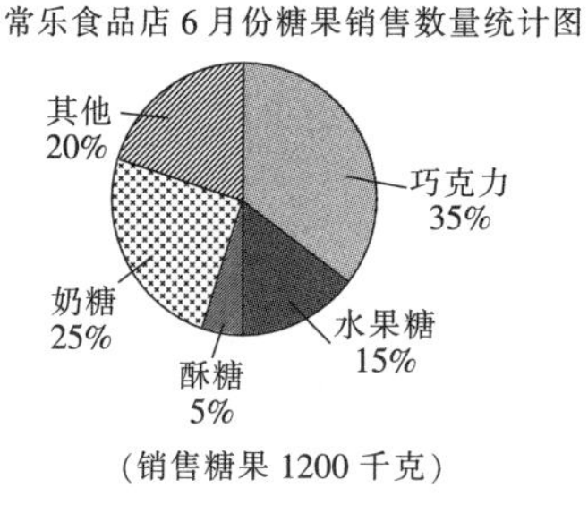


图 4.41.3

**【教学思考】**图 4.41.1 的扇形统计图只有三部分;图 4.41.2 的扇形统计图有五部分;图 4.41.3 的扇形统计图也有五部分,但是比前两个扇形统计图多了总数,即单位“1”。因此,它既能知道各部分与总数的百分比,还能求出各部分的具体量。

(1)读图:你看懂了什么?

(2)扇形统计图有什么共同的特点?

学生回答后,小结:①用一个圆代表总数,②扇形表示各部分占总数的百分比。

2. 经历绘制扇形统计图的过程。

(1)讨论:怎样将六(1)班同学最喜欢运动项目的人数情况绘制成扇形统计图?

(2)汇报。

学生回答,教师总结形成几个步骤:

第一步,算出喜欢每种运动项目的人数占总数的百分比;

第二步,画一个圆表示六(1)班的学生总数;

第三步,按算出来的百分比进行分割。

(3)计算验证。

①将一个圆看作六(1)班学生总数,你能表示出喜欢乒乓球运动的人数吗?怎么表示?

反馈:先算出喜欢乒乓球运动的人数占总人数的百分比:$12 \div (12+8+5+6+9)=30\%$;再算出扇形的大小:$360° \times 30\% = 108°$。

②请快速算出喜欢其他运动的学生所占扇形的大小。

学生计算,得到如下数据:

喜欢足球运动的人数占总人数的百分比:$8 \div (12+8+5+6+9)=20\%$,所占圆心角度数:$360° \times 20\% = 72°$。

喜欢跳绳运动的人数占总人数的百分比:$5 \div (12+8+5+6+9)=12.5\%$,所占圆心角度数:$360° \times 12.5\% = 45°$。

喜欢踢毽运动的人数占总人数的百分比:$6 \div (12+8+5+6+9)=15\%$,所占圆心角度数:$360° \times 15\% = 54°$。

喜欢其他运动的人数占总人数的百分比:$9 \div (12+8+5+6+9)=22.5\%$,所占圆心角度数:$360° \times 22.5\% = 81°$。

③验证。

拿出量角器,在书本中验证我们的计算是否正确。

(4)总结绘制扇形统计图的步骤。

**【教学思考】**学生通过读图，能够知道扇形统计图中的各部分占总数的百分比，但是，学生会有疑问：图中各部分扇形是怎样分割出来的呢？在教学中，我们非常有必要引导学生进行思考分析，让学生经历绘制扇形统计图的过程，从而对扇形统计图有更深层次的认识。

3. 比较。

关于六(1)班同学最喜欢运动项目情况的条形统计图与扇形统计图有什么相同点与不同点？

相同点：都能清楚地看出各部分的多少。

不同点：第一，条形统计图是看直条的长短判断各部分数量的多少，扇形统计图是看扇形的大小判断各部分的大小；第二，扇形统计图用圆表示总数，没有横轴、纵轴，且能清楚地表示各部分与总数的关系。

**【教学思考】**将新学习的扇形统计图与条形统计图进行比较分析、沟通联系，将新知识纳入原有的知识结构中去同化。

**三、练习巩固，拓展提高**

1. 解决问题。

牛奶中含有丰富的营养成分，各种营养成分所占百分比如图 4.41.4，每天喝一袋 250 g 的牛奶，能补充每种营养成分各多少克？

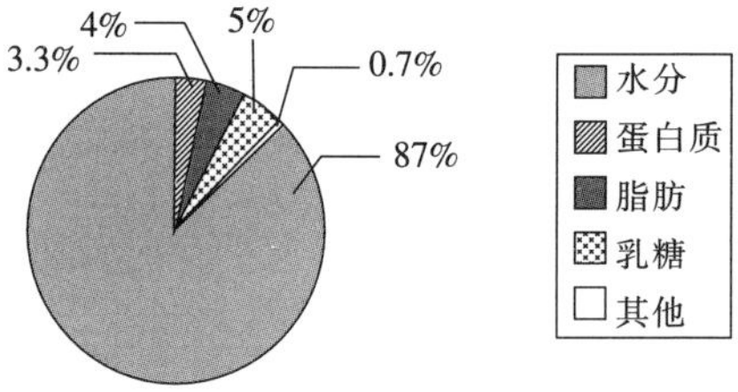


图 4.41.4

2. 先观察(如图 4.41.5)，再回答下面的问题。

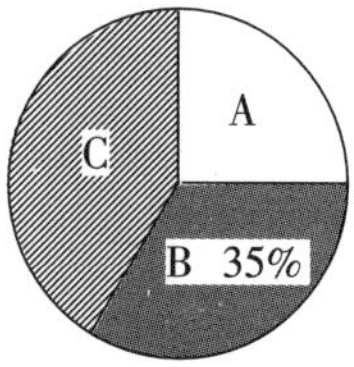


图 4.41.5

(1) 如果用这个圆代表总体，那么哪一个扇形表示总体的 25%？

(2) 如果用整个圆代表全校 2000 人，那么扇形 C 大约代表多少人？

(3) 如果扇形 B 代表 7 公顷的稻田，那么整个圆大约代表多少公顷的稻田?

3. 下面两个统计图中(如图 4.41.6、图 4.41.7),你能看出哪一个学校的女生人数多吗?

甲校男、女生人数统计图

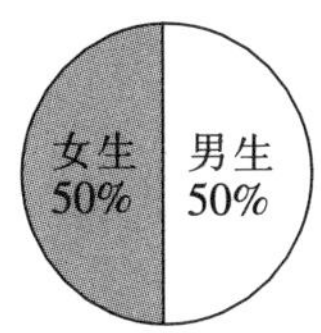


图 4.41.6

乙校男、女生人数统计图

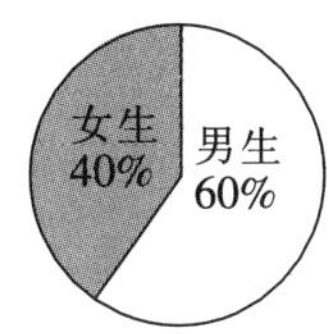


图 4.41.7

4. 根据已有条件完善扇形统计图(如图 4.41.8)。

2018 年 9 月某校六年级参加社团人数统计图

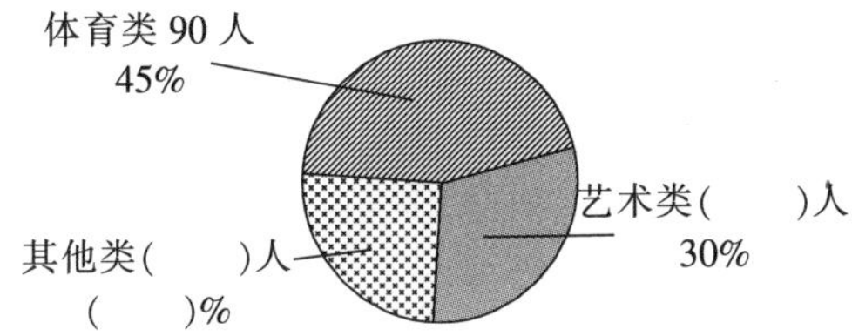


图 4.41.8

【**教学思考**】第 1 题让学生运用扇形统计图的知识解决简单的实际问题,体验数学与生活之间的联系,发展数学应用意识;第 2 题和第 3 题帮助学生进一步认识扇形统计图,理解各部分与总数之间的关系;第 4 题根据已知信息,完善扇形统计图,帮助学生加深对扇形统计图的认识,关注扇形统计图部分与整体之间的关系、部分与部分之间的关系,突出了扇形统计图的优势。

**四、总结内化,课外拓展**

1. 总结内化。

通过学习这节课,你又有哪些新的收获?结合各图(如图 4.41.9、图 4.41.10、图 4.41.11),请再说一说这三种统计图各自的特点。

条形统计图

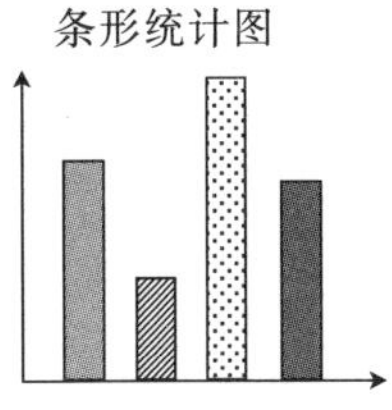

图 4.41.9

折线统计图

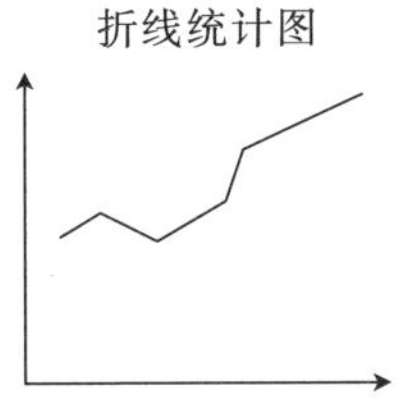

图 4.41.10

扇形统计图

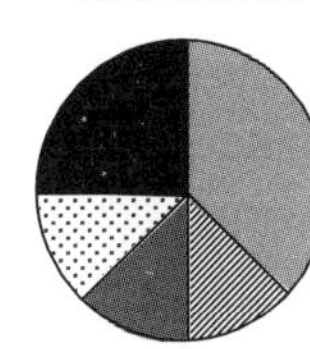

图 4.41.11

2. 课外拓展。

收集生活中自己感兴趣的数据，并利用 Excel 软件制作统计图进行分析。

**【教学思考】**随着信息技术的突飞猛进，制作统计图不一定需要用手工，可将数据输入 Excel 表格，生成各种各样的统计图，从而拓宽学生的视野。

## 板书设计

扇形统计图

特点：能清楚地表示各部分与总数的关系。

步骤：

1. 计算各部分占总数的百分比；
2. 计算表示各部分的扇形的圆心角度数；
3. 画扇形，验证；
4. 标数，写百分比。

# 四、实践与综合应用领域

## 42.《搭配问题》说课稿

### 说教材

搭配问题是在学生已经掌握了将3个数字组成没有重复数字的两位数等知识的基础上学习的。教材要求学生用4个数字(含0)组成没有重复数字的两位数,属于稍复杂的排列问题。与二年级学习的内容相比,不仅元素(排列的数字)多了1个,而且增加了0这个特殊的元素。且以前学生主要通过具体操作、观察、猜测等活动初步感受排列的思想和方法,而本节课是要引导学生用更简便、更抽象的方式把思考的过程和结果表达出来,培养学生有序、全面地思考问题。它是学生接下来学习服装搭配问题、4支球队比赛场次问题等的基础。因此,这节课的教学目标如下:

1. 能正确地用4个数字(含0)组成没有重复数字的两位数。

2. 经历用4个数字(含0)组成没有重复数字的两位数的探究过程,掌握简单搭配的方法,发展有序、全面思考问题的能力。

3. 在探索解决问题的有效策略中,渗透分类思想、符号化思想。

教学重点是能正确地用4个数字(含0)组成没有重复数字的两位数。教学难点是掌握简单的搭配方法。

为了达成以上教学目标,我设计了如下教学过程。

## 说教学过程

### 一、谈话引入，提出问题

1. 谈话引入。

我们已经在二年级学习了简单的搭配问题，能将 2 个数字、3 个数字组成没有重复数字的两位数，这节课我们研究用 4 个数字组成没有重复数字的两位数。

2. 提出问题。

现有数字卡片 1、2、3，请你自己再选 1 张数字卡片，组成没有重复数字的两位数。

猜想：用这 4 张卡片可以组成多少个没有重复数字的两位数？学生可能会猜想 6 个、8 个、9 个等。

**【教学思考】**此环节的教学没有对用 2 个数字可以摆几个没有重复数字的两位数或用 3 个数字可以摆几个没有重复数字的两位数等相关知识进行复习，而是直接呈现改编后的例题。如果经过复习，学生知道了 2 个数字可以摆 2 个没有重复数字的两位数、3 个数字可以摆 6 个没有重复数字的两位数，那么在例题教学中，让学生猜想的答案就会比较单一，很难激发学生探索、研究的欲望。同时对例题进行改编，并没有如教材例题直接出示 1、2、3、0，而是先提供 3 个数字，再让学生自选 1 个数字，这样的设计更具开放性、挑战性。

### 二、探索研究，掌握新知

**（一）研究用 4 个数字摆没有重复数字的两位数**

1. 验证猜想。

2. 交流汇报。

有的学生认为只能摆 6 个，有的认为可以摆 9 个，还有的认为最多能摆 12 个。接下去，教师组织学生进行比较分析，先从最少的开始。

3. 逐个分析。

（1）摆 6 个的情况。

学生可能出现的答案：10、20、30、12、13、23。

引导学生进行评价，结果发现12、13、23这3个两位数的个位与十位上的数字还可以进行调换，又可以得到21、31、32这3个两位数。因此，一共可以摆9个没有重复数字的两位数。

追问：为什么10、20、30这3个两位数的个位与十位上的数字不能进行调换呢？

学生得出：这3个两位数的个数与十位互换位置，就会得到01、02、03，而一个数的最高位不能为0。

**【教学思考】**为什么从最少的6个开始研究呢？因为只摆6个两位数的学生，肯定是出现了遗漏，引导学生进行比较、分析，寻找原因，学生的印象才会更加深刻，且摆9个两位数的情况就不用重复分析了。

(2)摆12个的情况。

第一种情况：补上数字4，得到了1、2、3、4这4个数字，摆成了12个没有重复数字的两位数，分别是：12、13、14、21、23、24、31、32、34、41、42、43。

教师提问：谁还有不同的情况？

第二种情况：补上数字5，也摆成了12个没有重复数字的两位数：12、13、15、21、23、25、31、32、35、51、52、53。

第三种情况：补上数字6，也摆成了12个没有重复数字的两位数：12、13、16、21、23、26、31、32、36、61、62、63。

第四种情况：补上整数4~9中的任何一个数字，都能摆成12个没有重复数字的两位数。

追问：为什么？

学生讨论得出：将12、13、14、21、23、24、31、32、34、41、42、43中的4换成5、6、7、8、9，得到的两位数的个数是一样的。

教师补充：用□代表补充的这个数字，可以摆12个没有重复数字的两位数，它们分别是：12、13、1□、21、23、2□、31、32、3□、□1、□2、□3。这个□可以代表4、5、6、7、8、9中的任何一个数字，如果代表数字0，只能摆9个没有重复数字的两位数。

4. 比较讨论。

为什么填0的话就只能摆9个没有重复数字的两位数，而填4~9中的任何一个整数却可以摆12个呢？

学生在讨论中明白:0 不能摆在十位,因此,少了□1、□2、□3 这3 个两位数;含有 0 的可用 $3\times3=9$ 计算两位数的个数,不含 0 的可用 $3\times4=12$ 计算两位数的个数。

**【教学思考】**此环节教学由浅入深,让学生学会举一反三,由补充数字 4 可摆成 12 个没有重复数字的两位数,想到补充 4 ~9 中的任何一个整数都可以得到相同的两位数个数,再抽象到用□来代表 4 ~9 中的任何一个整数,最后在比较中使学生明白摆9 个与摆 12 个的本质区别。

**(二)课堂小结**

用 2 个数字,可以摆 2 个没有重复数字的两位数;用 3 个数字,可以摆 6 个没有重复数字的两位数;用 4 个数字,可以摆 12 个没有重复数字的两位数,如果其中一个数字为 0,就只能摆 9 个。

**【教学思考】**课堂小结注重引导学生与旧知进行联系沟通,将新知纳入原有的认知结构中同化,逐步完善对搭配问题的认识。

**三、巩固练习,拓展延伸**

1. 请按要求用 3、4、7、9 组成没有重复数字的两位数。

(1)一共可以组多少个两位数?

(2)可以组多少个比 40 大的两位数?

(3)可以组多少个个位是单数的两位数?

(4)如果将 9 改成双数,组成的没有重复数字的两位数中单数多,还是双数多?

**【教学思考】**教学第(2)题时,先要让学生猜想,再让学生写下来进行验证,接着再分析原因。同理,教学第(3)题也是如此,为什么只能写 9 个? 还可以追问:如果只能组成 3 个单数,你有什么方法? 如果只能组成双数,你又有什么办法? 第(4)题比较开放,一题多用,引导学生深入地思考,从而进一步理解、掌握本节课知识。

2. 解决问题。

唐僧师徒 4 人坐在椅子上。如果唐僧的位置不变,其他人可以任意换位置,最多有多少种坐法?(如图 4.42.1)

图 4.42.1

**【教学思考】**引导学生运用所学知识，解决经典故事中的数学问题，发展数学的应用意识，进一步激发学生的学习兴趣。

**四、总结内化，完善认识**

1. 总结内化。

这节课学习了什么知识？你又有哪些新的认识？

2. 完善认识。

今天学习的内容与以前学习的内容有什么区别？你还想到了哪些类似的数学问题？

## 板书设计

搭配问题

请用 1、2、3、□这 4 张卡片组成没有重复数字的两位数。

| | |
|---|---|
| 10 | |
| 20 | |
| 30 | |
| 12 | 21 |
| 13 | 31 |
| 23 | 32 |

$3\times3=9$(个)

| | |
|---|---|
| 12 | 31 |
| 13 | 32 |
| 14 | 34 |
| 21 | 41 |
| 23 | 42 |
| 24 | 43 |

| | |
|---|---|
| 12 | 31 |
| 13 | 32 |
| 15 | 35 |
| 21 | 51 |
| 23 | 52 |
| 25 | 53 |

| | |
|---|---|
| 12 | 31 |
| 13 | 32 |
| 1□ | 3□ |
| 21 | □1 |
| 23 | □2 |
| 2□ | □3 |

$3\times4=12$(个)

请用 3、4、7、9 这 4 张卡片组成没有重复数字的两位数。

比 40 大的两位数：43、47、49、73、74、79、93、94、97

个位是单数的两位数：43、73、93、37、47、97、39、49、79

# 43.《可能性》说课稿

## 说教材

可能性属于概率领域知识。在现实世界中，严格确定的现象是十分有限的，不确定现象却是大量存在的，而概率论正是研究不确定现象的规律性的数学分支。教材例1呈现了学生熟悉的联欢会上抽签表演节目的场景，让学生体验在现实生活中存在着不确定现象，充分感受数学与生活的联系。教材以教师的两个问题"小明可能会抽到什么节目?""小丽可能会抽到什么节目?"和小精灵的一个问题"小雪会抽到什么?"为线索，逐步引导学生体验事件发生的确定性和不确定性。此前，学生已经积累了大量的生活经验。在教学中，不管是学生熟悉的生活情境还是学生感兴趣的活动，都要注意充分调动学生学习的主动性和积极性。因此，这节课的教学目标如下：

1. 在具体情境中初步感受随机事件发生的确定性与不确定性，并能正确地进行判断。

2. 经历观察、实践、描述和交流的活动过程，丰富对确定现象和不确定现象的体验，培养数据分析观念与随机思维。

3. 体验现实生活中存在着确定和不确定现象，充分感受数学与生活之间的联系。

教学重点是在具体情境中初步感受随机事件发生的确定性与不确定性，并能正确地进行判断。教学难点是正确判断随机事件发生的确定性与不确定性。

为了达成以上教学目标，我设计了如下教学过程。

## 说教学过程

### 一、游戏引入，揭示课题

1. 摸球游戏。

(1)袋子里装有3个球，请摸出一个球并放回，然后接着摸球。发现大家摸到的都是白球，请猜一猜袋子里装的是什么颜色的球?

验证发现袋子里装有3个白球,引导学生用语言概括:从袋子里一定能摸到白球;从袋子里不可能摸到黄球。

(2)再往袋子里装入1个黄球,请摸出1个球,你会摸到什么颜色的球?

学生有两种说法:一种是可能会摸到白球,也可能摸到黄球;另一种是摸到白球的可能性大,摸到黄球的可能性小。

(3)小结:在摸球的过程中,我们用到了"一定""不可能""可能",其中"一定""不可能"表示确定事件,"可能"表示不确定事件。

2. 揭示课题。

这节课我们就来学习研究可能性。

**【教学思考】**让学生在游戏中初步感知事件发生的确定性与不确定性,激发了学生学习的积极性与主动性。

**二、探索研究,掌握新知**

1. 例题教学。

联欢会上抽签表演节目,抽签的箱子里装有三张卡片,卡片上分别写着唱歌、跳舞、朗诵。

问题1:小明第一个抽,他可能会抽到什么节目?

第一种答案:小明可能抽到唱歌。

第二种答案:小明可能抽到跳舞。

第三种答案:小明可能抽到朗诵。

第四种答案:这三个节目,小明都有可能抽到。

追问:小明一定能抽到唱歌、跳舞或者朗诵吗?

请一位同学代替小明抽一下,请问:他抽到了什么?

为什么很多同学猜不准呢?

问题2:小明抽到了跳舞,还剩下两张,接下来小丽可能会抽到什么?

第一种答案:小丽可能会抽到唱歌,也可能会抽到朗诵。

第二种答案:小丽不可能抽到跳舞。

问题3:小丽抽到了唱歌,最后只剩一张卡片了,小雪会抽到什么?

第一种答案:小雪抽到的一定是朗诵。

第二种答案:小雪不可能抽到跳舞和唱歌。

2. 三种情况图示。

在什么情况下分别用“一定”“不可能”或“可能”，你能用图表示出来吗？

得到：事情确定会发生的，只有一种情况的，我们就用“一定”或“不可能”来表达；事情不一定会发生的，有多种情况的，就用“可能”来表达。（如图 4.43.1）

图 4.43.1

3. 操作活动。

有两个暗盒子，一个盒子里装的全部是红色的棋子，另一个盒子里装了红色、蓝色、黄色、绿色的棋子各 2 颗。

（1）小组同学分别从两个盒子里摸棋子，每次摸 1 颗并放回。

（2）摸了几次以后，你觉得能猜准盒子里装的棋子颜色就停止摸棋。

（3）用“一定”“不可能”“可能”，说一说摸棋的情况。

**【教学思考】**用暗盒进行任务驱动具有一定的神秘感，激发了学生摸棋与思考的积极性，让他们从数学的思考过渡到统计，并体验到事情发生的确定性与不确定性。

4. 感知概率大小。

（1）经验判断。

①太阳不可能从西边升起。

②三天后可能会下雨。

③地球每天一定都在转动。

④世界上每天都有人出生。（当学生产生不同的意见时，补充“你知道吗？”材料，据统计，仅中国平均每 4.15 秒就出生一个婴儿，每天出生的人口大约是 2.08 万）

（2）直观表示。

先判断，再将事例放入梯子图中充分感知事件发生的可能性，得到（如图 4.43.2）：

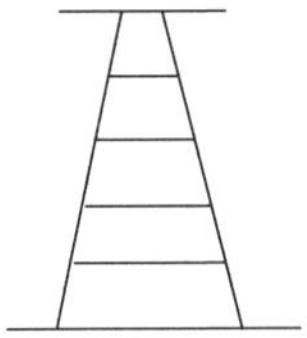


图 4.43.2

**【教学思考】**让学生用“一定”“不可能”或“可能”列举生活中的现象，将可能性知识与生活实际建立联系，引导学生用数学的眼光看待生活，体验数学与生活之间的联系。针对最后一题“世界上每天都有人出生”，学生存在不同的观点，需借用大数据证明其正确性。同时，用梯子图表示直观形象，上端表示一定发生的事件，下端表示不可能发生的事件，中间部分表示可能发生的事件，越接近上端可能性越大，越接近下端可能性越小。

**三、练习巩固，拓展提高**

1. 用“可能”“不可能”“一定”填一填。

(1)判断和是几位数。

①9□ +5 的和(　　)是两位数。

②9□ +5 的和(　　)是四位数。

③9□ +5 的和(　　)是三位数。

④65 +□6 的和(　　)是两位数。(□内如果填4 或者 2)

(2)判断余数大小。

□ ÷6 =9…… △，用“可能”“不可能”“一定”填一填。

①△(　　)大于6。

②△(　　)小于6。

③△(　　)是5。

④当△ =1，□(　　)是55。

2. 编数学题。

回忆学过的知识，用“一定”“可能”“不可能”这三个词设计一道数学题或说一句话。

如：三角形不可能有4 个角，23 +8□一定大于100，等等。

**【教学思考】**练习的设计具有灵活性、开放性与综合性，且紧紧地围绕事件发生的确定性与不确定性进行，主要针对学生已学的数学知识，将可能性知识与学生已有的旧知建立联系，有利于学生进一步掌握可能性知识。

**四、全课总结，课外探索**

1. 全课总结。

这节课学习研究了什么内容？你受到了什么新的启发？

2. 课外探索。

商场元旦促销活动，摸到黄球获奖，摸到白球不获奖。如果你是商场经理，请你设计一份摸奖活动方案，并说明理由。

### 板书设计

可能性

一定 → 确定事件

不可能 → 确定事件

可能 ——→ 不确定事件

# 44.《烙饼问题》说课稿

### 说教材

烙饼问题属于“数学广角”的内容，属于优化思想的实际应用。本课之前，学生已经学习了沏茶问题，积累了在多种解决沏茶问题的策略中探寻最优策略的活动经验。教材例2安排了一家三口吃饼的情境：妈妈要烙3张饼，且每张饼的两面都要烙，每面要3分钟，怎样才能尽快地吃到饼呢？即怎样烙饼最节省时间。烙3张饼要18分钟或12分钟，学生比较容易理解，要求9分钟完成，却不容易理解。因此，在教学中，我们要不断地呈现学生不同的想法和问题，在比较分析中提炼出最优的烙饼方法。同时，抓住烙饼的图示，凸显直观的优势，帮助学生理解烙饼方法。因此，这节课的教学目标如下：

1. 掌握快速烙饼的方法，并能正确计算烙饼时间。

2. 经历动手操作、分析比较等探究活动，渗透优化思想，培养推理能力。

3. 体验数学与生活之间的密切联系，发展数学应用意识与创新意识。

教学重点是掌握快速烙饼的方法并能正确计算时间。教学难点是理解快速烙饼的方法。

为了达成以上教学目标,我设计了如下教学过程。

## 说教学过程

### 一、情境引入,初步研究

1. 明确要求。

呈现麦饼图片,谈话:有吃过的吗?(有)

这节课我们从数学的角度去研究烙饼所需要的时间问题。生活中烙饼不太讲究细节和流程,而数学课上研究的烙饼问题可是很讲究的,要求规范地烙饼。请看要求:两面都烙,每面都要 3 分钟,一次最多能烙 2 张饼。怎样才能尽快地吃上饼?

提问:尽快地吃上饼是什么意思?(烙饼用时最少)

2. 研究分别烙 1 张饼和 2 张饼所需要的时间。

(1)烙 1 张饼,需要多长时间?怎么烙?

(2)烙 2 张饼,需要多长时间?怎么烙?

记录在表格上。

3. 比较,为什么都需要 6 分钟呢?(如表 4.44.1、表 4.44.2)

**表 4.44.1 烙饼方案**

| | ① | | |
|---|---|---|---|
| 第一次 | 正面 | | |
| 第二次 | 反面 | | |
| 第(  )次 | | | |
| 第(  )次 | | | |
| 第(  )次 | | | |
| 共用时 | 6 分钟 | | |

**表 4.44.2 烙饼方案**

| | ① | ② | |
|---|---|---|---|
| 第一次 | 正面 | 正面 | |
| 第二次 | 反面 | 反面 | |
| 第(  )次 | | | |
| 第(  )次 | | | |
| 第(  )次 | | | |
| 共用时 | 6 分钟 | | |

根据学生回答板书。(充分利用——节省时间)

**【教学思考】**在情境中激发学生学习的兴趣与欲望,体验数学就在我们的身边。同时在研究烙 1 张饼和 2 张饼的问题中,初步了解烙饼的方法,为接下来的深入研究做好铺垫。

### 二、深入研究,掌握方法

1. 研究快速烙饼法。

(1)思考:烙 3 张饼需要多长时间?

(2)猜想:18 分钟,12 分钟,可能有个别学生认为 9 分钟。

(3)操作活动及要求:请静静地想一想,你是怎么烙的,用了几分钟?它是最少的用时吗?请拿出学具,动手烙一烙,并记录在烙饼方案表内。

(4)交流汇报:一般有以下几种方法。

第一种方法:先烙第 1 张饼,需要 6 分钟,再烙第 2 张饼,需要 6 分钟,最后烙第 3 张饼,也需要 6 分钟。一共需要 18 分钟。

第二种方法:先烙 2 张,需要 6 分钟,再烙 1 张,也需要 6 分钟。一共需要 12 分钟。

第三种方法:先烙第 1 张饼和第 2 张饼的正面,再烙第 1 张饼的反面和第 3 张饼的正面,最后烙第 2 张饼和第 3 张饼的反面。(如表 4.44.3)

**表 4.44.3　烙饼方案**

| | ① | ② | ③ |
|---|---|---|---|
| 第一次 | 正面 | 正面 | |
| 第二次 | 反面 | | 正面 |
| 第三次 | | 反面 | 反面 |
| 第(　　)次 | | | |
| 第(　　)次 | | | |
| 共用时 | 9 分钟 | | |

这种方法学生不易理解,教学时须多请几位学生参与尝试烙饼,并让会烙的学生教不会的学生。

师:请给第三种烙饼的方法取一个名称。

学生可能取交替烙饼法、快速烙饼法、巧妙烙饼法,等等。教师根据学生的想法,暂定为“快速烙饼法”。

**【教学思考】**3 张饼的烙法是最难理解的,需要交替进行烙饼,学生一般想不到这种方法。因此,此环节教学,我们应该多停留一会儿,让学生体验到位,充分感受快速烙饼法的巧妙,初步体验优选法。

2. 比较烙 3 张饼的方法。

烙 3 张饼的三种方法,不同在哪里?

比较得出:第一种方法,浪费时间,每次锅里都只有 1 张饼;第二种方法,有时锅里只有 1 张饼;第三种方法,锅里始终保持有 2 张饼。学生可能还会发现:3 张饼一共有 6 个面,每次烙两个面,只要烙 3 次就可以了。而每次用时 3 分钟,因此花费的时间为 $3\times3=9$(分钟)。(如表 4.44.4)

**表 4.44.4 三种烙饼方案的策略及时间**

| 方法 | 策略 | 时间 |
|---|---|---|
| 一 | 每次只烙 1 张 | 18 分钟 |
| 二 | 先烙 2 张,再烙 1 张 | 12 分钟 |
| 三 | 快速烙饼法 | 9 分钟 |

3. 继续研究,发现规律。

提问:如果烙 4 张饼呢?最少要多长时间?怎样烙?

学生寻找最优方法,可以每次烙 2 张。

追问:如果烙 5 张饼呢?6 张饼呢?100 张饼呢?(如表 4.44.5)

**表 4.44.5 烙不同张数的饼所需最少用时**

| 饼数 | 方法 | 最少用时 |
|---|---|---|
| 2 | 2 张 | 6 分钟 |
| 3 | 快速烙饼法 | 9 分钟 |
| 4 | 2 张 +2 张 | 12 分钟 |
| 5 | 2 张 +3 张 | 15 分钟 |
| 6 | 2 张 +2 张 +2 张 | 18 分钟 |
| 7 | 2 张 +2 张 +3 张 | 21 分钟 |
| 8 | 2 张 +2 张 +2 张 +2 张 | 24 分钟 |
| …… | …… | …… |

看表 4.44.5,你发现了什么?请与同桌交流一下。

汇报交流。一般有以下几种发现:

第一种:饼的张数为奇数的用快速烙饼法,饼的张数为偶数的每次烙 2 张最省时间。

第二种:饼的张数乘 3 等于烙饼所需要的总时间。(饼数至少为 2 张)

第三种:饼的张数乘 2,再除以 2,再乘烙一面的时间就是总共花费的时间。

4. 特例。

烙 1 张饼,两面都烙,每面都要 3 分钟,烙好这张饼只需要 6 分钟。请问:烙饼时间能否再少一些呢?

当学生认为烙饼时间不能少于6分钟时,出示电饼铛图片(如图4.44.1),向学生介绍:它能同时烙饼的两面,而且一次可以烙好多张饼。让学生明白,随着技术的进步,烙饼的工具也在不断地改进,烙饼的时间也相应缩短。

图4.44.1

**【教学思考】**发现烙饼的规律后,引导学生深入地思考烙1张饼的时间能否再少一点,帮助学生克服思维定式,同时使其感受到科技改变生活及科技给生活带来的便利。

**三、巩固练习,拓展提高**

1. 变换情境。

(1)妈妈用锅煎鸡蛋,每次最多放2个鸡蛋,两面都要煎,煎一面需要2分钟,煎5个鸡蛋需要几分钟?

(2)小明在烤炉上烤面包,一次能烤8片,每片都要烤两面,每面都需要2分钟烤好,烤好4片面包需要多长时间?烤好16片面包呢?

2. 拓展提升。

烙1张饼,两面都烙,每面都要3分钟,一个锅一次同时能烙4张。烙22张饼至少需要多长时间?

**【教学思考】**第(1)题与例题相比,情境不同,方法相同,让学生既巩固新知,又学会举一反三。第(2)题则可以根据所要烙饼的总面数除以每次烙的张数,再乘烙一面所需要的时间,算出总时间。

**四、全课总结,拓展延伸**

1. 总结内化。

这节课你学到了什么?有什么启发?

2. 渗透数学文化。

华罗庚爷爷被誉为"人民的数学家",他是新中国数学研究事业的创始人,也是中国在世界上最有影响力的数学家之一。1958年华罗庚爷爷开始研究把优选法和统筹学应用到工农业生产中,创造了巨大的物质财富和经济效益。

【**教学思考**】全课总结时,将新知纳入原有的认知结构中同化后,再简单介绍优选法和统筹学,让学生充分体会优化思想在生活中的广泛应用,进一步激发学生学习数学的兴趣。

## 板书设计

烙饼问题

充分利用——节省时间

第一种方法:每次只烙 1 张;18 分钟(每次锅里只有 1 张饼)。

第二种方法:先烙 2 张,再烙 1 张;12 分钟(有时锅里只有 1 张饼)。

第三种方法:快速烙饼法;9 分钟(锅里始终保持有 2 张饼)。

# 45.《植树问题》说课稿

## 说教材

植树问题属于"数学广角"的内容,教材一共安排了 3 个例题。例 1、例 2 呈现的是在一条线段上植树的三种情况,即两端都种、只种一端、两端都不种;例 3 呈现的是在封闭图形上植树的情况,本质上与在线段上植树中的只种一端是一样的。本节课只教学例 1 与例 2,教材呈现的是在长 100 m 的小路一边植树。教学时应让学生发现路太长,不便研究,需要化难为易、化繁为简。可从长 20 m 的小路一边植树开始研究,发现规律。例 2 属于两端都不种的情况,经过研究发现:两端都种,棵数 = 间隔数 + 1;只种一端,棵数 = 间隔数;两端都不种,棵数 = 间隔数 - 1。为什么会存在这样的规律呢?我们要引导学生用一一对应的数学思想去解释。两端都种,棵数比间隔数多 1;只种一端,棵数等于间隔数;两端都不种,棵数比间隔数少 1。因此,这节课的教学目标如下:

1. 在探究中发现一条线段上两端都种、只种一端、两端都不种这三种不同情况的植树问题及其规律，并能正确地解决植树问题。

2. 经历和体验植树问题解题策略的探究过程，渗透一一对应与转化等数学思想。

3. 感受数学在日常生活中的广泛应用，培养数学应用意识和解决简单实际问题的能力。

教学重点是发现在一条线段上植树的三种情况，并能正确解决植树问题。教学难点是用一一对应的数学思想解释植树规律中蕴含的道理。

为了达成以上教学目标，我设计了如下教学过程。

## 说教学过程

### 一、明确要求，提出问题

1. 明确要求。

这节课的植树问题，不是研究种哪个品种的树、树能不能成活、树能长多高等问题，而是用数学的眼光来研究植树。

2. 呈现问题。

一条长 200 m 的路，在它的一边种树，每隔 5 m 种一棵，需要种几棵？

(1)理解题意“每隔 5 m 种一棵”是什么意思？

(2)猜想：一共可以种几棵？

学生先进行猜想，但猜想的答案却不同，一般会出现 40 棵与 41 棵两种情况。学生认为 200 除以 5 等于 40，所以答案为 40 棵；也有学生认为还应该加上 1 棵。怎样去验证猜想呢？学生自然会提出先从简单的情况入手研究，发现并掌握规律后再解决问题。

**【教学思考】**教材例题提供的路长 100 m，学生不易体会到化难为易进行研究的价值。因此，将 100 m 的路长改成 200 m，更有利于学生产生“化难为易”的需求。同时，开门见山告诉学生植树问题研究的内容，明确学习目标，提高学习效率。

### 二、探索研究，掌握新知

**(一)动手操作，探索研究**

问题：一条长 20 m 的路，在它的一边种树，每隔 5 m 种一棵，要种几棵？

1. 活动要求。

(1)静静地思考半分钟;(2)画图或者用算式表示出来;(3)与同桌交流想法。

2. 汇报交流。

一般会出现种4棵与5棵两种情况。

种4棵的情况:每隔5 m种一棵,求20 m长的路要种几棵,就是求20里面有几个5,算式:20 ÷ 5 = 4(棵)。

种5棵的情况:将20 m长的路分成5 m一段,分成4段,但是可以种5棵树。算式:20 ÷ 5 = 4(段),4 + 1 = 5(棵)。(如图4.45.1)

图4.45.1

3. 思考讨论。

思考:为什么加1呢?

讨论得到:1个间隔对应1棵树,4个间隔对应4棵树,还多出了1棵树,因此,还要加上1。(如图4.45.2)

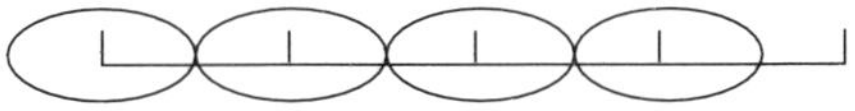

图4.45.2

4. 设疑反思。

设疑1:如果只种4棵,应该怎么种?

生:只种一端。

追问:为什么只种一端?

请学生找一个合适的理由。学生可能有两种答案:一是路的一端正好有一块大石头,不能种了;二是路的一端如果有堵墙,也种不了。两种答案所表达的意思是一样的,就是路的一端不好种树,只能种一端,即棵数 = 间隔数。

设疑2:种3棵行不行?(教师故意把中间的一棵拿掉)

讨论得到:如果种3棵,只能两端都不种,从而理解棵数 = 间隔数 - 1。

5. 归纳小结。

通过刚才的学习,我们发现了植树问题的三种情况:两端都种、只种一端、两端都不种。

**【教学思考】**学生对两端都种的情况比较容易理解,但对于为什么只种一端却不清楚，很难与生活实际建立联系。因此，让学生寻找合适的理由说明原因，从而发现路的一端有一堵墙等情况，因此，少种 1 棵。由此，类推到两端都有一堵墙，还要再少种 1 棵。学生对这三种情况，只需要掌握两端都种，就能理解另两种情况。

**（二）尝试探索，掌握规律**

1. 解决问题。

现在你能解决 200 m 路上的植树问题了吗？

(1)用算式快速地把结果表示出来，并画图验证。

(2)汇报：

由于都是一棵树对应一个间隔，所以不用全部画出来，中间可以用省略号表示，最后还多出一棵树，因此，一共可以种 41 棵树。（如图 4.45.3）

两端都种：200 ÷ 5 + 1 = 41（棵）。

两端都种：200 ÷ 5 + 1 = 41（棵）

图 4.45.3

2. 快速口答。

(1)路长 100 m，在它的一边每隔 10 m 种一棵，两端都种，要种几棵？

生：100 ÷ 10 + 1 = 11（棵）。

(2)路长 25 m，在它的一边每隔 1 m 种一棵，只种一端，要种几棵？

生：25 ÷ 1 = 25（棵）。

(3)路长 400 m，在它的一边每隔 2 m 种一棵，两端都不种，要种几棵？

生：400 ÷ 2 − 1 = 199（棵）。

**（三）总结归纳，得出结论**

两端都种，棵数 = 间隔数 + 1；只种一端，棵数 = 间隔数；两端都不种，棵数 = 间隔数 − 1。

**三、练习巩固，拓展提高**

1. 判断辨析。

下面各题分别是“两端都种”“只种一端”还是“两端都不种”？为什么？

(1)A 楼与 B 楼之间有一条长 200 m 的通道，在它的一侧每隔 4 m 种一棵树，一共需要种多少棵？

(2)在长 200 m 的路的一边，每隔 4 m 种一棵树，从头到尾一共需要种多少棵？

(3)在长 200 m 的路的一边(一端被房子挡住)，每隔 4 m 种一棵，一共需要种多少棵？

2. 解决问题。

(1)沿着教学楼到科技楼的小路两旁插彩旗，小路全长 100 m，每隔 10 m 插一面彩旗，一共要插多少面？

(2)四年级两个班同学参加植树活动，每班都在路的一边植树 12 棵，一共植树多少棵？

(3)32 人做早操，排成一列队，每两位同学间的距离是 2 m，从第一位同学到最后一位同学的距离有多少米？

**【教学思考】**练习设计由浅入深、由易到难，有基本练习、提高练习等。其中第 1 题让学生分清植树问题的三种情况。第 2 题共有 3 小题，第(1)小题增加了一点难度，突出在路的两边植树；第(2)小题不属于本节课学习的植树问题，目的是为了打破学生的思维定式；第(3)小题是植树问题在生活中的应用。

**四、总结内化，课外探索**

1. 总结内化。

从这节课的学习中受到了哪些启发？生活中还有哪些情况属于“植树问题”？

2. 课外探索。

如果在圆形、正方形等封闭图形上种树，间隔数与棵数之间又有怎样的关系呢？有兴趣的同学，课外继续探究。

## 板书设计

植树问题

| 两端都种 | 只种一端 | 两端都不种 |
| --- | --- | --- |
| 棵数 = 间隔数 + 1 | 棵数 = 间隔数 | 棵数 = 间隔数 − 1 |
| 20 ÷ 5 + 1 = 5(棵) | 20 ÷ 5 = 4(棵) | 20 ÷ 5 − 1 = 3(棵) |

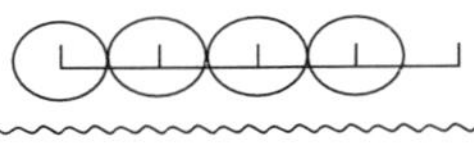

# 46.《找次品》说课稿

## 说教材

《找次品》一课是以探索性操作活动为载体,通过观察、猜测、试验等方式探索解决问题的策略。本课需要进一步理解随机事件的偶然性和必然性(如2个零件中有1个较重的次品,只要把这2个零件放在天平两端,天平一定不平衡;3个零件中有1个较重的次品,任意取2个放在天平两端,天平可能平衡,也可能不平衡),感受解决问题策略的多样性,渗透优化思想;学会用直观的方式清晰、简洁、有条理地表示逻辑推理过程,培养逻辑推理能力。与人教版义务教育课程标准实验教科书(2004年初审通过)相比,例1将原来的5瓶钙片改为3瓶,主要目的是让学生从最简单的问题入手,初步理解找次品的含义,明确找次品的基本思路。通过用天平直观演示,说明基本推理过程:如果天平平衡……;如果天平不平衡……。为后面探究找次品问题的策略提供依据。因此,教学力求立足于学生已有的知识经验,组织学生参与演示、操作、推理等活动,逐步建立找次品的数学模型并优化,学会运用数学模型解决问题。因此,这节课的教学目标如下:

1. 寻找找次品这类问题的基本方法,能用最少次数正确地找出次品。

2. 经历观察、猜测、试验、推理等活动过程,逐步建立找次品的数学模型并优化,培养推理能力。

3. 感受数学在日常生活中的广泛应用,尝试用数学的方法解决实际生活中的简单问题,发展应用意识,培养解决实际问题的能力。

教学重点是能用最少次数正确地找出次品。教学难点是建立找次品的数学模型并优化。

为了达成以上教学目标,我设计了如下教学过程。

## 说教学过程

### 一、创设情境，感知模型

1.“火眼金睛找次品”游戏。

(1)出示(如图 4.46.1)：

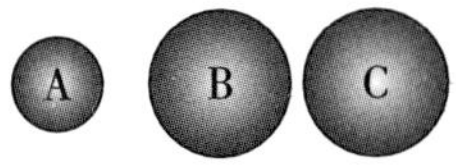


图 4.46.1

比较 3 个球，哪个是次品？

(因为 A 球较小，学生根据大小的差异很快就能确定 A 是次品)

(2)出示(如图 4.46.2)：

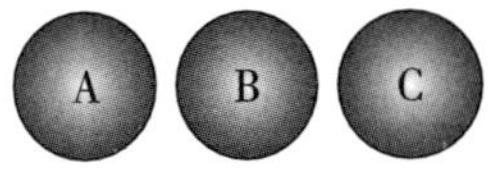


图 4.46.2

比较 3 个球，哪个是次品？

大小完全一样的 3 个球，还能判断出哪个是较轻的次品吗？

引导学生讨论如何用没有砝码的天平找次品，并让学生将双臂和双手当作天平，演示思考和推理过程，初步理解从 3 个球里面找次品只需要称 1 次：当天平不平衡时，往上翘起来的一边是次品；而平衡时，用排除法，排除掉天平两边的 2 个球，剩余的 1 个则为次品。

2. 揭示课题。

这节课我们就来研究找次品问题。

**【教学思考】**找次品问题蕴含着较复杂的推理过程，内容比较枯燥。因此，通过简单的游戏，激发了学生研究的兴趣与欲望，同时也交代了本节课需要借助没有砝码的天平找次品，学习目的比较明确。

### 二、尝试探究，建立模型

1. 从较小数开始研究。

(1)研究从 4 个球里面找 1 个较轻的次品需要称几次。

小组研究后学生演示汇报，一般有两种方法。

方法一：把4个球分成2组，每组2个，即(2,2)。第1次称4个球，左边2个，右边2个，次品在天平翘起来的一边，把有次品的这一组称为次品组。第2次称次品组里的2个球，左右各放1个，翘起来的一边放的就是次品。一共称了2次。板书：(2,2)→(1,1)

方法二：把4个球分成3组，即(1,1,2)。第1次先称两个球，也就是左边1个，右边1个。如果不平衡，那么天平翘起来的一边是次品。这是幸运的情况，而要保证一定能找到次品，要做最坏打算。如果天平平衡，那么从剩下的2个里面再称1次。板书：(1,1,2)→(1,1)

小结：从4个里面找次品，分2组和分3组都需要称2次找到次品。

**【教学思考】**在动手试验、分析比较等活动中，引导学生初步感知找次品的思考模型，为建立"平均分"的方法模型奠定基础。

(2)研究从8个球里面找次品，发现找次品的最佳方法模型。

小组合作：从8个球里找1个较轻的次品，至少称几次，才能保证一定能找到次品？小组内边说边操作，并简单记录称的过程，写出结论，进行集体交流。

从8个球里面找次品，学生的方法一般有以下三种。

方法一：(4,4)→(2,2)→(1,1)，需要称3次。

方法二：(2,2,2,2)→(2,2)→(1,1)，需要称3次。

方法三：(1,1,1,1,1,1,1,1)→(1,1,1,1,1,1)→(1,1,1,1)→(1,1)，需要称4次。

在此基础上，向学生提出挑战性的问题：只需称2次就可以找到次品，应该怎样称呢？引导学生再次研究，得到第四种方法。

方法四：(3,3,2)→(1,1,1)，只需要称2次就可以找到次品。

引导学生对比思考，初步发现：分3组称，次数少一些。

**【教学思考】**由于受前面学习的影响，从8个球里面找次品，学生一般会将8个球进行平均分，分成8份、4份或者2份找次品，但至少需要3次。在此基础上，提出只需称2次就能找到次品的问题，富有挑战性，再次激活了学生的思维，克服了学生的思维定式。

(3)研究从9个球里面找次品，进一步优化和巩固找次品的最佳方法模型。

问题：从9个球里面找次品，至少需要称几次？

学生一般有以下几种方法。

方法一:(4,4,1)→(2,2)→(1,1),需要称 3 次。

方法二:(2,2,2,2,1)→(2,2,1)→(1,1),需要称 3 次。

方法三:(3,3,3)→(1,1,1),只需要称 2 次就可以找到次品。

对比后发现:同样是分 3 组,平均分能够让称的次数尽量少,所以平均分更好。

(4)猜测:平均分成 3 组(不能平均分的,尽量平均分,即每两份相差 1),找次品的次数最少。

(5)验证:研究从 10、12 或 27 个球里面找次品,进一步验证找次品的最佳方法模型。

(6)解释原因。

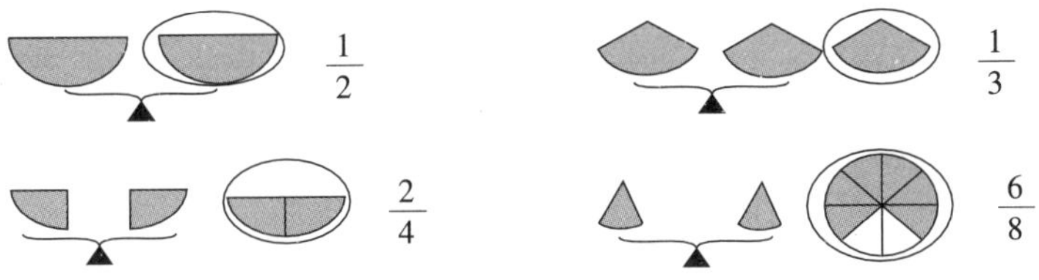


图 4.46.3

讨论发现:用一个圆形表示总数,平均分成 2 份、3 份、4 份、8 份,称 1 次后,第 2 次还要分别从总数的$\frac{1}{2}$、$\frac{1}{3}$、$\frac{2}{4}$、$\frac{6}{8}$中去找,因此,用平均分成 3 份的方法找次品,所需要的次数最少。(如图 4.46.3)

**【教学思考】**先在总数为 8、9 个的球中找次品,初步发现平均分成 3 份的方法所需的次数最少;接着在总数为 10、12 或 27 个的球中研究验证;最后再用一个圆形表示总数,平均分成 2 份、3 份、4 份、8 份等情况,直观形象地说明第 2 次还要从总数的$\frac{1}{2}$、$\frac{1}{3}$、$\frac{2}{4}$、$\frac{6}{8}$中去找。经过操作、观察、比较,学生不但知道平均分成 3 份找次品所需次数最少,而且还能理解其中蕴含的道理。

2. 找规律,建立找次品的数学模型。

(1)回顾探究过程,整理成表。

提问:称 1 次,最多可以从 3 个球里面找次品;称 2 次,最多可以从 9 个球里面找次品。猜一猜,称 3 次,最多可以从几个球里面找次品? 4 次呢?

5次呢？根据学生回答，进行分类、整理。

（2）根据分类整理情况，出示表格，找出每组球总数与称的次数之间的关系，呈现算式后引导学生发现：称的次数和球总数有什么关系？（如表4.46.1）

表4.46.1　称的次数与球的总个数的关系表

| 球总数 | 称的次数 |
|---|---|
| 2～3，3＝3 | 1 |
| 4～9，9＝3×3 | 2 |
| 10～27，27＝3×3×3 | 3 |
| 28～81，81＝3×3×3×3 | 4 |
| 82～243，243＝3×3×3×3×3 | 5 |
| …… | …… |
| $(3^{n-1}+1)\sim 3^n$ | $n$ |

（3）举例验证。

从81个、243个中怎样找次品所需次数最少？

（27，27，27）→（9，9，9）→（3，3，3）→（1，1，1）

（81，81，81）→（27，27，27）→（9，9，9）→（3，3，3）→（1，1，1）

（4）数学模型直观化。

称的次数与球总个数（如图4.46.4）：

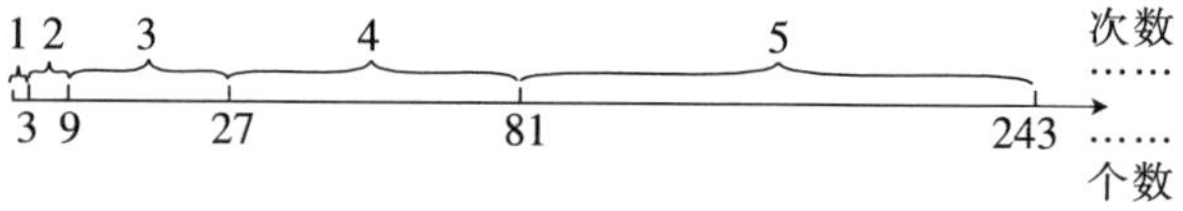


图4.46.4

**【教学思考】**把教材上的“你知道吗？”融入新课教学之后，并与3的$n$次方建立联系，加深学生对找次品问题的深入了解，拓展认知。

**三、解决问题，应用模型**

1. 有15盒饼干，其中的14盒质量相同，另有1盒少了几块。如果用天平称，至少称几次可以保证找出这盒饼干？

2. 有28瓶水，其中有27瓶质量相同，另有1瓶是盐水，比其他的水略重一些。如果用天平称，至少称几次能保证找出这瓶盐水？

**【教学思考】**巩固练习体现了找次品问题的情境性变换，让学生灵活运用知识解决问题，学会举一反三，并感受到找次品问题与生活之间的密切联系，发展应用意识与创新意识。

**四、总结内化，课外探索**

1. 总结内化。

通过这节课学习，你最大的启发有哪些？

2. 课外探索。

有3袋白糖，其中2袋每袋500 g，另1袋不是500 g，但不知道比500 g重还是轻。你能用天平找出这袋白糖吗？

### 板书设计

找次品

| | |
|---|---|
| 4：(2,2)→(1,1)　2次 | 9：(4,4,1)→(2,2)→(1,1)　3次 |
| 4：(1,1,2)→(1,1)　2次 | 9：(2,2,2,2,1)→(2,2,1)→(1,1)　3次 |
| 8：(4,4)→(2,2)→(1,1)　3次 | 平均分成3份找次品，次数最少。 |
| 8：(3,3,2)→(1,1,1)　2次 | （不能平均分的，尽量平均分） |

## 47.《数与形》说课稿

### 说教材

《数与形》这一课主要引导学生观察正方形数的规律，发现等差数列，渗透几何直观、数形结合的思想。此前，学生曾接触过一些有关数与形的知识，如在第一学段要求学生通过观察形，发现其中的一些规律，并能解决简单的问题。但教材并没有系统地教学数与形结合的内容，所涉及的练习也比较分散。本节课第一次系统地组织学生观察正方形个数，并用相应算式来表示，寻找数与式之间的关系。借助形沟通平方数与等差数列和的关系，用数形结合的思想帮助解决其他实际问题，帮助学生积累经验。因此，这节课的教学目标如下：

1. 体会数与形的联系，能借助形来解决一些与数有关的问题。

2. 经历观察、操作、归纳等活动，借助形直观感受其与数之间的关系，感悟数形结合思想。

3. 激发学生用数形结合思想解决问题的兴趣，拓宽解题思路，提高解决问题的能力，感受数学的魅力。

教学重点是借助形感受其与数之间的关系，用数形结合的思想解决问题。教学难点是应用数形结合思想解决问题。

为了达成以上教学目标，我设计了如下教学过程。

## 说教学过程

### 一、初步感知，揭示课题

1. 按规律填数。

(1)1,3,(　　),(　　),…

生：如果第 3 个数是 5，则第 4 个数是 7；如果第 3 个数是 6，则第 4 个数是 10。

想象：像(1)这样一列有规律的数如果用图形表示，会是什么样子？

想象后，再呈现图片(如图 4.47.1)：

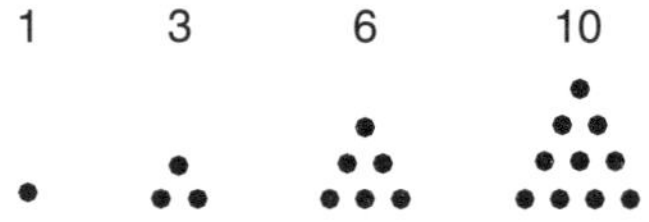


图 4.47.1

(2)1,4,(　　),(　　),…

提问：第 3 个数和第 4 个数分别是几？图形是怎样的？

让学生自己去想象，发散思维，并分批次展示学生作品(如图 4.47.2)：

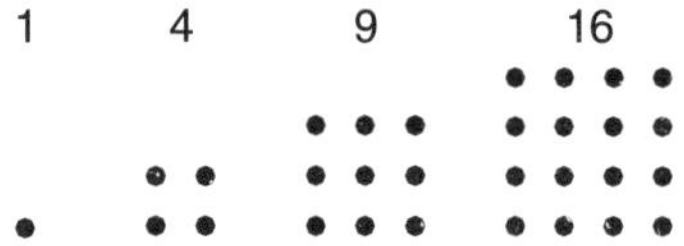


图 4.47.2

(3)1,5,(　　),22,…

提问:第 3 个数和第 4 个数分别是几?图形是怎样的?(如图 4.47.3):

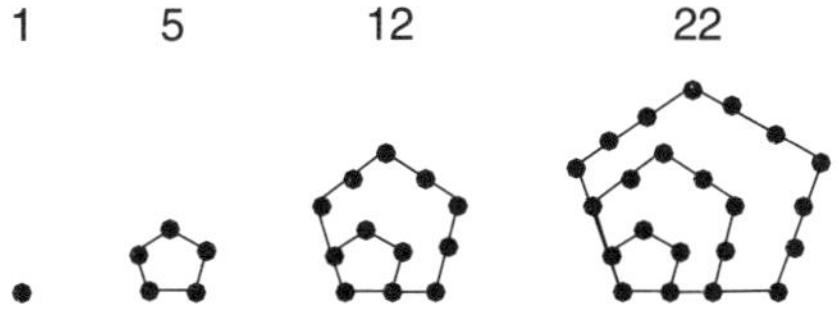


图 4.47.3

2. 揭示课题。

看来数与形之间有着微妙的关系,这节课我们就来研究数与形的关系。

**【教学思考】**数与形中蕴含着规律,在以前的学习中,学生有所接触,并不陌生。因此,从"接着往下想"入手,由数想形,初步感悟形与数之间的密切联系,找到学生学习的认知停靠点,为接下来的探究打下基础。

**二、探索研究,掌握新知**

**(一)研究 1 +3 +5 +7 +… 与平方数之间的关系**

1. 用正方形表示 1 +3。

一个正方形用"1"表示,那么算式 1 +3 会拼成怎样的图形呢?

给学生足够的时间去拼一拼,摆一摆。出示学生不同的作品。(如图 4.47.4)

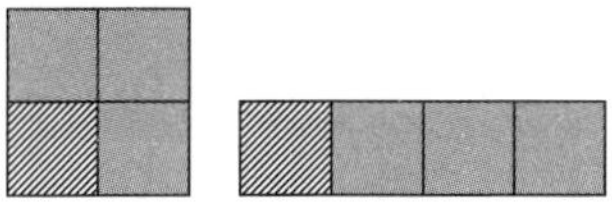

图 4.47.4

2. 用正方形表示 1 +3 +5。

小组内借助学具摆出它的形状。(如图 4.47.5)

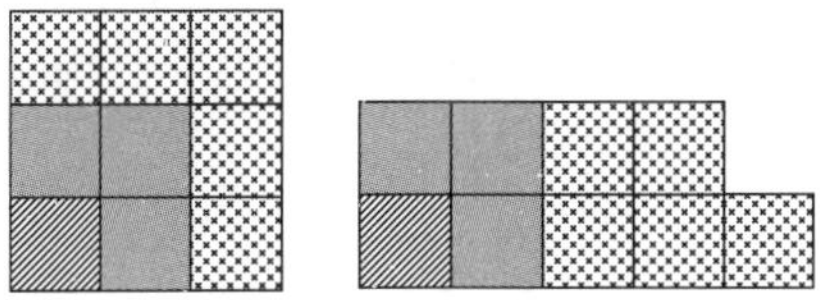

图 4.47.5

3. 比较:拼成哪种图形能用简便方法快速求和?

发现:拼成一个大正方形的形状。

追问:为什么摆成大正方形的形状方便求和?

**【教学思考】**学生建立形与数之间的联系,并不容易。在教学中,我们不能依赖课件演示让学生发现两者之间的联系,否则体验不深刻,理解不到位。因此,我们要提供充分的活动时间与空间让学生动手拼摆,在比较中提升,明白摆成一个大正方形更能突出算式的特点,从而更好地建立联系。

4. 根据图形表示算式。

(1)出示 $4\times4$ 图形,你能想到哪些算式?(如图 4.47.6)

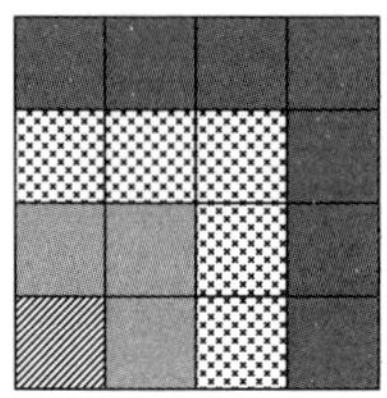

图 4.47.6

生:$4^2$ 或加法算式 $1+3+5+7$。

得到:$1+3+5+7=4^2$。

(2)$1+3+5+7+9+11=(\quad)^2$。(如图 4.47.7)

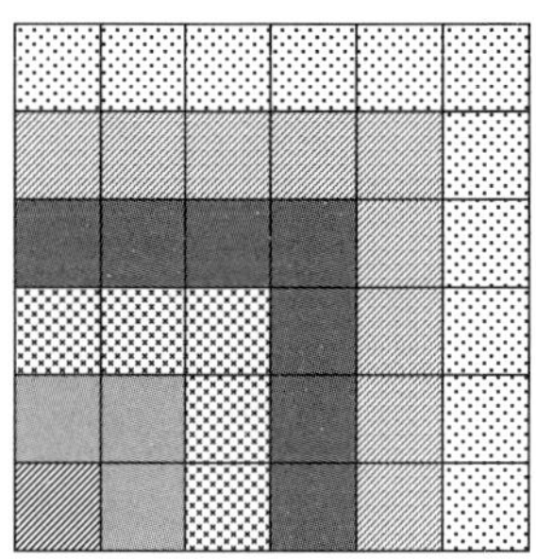

图 4.47.7

分析:$1+3$ 就有 2 层,就是 $2\times2$。再加 5,就有 3 层,就是 $3\times3$。这样一直加到 11 就有 6 层,摆成了边长是 6 的大正方形,也就是 $6\times6$ 的大正方形,即 $6^2$。

(3)设疑:有什么方法能快速知道一共有几层?

方法一:(尾数 $+1$) $\div2$ 就是层数,也就是大正方形的边长。

方法二:尾数就是大正方形最外围的一行与一列的总个数,(尾数 $+1$)就是大正方形两条边上的小正方形的个数,(尾数 $+1$) $\div2$ 就是这个大正方形每边上的小正方形的个数,大正方形中小正方形的个数就是大正方形每边上的小正方形的个数的平方。

(4)总结:加数有几个,和也就是几的平方。

**(二)寻找蕴含在其中的原因**

1个小正方形可以看作$1^2$,想要拼成更大的正方形,必须再增加3个。以此类推,就形成了从1开始的连续几个奇数相加,从而摆成大的正方形。

**三、练习巩固,拓展提高**

1.填空。

(1)$1+3+5+\cdots+17=(\quad)^2$

(2)$1+3+5+\cdots+(\quad)=12^2$

(3)$1+3+5+\cdots+(\quad)=25^2$

2.(1)$1+3+5+7+5+3+1=(\quad)^2+(\quad)^2$。

答案:$4^2+3^2$。(如图4.47.8)

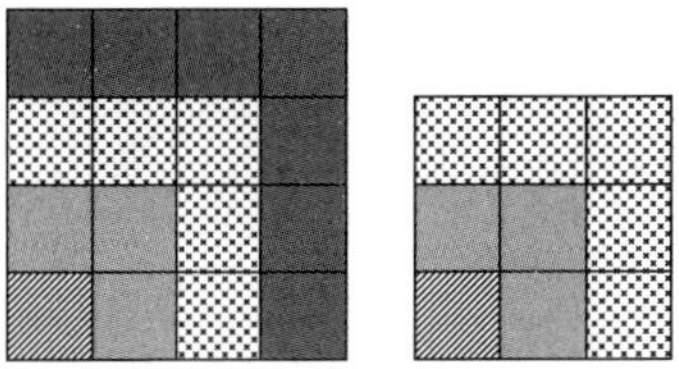

图4.47.8

(2)$1+3+5+7+9+11+13+11+9+7+5+3+1=(\quad)^2+(\quad)^2$。

(3)$1+3+5+\cdots+21+19+\cdots+5+3+1=(\quad)^2+(\quad)^2$。

3.看图列出加法算式,并试着找到更简便的计算方法。(如图4.47.9)

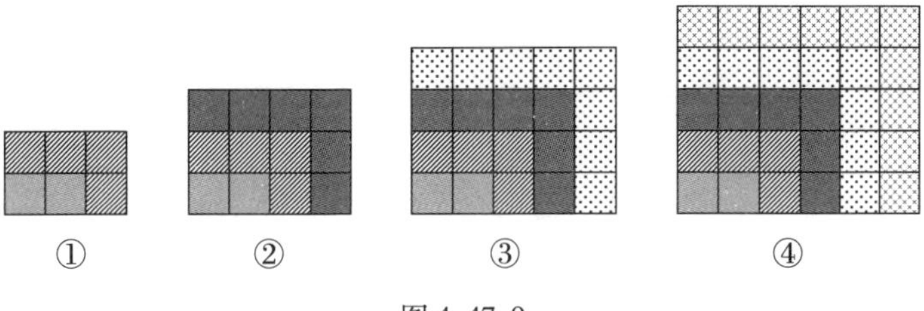


图4.47.9

学生研究发现:$2+4=2\times3$;$2+4+6=3\times4$;$2+4+6+8=4\times5$;$2+4+6+8+10=5\times6$。

**【教学思考】**练习共有3道题,第1题是基本练习,与例题相似,但要逆向思考;第2题增加了难度,即一道算式与两个平方数的和建立联系,引导学生根据算式的特点进行深度思考,从而解决问题;第3题属于拓展练习,从正方形拓展到长方形，激发学生再次探究的积极性。

**四、回顾总结，课外探索**

1. 回顾总结。

通过学习，我们从形的演变中找到了数的运算的简便方法，知道了数与形之间有着紧密联系。

2. 课外探索。

数形结合的魅力远不止这节课感受到的这些，在数学中还有很多数与形的知识等着我们去探究。同学们如有兴趣，可以阅读《要命的数学》一书，书中有很多数形结合的例子。

**板书设计**

数与形

(尾数 +1) ÷2 = 大正方形的边长(加数个数)。

加数有几个，和也就是几的平方。

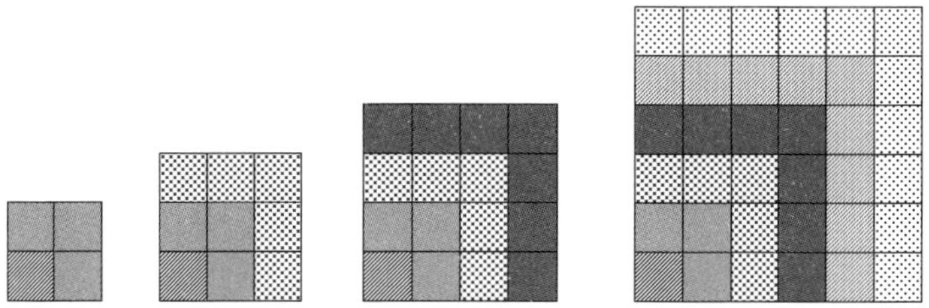

$1+3=2^2$　$1+3+5=3^2$　$1+3+5+7=4^2$　$1+3+5+7+9+11=6^2$　…

# 48.《确定起跑线》说课稿

**说教材**

确定起跑线是在圆的周长等知识的基础上学习的，旨在通过活动让学生了解椭圆式田径场跑道的结构，学会确定跑道起跑线的方法，切实体会数学知识在体育领域的实际应用。

六年级学生虽对起跑线不陌生，但很少从数学的角度去思考“为什么运动员站在不同的起跑线上?”“相邻两跑道的起跑线相距多少米?”“每相邻两跑道一圈的长度之差都相等吗?”等问题。在教学中,要有意识地培养学生发现生活中的数学问题的意识和习惯,更要培养学生灵活解决实际问题的能力:可以通过计算全长之差,也可以通过计算圆周长之差得到各跑道起跑线应该相差的距离。因此,本节课的教学目标如下:

1. 了解环形跑道的基本结构,理解相邻两条跑道全长之差与圆周长之差的关系,确定起跑线位置。

2. 经历观察、计算、推理等活动,发展综合运用数学知识解决实际问题的能力,体会抽象、推理等基本数学思想。

3. 体会数学知识在生活中的应用,发展数学应用意识,激发学习积极性。

教学重点是确定起跑线位置及其实践运用。教学难点是理解起跑线的位置与圆周长的关系。

为了达成以上教学目标,我设计了如下教学过程。

## 说教学过程

### 一、创设情境,激发兴趣

1. 创设情境。

呈现运动会 100 m 与 400 m 比赛的图片,请判断哪张图片是 100 m 比赛?哪张是 400 m 比赛?(如图 4.48.1、图 4.48.2)

图 4.48.1

图 4.48.2

学生认为第一张是 100 m 比赛,第二张是 400 m 比赛。理由一般有两点:一是 100 m 比赛是在直道进行,400 m 比赛要跑一圈;二是 100 m 比赛是在一条起跑线上起跑,400 m 比赛要在不同的位置起跑。

教师提问:为什么参加 400 m 比赛的运动员不站在同一条起跑线上起跑呢?

生:因为他们的终点相同,如果在同一条起跑线上起跑,外圈的运动员跑得长,内圈的运动员跑得短,就不公平了。

2. 揭示课题。

这节课，我们就带着这些问题走进运动场，用前几节课所学的知识来研究、解决起跑线上的问题，了解各跑道的起跑线位置是如何确定的。

提问：请看跑道平面图，你会确定400 m比赛起跑线的位置吗？

生：先确定第1条跑道起跑线的位置，其他跑道起跑线的位置再往前移一点。

师生先共同确定第1条跑道起跑线的位置，再请学生指出第2条跑道起跑线的位置。等学生指出第2条跑道起跑线的位置后，教师立即征求其他学生意见。有的学生可能认为差不多，有的学生可能认为需要再往前一点或者退后一点。这时教师再请几位学生上来指，结果意见不统一。

**【教学思考】**实地测量需要花较多的时间，且测量还会产生很大的误差。因此，在教学中利用400 m跑道平面图围绕着“你们会确定400 m比赛起跑线的位置吗？”这一问题展开，引起学生对解决这一实际问题的兴趣。学生都想上台指一指各跑道的起跑线位置，但不能达成一致意见，由此产生了测量与计算跑道长度的需求。

**二、自主探索，掌握规律**

**（一）计算全长之差确定起跑线位置**

1. 提出问题。

第2条跑道起跑线的位置到底应该向前移动多少米呢？

学生一般有两种想法：

①把两条跑道的长度分别量出来，再相减；②量每条跑道的长度很麻烦，只需测量几个数据就行。

2. 讨论测量数据。

你们准备测量哪些数据？为什么？

讨论得出：测量直道的长度、半圆形跑道的直径长度，因为把两个半圆形弯道合在一起就是一个圆，再加上直道的长度就等于每条跑道的长度。

设疑：需要把每个半圆形跑道的直径都测量一次吗？

学生补充：只需要测量最内圈半圆形跑道的直径和跑道的宽度。

追问：为什么要测量跑道的宽度呢？

生：内圈跑道的直径加上跑道宽度的2倍等于外圈跑道的直径。

3. 呈现数据。

直道长85.96 m，第1条跑道半圆形弯道直径72.6 m，跑道宽1 m（为了

研究方便,暂定1 m)。用计算器算出各跑道的长度。(π取3.14159,计算的得数保留两位小数)(如图4.48.3)

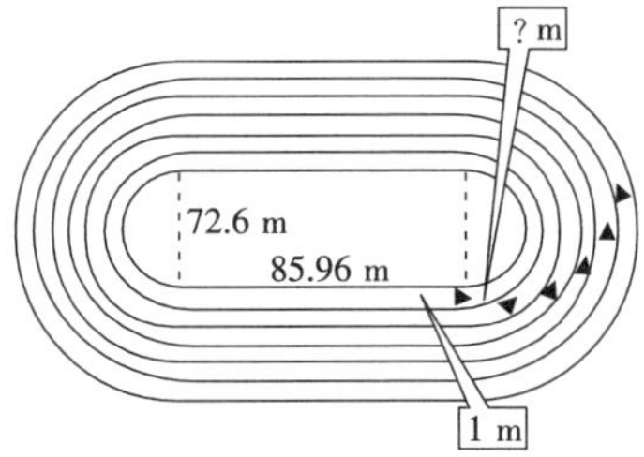


图4.48.3

【**教学思考**】由于圆的周长、跑道的全长计算起来比较麻烦,花费时间较多,把计算器引进课堂,可以节省许多时间,让学生把宝贵的时间花在探究上。

4. 分组计算,汇报交流。(如表4.48.1)

**表4.48.1 各跑道的半圆形弯道直径及全长**

| 道次 | 1 | 2 | 3 | 4 | 5 | 6 |
|---|---|---|---|---|---|---|
| 直径/m | 72.6 | 74.6 | 76.6 | 78.6 | 80.6 | 82.6 |
| 全长/m | 400 | 406.28 | 412.57 | 418.85 | 425.13 | 431.42 |

【**教学思考**】学生很难通过经验和观察确定各跑道起跑线的位置,但是学生已经掌握了圆周长的计算方法,可以先求各跑道的长度,再求它们之间的差。因此,可引导学生根据跑道特点,收集计算跑道长度所需要的数据,并计算出各跑道的全长,再求出各跑道之间起点位置的距离。

5. 确定起跑线位置。

生1:第2道比第1道多6.28 m;第3道比第2道多6.28 m……

生2:外圈比内圈多6.28 m。

课件演示,确定各跑道起跑线的位置。(如图4.48.4)

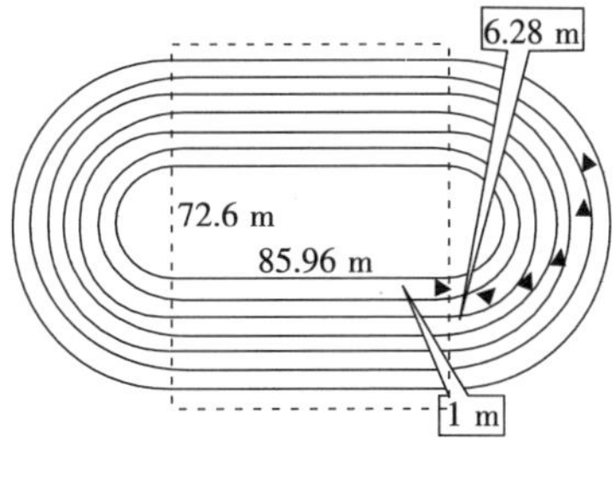


图4.48.4

(二)计算圆周长之差确定各跑道的起跑线位置

1. 提出质疑。

再次观察跑道的特点,对刚才的研究有什么补充?

学生可能会说:我们其实不用求跑道的全长也能确定起跑线的位置。

教师反问:行吗?

学生补充:每条跑道的直道长度都是相同的,可以不用看,只要算出两段弯道的总长度的相差数(各个圆的周长的相差数),就是跑道总长度的相差数。

2. 课件演示。

把直道去掉,左右两段弯道合并成一个个圆,分组再计算这些圆周长的相差数。(π 取 3.14)(如图 4.48.5)

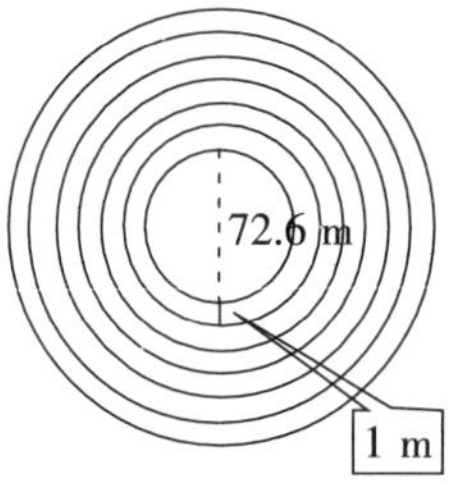


图 4.48.5

(1)学生计算,汇报交流:

①$3.14\times74.6-3.14\times72.6=3.14\times2$

②$3.14\times76.6-3.14\times74.6=3.14\times2$

③$3.14\times78.6-3.14\times76.6=3.14\times2$

(2)仔细观察计算结果发现:

①与前面研究的结果是相同的。

②学生可能还会发现更简便的方法:跑道宽度 ×2 ×π。

(3)小结:观察这些算式,我们发现计算这些圆周长的相差数就是把各圆直径的相差数乘 π,也就是跑道宽度的 2 倍乘 π。

**【教学思考】**当学生计算出跑道之间的相差数,确定各跑道的起跑线位置后,再次引导学生观察跑道的结构与特点,并思考“对刚才的研究还有什么补充吗?”,从而发现规律,找到计算跑道之间相差数的更简便的方法,让学生体会到成功的乐趣。

## 三、拓展延伸

1. 继续研究。

用跑道宽度的 2 倍乘圆周率,确定起跑线位置。

设疑:如果跑道宽度为 1.25 m,相邻的两道之间还相差 6.28 m 吗?

生:跑道的长度相差 2.5π m,也就是 7.85 m。

继续追问:如果跑道宽度为 1.5 m 呢? $a$ m 呢?

学生回答板书(如表 4.48.2):

**表 4.48.2 跑道宽度与跑道长度相差数的关系**

| 跑道宽度/m | 跑道长度相差数/m |
|---|---|
| 1.25 | 2.5π |
| 1.5 | 3π |
| $a$ | $2a\pi$ |

2. 验证猜想。(小组合作解决)

生:$(d+2a)\pi-d\pi=d\pi+2a\pi-d\pi=2a\pi$。

3. 继续研究。

确定 200 m 跑步的起跑线位置。

设疑:在运动场上还有 200 m 的比赛,道宽为 1.25 m,起跑线位置又该依次提前多少米?

生 1:如果跑道宽度与前面的 400 m 一样,我可以用前面算的 7.85 m 除以 2 等于 3.925 m。

生 2:200 m 的比赛相当于只跑了 400 m 的一半,跑了一个弯道,只增加了一个道宽,就可以直接用跑道宽度 ×π 来计算。

**【教学思考】**在教学中设计依次递进的“最近发展区”,引导学生逐步进入“思维场”,经历思维全过程,提高学生的综合能力。学生不但会用跑道全长之差确定起跑线位置,还会用圆形跑道周长之差确定起跑线位置。而且教学并未满足于此,继续引导学生发现还可以用“跑道宽度 ×2 ×π”的方法来确定起跑线位置。同时,思考如何确定 200 m 跑步的起跑线位置,激发学生思考的积极性。

## 四、全课总结

### 板书设计

确定起跑线

| 道次 | 1 | 2 | 3 | 4 | 5 | 6 |
| --- | --- | --- | --- | --- | --- | --- |
| 直径/m | 72.6 | 74.6 | 76.6 | 78.6 | 80.6 | 82.6 |
| 全长/m | 400 | 406.28 | 412.57 | 418.85 | 425.13 | 431.42 |

$$3.14\times74.6-3.14\times72.6=3.14\times2$$

$$3.14\times76.6-3.14\times74.6=3.14\times2$$

$$3.14\times78.6-3.14\times76.6=3.14\times2$$

$$(d+2a)\pi-d\pi=d\pi+2a\pi-d\pi=2a\pi$$

# 后记

2019年6月21日,江西教育出版社总编辑桂梅女士莅临我任职的温州大学城附属学校参观交流。我向桂梅总编介绍了学校的办学理念、办学特色以及师生特色活动等,描绘了学校四年成长历程及未来期许。同时,也介绍了小学数学拓展课成果的推广情况及最新研究进展。学校办学成果与小学数学拓展课研究成果都得到了桂梅总编的充分肯定。短短的半天交流,让我们对教育的认识产生了许多共鸣。

此时,《小学数学说课指导》一书的初稿已经完成。借此机会,我与桂梅总编商定将此书交由江西教育出版社出版发行,并于国庆节之前交稿。

商定了交稿时间,倒逼着我加快修改步伐。为了确保书稿质量,我邀请了自己省、市名师工作室的学员唐慧荣、符玲利、谷尚品、戴本琴、翁健君等老师作为第一批读者。感谢他们给书稿提出了许多宝贵的建议,让我对说课中的理论部分不断地进行完善。接着利用暑假休息时间,我又邀请了符玲利名师工作室的李盛冰、陈李勇、卢青、李仁相、王能等十多位学员,对每一篇说课稿范例再进行现场说课研讨,并修改成稿。最后,我又邀请了学校同事伍渊泼、戴志远、朱陈真、徐学蕾等老师参与了说课视频拍摄。

借本书出版之际,我要特别感谢江西教育出版社桂梅总编、熊志娟编辑、魏文远编辑等专家；感谢省、市陈加仓名师工作室学员，符玲利名师工作室学员积极参与说课研讨；感谢温州大学城附属学校同事的大力支持。

由于本人水平有限，书中难免存在纰漏，敬请各位读者批评指正。

陈加仓

2020 年 5 月 10 日